Charlotte Wiedemann

Der lange Abschied von der weißen Dominanz

dtv

**Ausführliche Informationen über
unsere Autoren und Bücher
www.dtv.de**

Dieses Buch ist auch als eBook erhältlich.

Von Charlotte Wiedemann ist bei dtv außerdem lieferbar:
Der neue Iran

Umschlaggestaltung: Katharina Netolitzky
Gesetzt aus der ITC Legacy Serif Std
Satz: C.H.Beck.Media.Solutions, Nördlingen
Druck und Bindung: Druckerei C.H.Beck, Nördlingen
Gedruckt auf säurefreiem, chlorfrei gebleichtem Papier
Printed in Germany · ISBN 978-3-423-28205-5

Inhalt

Selbstbetrugs + Gewinn durch Verzicht + Zwei
Genozide mit Verknüpfungen

Das Ende des Nachkriegs-Judentums + Jüdische
Dissidenz + 1945 als weißer Sieg + Ralph Ellisons
schwarzer Pilot + Der türkische Anwalt der NS-
Opfer + Antisemitismus und White Supremacy +
Black Panthers in Tel Aviv + Israel aus Sicht des
globalen Südens + Inklusion oder Politik der
Feindschaft

Vorwort

Als ich vor dem Schädel stand, es war ein Totenschädel aus Namibia, von frischen weißen Lilien umrahmt für eine würdige Heimreise, sah ich die Nummer. Der Schädel hatte eine Inventarnummer auf der Stirn, eine bläuliche Ziffernfolge, Zeichen der Ordnung auf den einstigen Regalen des deutschen Kolonialismus.

Ich muss nicht erklären, wie mich eine Nummer auf einem Menschen berührt.

Aber da ist noch etwas anderes, und das möchte ich mitteilen: Welche Chancen sich auftun in einem solchen Moment. Die Chance zu verstehen, zu begreifen, uns neu zu betrachten und uns nach Möglichkeit zu befreien von dem, was wir waren und in einem gewissen Maße immer noch sind.

Dies kann nur ein langer Abschied sein. Von einer Prägung, die über Jahrhunderte entstand, kann sich niemand leichthin lösen.

Abschied also. Das Wort setzt voraus, dass es Abschiednehmende gibt, Handelnde. Andernfalls wäre nur von der Vertreibung aus der weißen Dominanz zu reden, ein Prozess, der ohnehin im Gange ist. Ich möchte zu einem tätigen, reflektierten Abschiednehmen ermuntern und zum Annehmen von Neuem, ohne Furcht.

Weiß ist mehr als eine Hautfarbe, es handelt sich um eine soziale Position, um Haltungen und Deutungsmuster. Weiße Dominanz zeigt sich im Verbrauch von Ressourcen, in Wirtschaftsmacht und Finanzströmen, in der Deutung von Konflikten, in der Geschichtsschreibung. Auf all diesen Feldern bricht ein neues Zeitalter an. Der Westen bestimmt nicht mehr die Ordnung der Welt, und wir können anderen unsere Definitionen von Fortschritt, Entwicklung oder Feminismus nicht länger aufzwingen.

In diesem Buch wird das Innere und das Äußere, Heimat und Welt, zusammen gedacht. Was wir gegenwärtig als turbulente Entpuppung einer Einwanderungsgesellschaft erleben, steht in Zusammenhang mit größeren Fragen, die unser Weltbild und unser Bild von uns selbst betreffen. Wer wir sind und wie wir das »Wir« bestimmen, das lässt sich nicht mehr allein in den Grenzen des Nationalstaats beantworten. Die Vorstellungen vom Eigenen und vom Fremden sind gleichermaßen Phantasien über unseren Platz auf dieser Erde, ob bewusst oder unbewusst.

Weiße Europäer und Europäerinnen müssen heute einen historischen Abstieg verkraften, und sie werden das hoffentlich tun, ohne in Faschismus zu verfallen. Aber man muss die Angst vor diesem Machtverlust berücksichtigen, um zu verstehen, warum Migration und kulturelle oder religiöse Verschiedenheiten immer schwerer akzeptiert werden.

Die alteingesessenen Deutschen entscheiden nicht mehr allein, worüber das Land spricht. Es entsteht eine neue migrantische Elite und erstmals seit 1945 wieder eine kosmopolitische Intelligenzija, zu der Muslime ebenso gehören wie eingewanderte Juden der jüngeren Generation.

Wer diese Vielfalt zurückdrehen will, redet Bürgerkrieg das Wort. Aber Vielfalt ist nicht einfach zu leben; sie darf auch als Zumutung empfunden werden. Entscheidend ist letztlich nicht Herkunft, sondern Haltung. Niemand muss Rassist sein, und niemand ist dagegen bereits durch eine nicht-weiße Hautfarbe gefeit.

In einer sich rasant wandelnden globalen Landschaft ist nur eines gewiss: Wir im alten Europa werden teilen müssen. Nur durch Teilen können wir einen Wohlstand aufrechterhalten, der sich nicht allein materiell definiert, sondern durch die weitgehende Abwesenheit von Gewalt im alltäglichen Leben. Die Alternative wäre ein Europa als *gated community*, an deren Grenzen scharf geschossen wird und in deren Innerem wir uns selber hassen.

Wie meine früheren Bücher hat auch dieses eine persönliche Note. Ich reflektiere die Veränderungen Deutschlands in der Spanne meines eigenen Lebens, seit den Fünfzigerjahren, und ich blicke auf Europas Ängste und seine Einmauerung im Licht meiner Erfahrungen in Gesellschaften Asiens und Afrikas. Und ich sehe mit Hoffnung, wie aus einer veränderten Betrachtung von Shoah und Kolonialverbrechen eine neue Ethik des Respekts entsteht, ein Humanismus für eine Welt, deren Zukunft nicht weiß ist.

Aus all dem ist ein Mosaik von Gedanken, Erinnerungen, Begegnungen geworden. Die kurze Form der Texte lädt ein zum Innehalten und zum vernetzten Lesen – und auch dazu, dem einen zuzustimmen und dem anderen nicht. Nur so kann Gesellschaft heute funktionieren. Wir müssen Unverständnis, Nicht-Verstehen-Können aushalten.

Das »Wir« in diesem Buch meint übrigens nicht immer haargenau dieselben. Es gibt eben kein Zurück in die gemütlichen Eindeutigkeiten.

1

Wie wir waren. Wie wir sein werden

Über das eigene Land zu schreiben, das ist heute anders als früher.

Es hat mich viel in die Ferne gezogen in den vergangenen zwei Jahrzehnten, und über die Ferne schreiben bedeutet: nichts voraussetzen können. Über das Eigene schreiben, das hieß früher: Da ist ein Rahmen, in dem du dich bewegst, ebenso wie jene, an die du dich wendest. Aber so ist das nicht mehr. Nichts kann vorausgesetzt werden.

Wir genießen gegenwärtig das Privileg, auf vieles neu blicken zu können. Dies sind Zeiten des Umbruchs, sie statten uns mit Hellsicht aus, sofern wir es zulassen. Hellsicht entsteht, wenn wir um Ecken blicken und in Winkel spähen, die einer starren Blickachse früher verborgen blieben.

Womöglich können wir jetzt sogar Vergangenheiten, besonders die deutschen, neu zusammensetzen, ohne davon erschlagen zu werden. Wer einmal beginnt, auf Altes neu zu blicken, gerät leicht in einen Sog.

#Kindheit 1960

Vor mir liegt eine Fotografie in Schwarz-Weiß. Wir waren sechsundfünfzig in der ersten Klasse; Volksschule, so hieß das damals, 1960.

Wenn ich das Bild betrachte, wie es von uns aufgenommen wurde, alle ordentlich aufgereiht zu einem kleinen Regiment, dann wundert es mich, dass Deutschland (in meinem Fall Westdeutschland) wirklich einmal so war – so homogen. Wir hießen Erika, Hildegard, Sigrid, Peter, Norbert, Eberhard. Haarfarbe meist zwischen blond und hellbraun. Die Familiennamen alle langheimisch deutsch, nicht einmal etwas polnisch Klingendes darunter, das mag in einer Großstadt des Rhein-Ruhr-Gebiets ein Zufall gewesen sein.

Es ist fast überflüssig zu erwähnen, dass wir alle der herrschenden Norm von Gesundheit und altersgerechter Entwicklung entsprachen; Kinder mit einer Einschränkung waren vorher aussortiert worden. Inklusion, die Idee war noch nicht geboren.

Und doch gab es eine Differenz, nicht innerhalb unserer Kinderschar, sondern nach außen: Dies war eine katholische Volksschule. Die evangelische war nebenan, von uns durch einen Zaun getrennt, der auch den Pausenhof durchzog. Nicht einmal im Spiel sollten wir uns mischen. Und ich erinnere mich, wie wir manchmal an diesem Zaun standen und »Effkes! Effkes!« hinüberriefen, in der Lautmalerei der örtlichen Mundart eine Kombination von Äffchen und Evangele. Obwohl meine Eltern kaum religiös waren und ganz gewiss nicht militant katholisch, erschien es mir natürlich, die Kinder auf der anderen Seite des Zauns mit diesem Ausdruck zu bewerfen, mit kindlicher Lust an einem höhnischen und ulkigen Wort. Denn wir, die Katholiken, waren die Mehrheit; nicht, dass ich das rational gewusst hätte. Aber ich kannte kein einziges evangelisches Kind.

Sie waren »die anderen«, würde man heute sagen.

Auch dies ist im Rückblick schwer vorstellbar: Die Unterschiede zwischen den christlichen Bekenntnissen wurden vor gut einem halben Jahrhundert noch für so gewaltig gehalten, dass Sechsjährige nicht auf einer gemeinsamen Schulbank sitzen sollten. Konfessionslos waren im deutschen Westen jener Zeit die allerwenigsten; auch dies mutet uns heute befremdlich an, da ihr Anteil einer Vierzig-Prozent-Marke entgegeneilt.

Immerhin saßen in meiner Klasse bereits die Norberts und Eberhards, durch einen halben Meter Mittelgang von den Hildegards und Erikas auf Abstand gehalten. Die Geschlechtertrennung war aufgehoben, eine formidable Neuerung in jenen Jahren.

Für die Erziehung in einem ethnisch weitgehend homogenen Nachkriegsdeutschland waren Konfession und Geschlecht die beiden großen Merkmale der Unterscheidung. Wir können daraus lernen, wie zeitgebunden das ist, was wir als trennend empfinden. Und wie sich damit auch das Verständnis dessen ändert, was wir das Eigene nennen.

Wenn wir die Dinge im gewöhnlichen Tempo des eigenen kleinen Lebens betrachten, im schleppenden Takt zurückgelegter Schulwege und abgeleisteter Arbeitsstunden, dann bleibt uns die Geschichtlichkeit dessen, was gerade passiert, in der Regel verborgen. Nur gelegentlich vermögen wir wie ein Vogel hinab auf die Landschaft unserer Lebenszeit zu sehen, der Blick ausnahmsweise nicht getrübt vom Dunst subjektiven Erlebens.

Als ich zur Welt kam, lag es erst neun Jahre zurück, dass Auschwitz befreit worden war. Die schlichte Erkenntnis traf mich irgendwann wie ein Schlag. Obwohl mich bereits als Heranwachsende beschäftigt hatte, was aus dem Holocaust folgte (oder was ihm nicht folgen durfte), erreichte mich erst sehr viel später ein Gefühl dafür, wie kurz die Spanne war zwischen dem Ende des Nationalsozialismus und dem Beginn des eigenen Daseins.

Aus eben dieser Vogelperspektive betrachtet, wurden während meiner Kindheit und Jugend, die ich in einem Kosmos von Homogenität verbrachte, die Fundamente der deutschen Einwanderungsgesellschaft gelegt. 1955, kurz nach meiner Geburt, das erste Anwerbeabkommen. Als ich in der vierten Klasse saß, 1964, bekam der millionste Gastarbeiter seinen Blumenstrauß. Als ich 1973 Abitur machte und ein Anwerbestopp verhängt wurde, hatten vierzehn Millionen Migranten kürzer oder länger in Westdeutschland gearbeitet. Welch eine Zahl!

Konnte es verwundern, dass ein Teil von ihnen blieb und Ehepartner und Kinder nachholte?

Während meiner Schulzeit wurde also der Boden bereitet für die heutige Vielfalt, mit einem Heer arbeitsamer Männer und Frauen, die Westdeutschland brauchte für sein Wirtschaftswunder.

In der homogenen Welt von uns Kindern mit den hellbraunen Haaren war die entstehende Vielfalt nicht sichtbar und nicht fühlbar, denn die Gastarbeiter und -arbeiterinnen kamen ohne Kinder, hatten sie schweren Herzens bei anatolischen und apulischen Großeltern zurückgelassen.

Meine Generation, das sind die geburtenstarken Jahrgänge – 1954 kam außer mir noch eine Million Kinder mit bevorzugt hellbraunen Haaren zur Welt. Wir sind die vielen, die vielen jetzt Alternden und auch die vielen Verdränger, die erst spät und manchmal widerwillig begreifen, wie sich das Land geändert hat und dass diese Veränderung in unserer Jugend begann, zu unserem Nutzen.

In der politischen Landschaft des heraufziehenden Kalten Krieges waren wir, weiß und westdeutsch, gleich mehrfach privilegiert. Unsere Eltern waren nicht gezwungen, Arbeit anderswo zu suchen. Wir wurden weitgehend verschont von Reparationsforderungen und kaum behelligt von dem Grauen, das die Generation unserer Eltern und Großeltern angerichtet hatte.

Privilegiert zu sein durch die Umstände der Geschichte und den Ort der Geburt ist nichts, was zu einem individuellen Schuldbewusstsein führen sollte. Wohl aber zu Bewusstsein, zu Bewusstheit.

Eine Grundschulklasse von heute hat mit meiner Volksschulklasse nicht mehr viel gemein. Nicht nur das Panorama der Haarfarben und Herkünfte ist vielfältig geworden; auch die Lebensstile der Eltern und die Unterschiede zwischen arm und reich klaffen ungleich weiter auseinander. Markenklamotten, das war 1960 noch kein Begriff. Auf der alten Fotografie kann man sehen, dass vieles handgemacht war, gestrickt, umgearbeitet. Allerdings gab es, mehr gefühlt als gewusst, den Unterschied zwischen bürgerlichen und nichtbürgerlichen Familienkulturen.

Eine Szene hat sich mir unauslöschlich eingeprägt. Als mich eine Klassenkameradin nach der Schule ein Stück Weges begleitete, schwenkte sie ihre Strickjacke nonchalant durch den Staub in der Gosse neben dem Trottoir. Ich war bis ins Herz schockiert und empfand zugleich einen wilden Neid, für den ich noch keine Worte hatte. Vielleicht hatte ich gerade durch die Gitterstäbe meiner Wohlerzogenheit zum ersten Mal einen Eindruck davon erhascht, was Freiheit bedeutet.

#Ruby

Sie war genauso alt wie ich, Ruby Bridges, eingeschult 1960, ein kleines Mädchen in New Orleans. Sie wurde zum ersten afroamerikanischen Kind, das im Süden der USA eine bis dahin ausschließlich weiße Schule besuchte.

Als Ruby sechs Jahre alt wurde, hatte sich gerade die Rechtslage geändert: Der Staat Louisiana erlaubte schwarzen Kindern, in bisher rassisch segregierte weiße Schulen zu gehen, sofern sie einen anspruchsvollen Eignungstest bestanden. In New Orleans war Ruby eines von sechs Kindern, denen das gelang. So kam der große Tag: Mit einer weißen Blume im Haar, weißen Söckchen und einer karierten Tasche traf Ruby bei der William Frantz Elementary School ein. Sie wurde von einem aufgebrachten weißen

Mob empfangen, angeschrien und mit Gegenständen beworfen. Obwohl sie einen Geleitschutz von vier Bundesbeamten hatte.

Als Ruby endlich die Schule betrat, machte sie die Entdeckung, dass das Gebäude verwaist war: Die weißen Kinder waren auf Anweisung ihrer Eltern zu Hause geblieben oder an andere Schulen geschickt worden. Und die Lehrer waren nicht bereit, Ruby zu unterrichten, mit einer Ausnahme, einer Zugezogenen aus dem Norden. Vor dieser Lehrerin saß Ruby fast ein Jahr lang ganz alleine, auf dem Schulweg immer noch von Beamten eskortiert. Ihre Eltern waren Drohungen und Beschimpfungen ausgesetzt; der Vater, ein Tankwart, verlor seine Arbeit. Ruby hatte Albträume, bekam Essstörungen und ging doch weiter in diese Schule.

Nach und nach beruhigte sich die Lage. Die weißen Eltern ließen ihre Kinder zurückkehren, im zweiten Schuljahr wurde die Eskorte aufgelöst, weitere afroamerikanische Kinder wurden eingeschult.

Ist diese Geschichte nur zufällig mit meinen Lebensdaten verbunden? Nicht ganz. Sie zeigt die dunkle Seite einer Weltmacht, die den Westdeutschen damals Vorbild für Demokratie war. Und sie gibt einen ersten Hinweis, wer nicht mitgedacht wurde, wenn von der »freien Welt« die Rede war. Aber da ist noch etwas. Der Mob aus bürgerlichen weißen Eltern, der vor Rubys Schule stand, verstand sich als *white resistance*. Der Slogan steht heute auf den T-Shirts junger Männer, die auf deutschen Straßen einen Rassenkrieg herbeiphantasieren. Wer sie sieht, möge an Ruby denken.

#Homogenität

War die Homogenität meiner Schulklasse künstlich, ein bloßes Resultat des Vorangegangen? Diese Frage habe ich mir früher nicht gestellt. Wir halten für normal, wovon wir die Vorgeschichte auslassen.

Die deutsche Gesellschaft hatte in der Zeit vor 1933 durchaus eine Diversität gekannt; nun war sie ausgelöscht. Der Nationalsozialismus, von außen besiegt, hatte im Inneren erreicht, worauf er abzielte. Wie viele Juden, Roma/Sinti, Polen, Russen, Afrodeutsche in meiner Heimat gelebt hatten, war niemals Gegenstand des Unterrichts. Überhaupt wurde uns nicht vermittelt, was Deutschland eigentlich war, jenseits vom Mythos rassischer Reinheit, der zumindest offiziell verworfen war. Niemand sagte uns, dass wir phänotypisch die Promenadenmischung Europas sind. Die deutschen Lande lagen stets dort, wo sich alle Wege und Kriegszüge kreuzten, in der Mitte des Kontinents; viele Völker Europas hinterließen in unserem Genpool ihre Spuren. Carl Zuckmayer nannte den Rhein die »große Völkermühle«, die »Kelter Europas«.

Diese ältere, uns lange schon eingeschriebene Heterogenität erkennen wir heute nicht mehr, vor lauter Aufregung über die Einwanderung jüngeren Datums. Der Berliner Bezirk Neukölln, bekannt als Stadtteil türkischer und arabischer Migranten, birgt eine vergessene Kontinuität. Neukölln geht auf die Gemeinden Deutsch-Rixdorf und Böhmisch-Rixdorf zurück, letztere 1737 von geflüchteten Protestanten aus Böhmen gegründet. Manche Rixdorfer sprachen in Berlin noch im frühen 20. Jahrhundert tschechisch.

Die sichtbare und an Namen ablesbare Homogenität, wie sie meine Schulklasse kennzeichnete, war also keineswegs natürlich. Sie währte nach Kriegsende zwei Jahrzehnte, bis Einwanderung erneut einen Zustand herstellte, der an frühere Epochen anknüpfte. Gleichwohl wird die Pluralität heute als neu empfunden, als sei sie eben erst angekommen.

Vielleicht ist es ja so: In jenem Maße, wie das Gesicht der Pluralität ein Kind der jeweiligen Zeit ist, hat auch die Abwehr immer neue Züge.

#Brown babies

Die Allerersten, die nach 1945 als sichtbar andere in das künstlich homogenisierte Deutschland kamen, trugen keinen Koffer. Es waren Babys; sie hatten schwarze Väter, Soldaten der Besatzungsmächte.

Auf diesen Kindern, die Negermischling oder Halbblut genannt wurden, lag die ganze Last des Neuanfangs.

Nicht dass ihre Zahl so groß gewesen wäre, etwa fünftausend unter den siebzigtausend nicht ehelichen Kindern, die in den Westzonen aus Verbindungen mit ausländischen Soldaten hervorgingen. Doch sie stellten ein Politikum dar, wurden im Bundestag als »rassisches Problem« debattiert, und Schulbehörden wie Jugendämter prophezeiten, diese andersartigen Kinder würden niemals integrierbar sein. Deshalb wäre es zu ihrem Besten, sie aus

Deutschland zu entfernen und zur Adoption ins Ausland zu geben, wo sie Schwarze unter Schwarzen sein könnten.

So erging es Rudi Richardson. Als wir uns begegnen, ist er bereits ein Mann in fortgeschrittenen Jahren, 1955 geboren, annährend mein Alter. Alles an Richardson, der ein deutsches Kind war, wirkt nun amerikanisch, Name, Sprache, Auftreten – das ist die Hülle, die ihn zusammenhält, wenn auch schlecht. Seelisch ist er ein Wrack, gestrandet in einem Männerwohnheim der deutschen Heilsarmee, wo Menschen landen, die nirgends hingehören, und genauso fühlte er sich. Nach und nach, aus seinen Erzählungen und meinen Recherchen, entstehen die Konturen seiner Geschichte.

Bayern, Mai 1955: Im Frauengefängnis Aichach bringt die ledige Lieselotte Ackermann, 22 Jahre, einen Jungen zur Welt. Die Geburtsurkunde verzeichnet in Sütterlin-Schrift den Namen Udo; in der Zeile für den Namen des Vaters ein Strich. Lieselotte Ackermann hatte ihren schmalen Lohn als Hausgehilfin an Wochenenden aufgebessert, indem sie nach Kitzingen fuhr, zu den amerikanischen GIs. Schwanger mit Udo wird sie wegen Prostitution inhaftiert.

Das Jugendamt gibt den Säugling zu einer Pflegefamilie. Lieselotte Ackermann besucht Udo später ein einziges Mal; geht mit dem Zweijährigen spazieren, ihre Schultern verkrampfen sich unter den Blicken der Passanten.

Das Wort Rassenschande ist noch im Umlauf, lautlos gesprochen. Und Lieselotte Ackermann entstammt selbst einer nach NS-Begriffen geächteten Verbindung. Ihr Vater war Jude; seine eigene Frau lieferte ihn aus. Die Tochter war als sogenannte Halbjüdin gleichfalls eine unerträgliche Belastung; Lieselotte wurde verstoßen, landete im Heim. Von früh an seelisch beschädigt, setzt sie nun den Kreislauf von Scham, Abwehr und Verstoßung fort, vermutlich kann sie nicht anders.

Bei den Pflegeeltern wird Udo misshandelt. Später, als erwachsener Mann, sieht er sich in seinen Albträumen immer wieder als nackten, schmutzigen Säugling.

Mit knapp fünf Jahren wird er in die USA abgeschoben, es ist eine der letzten Verschickungen dieser Art. Kinder, an deren Deutschsein rechtlich kein Zweifel besteht, werden per Sonderregelung zu schwarzen Adoptiveltern nach Amerika gegeben. Als 1951 die ersten beiden Kinder, sie waren aus Mannheim, abreisten, von der Stadt mit neuen Teddybären ausgestattet, texteten die Redakteure des ›Mannheimer Morgen‹ aufgeräumt: »Zwei kleine Negerlein, die fahren über'n Teich«.

Es ist 1960, als Udo in Kalifornien eintrifft und aus ihm der Amerikaner Rudi Richardson wird. Erneut sind wir im Jahr meiner ereignislosen Einschulung, in jenem Jahr, als die kleine Ruby vor der Schule von einem Mob empfangen wird. Die *brown babies* kommen in ein Land, das noch tief von Rassekategorien geprägt ist. Und sie wechseln dort gleichsam die Farbe, nun fällt nicht auf, wie schwarz, sondern wie hell sie sind. Für ihre afroamerikanischen Adoptiveltern verkörpern sie die Vision einer Gesellschaft ohne Rassendünkel; in den meisten Bundesstaaten der USA sind Ehen zwischen Schwarzen und Weißen noch verboten.

Rudi, das entwurzelte, gleichsam umgetopfte Kind, findet keinen Ort in dieser Utopie, keinen Halt. Stets irrlichtert er zwischen schwarz und weiß, den einen ist er zu hell, den anderen zu dunkel. An der Schule hänseln schwarze Kinder, er rede wie ein Weißer, weil er keine schwarze Stimme hat. Er wechselt Klamotten und Musikvorlieben je nach Community, tut alles, um Applaus zu bekommen. In der Armee tritt er als Pianist auf, in einer Kirchengemeinde als Prediger. Und doch bricht sein Leben immer wieder ein; Drogen, Diebstähle, Gefängnis. »So lange ich mich erinnern kann, hatte ich diese Leere im Herzen«, sagt er zu mir.

Erst spät wird er sich seiner deutschen Herkunft neu bewusst und er beginnt von den USA aus, nach der leiblichen Mutter zu suchen. Über Jahre tut sich nichts, bis eine Hilfsorganisation für ihn Lieselotte Ackermann ausfindig macht, in Würzburg. »Ich will keinen Kontakt«, schreibt sie. Schließlich schickt sie ihm ein Jugendbild, doch bleibt reserviert, möchte ihn nicht sehen. Sie wohnt in einem großen Mietshaus, fürchtet das Gerede.

Richardson reist trotzdem nach Deutschland, wild entschlossen, »jemandes Sohn zu sein«. Seine deutsche Staatsangehörigkeit wird nicht mehr anerkannt, er kämpft mit den Ämtern, hat einen Nervenzusammenbruch, wird in die Psychiatrie eingewiesen. In einem Kreislauf aus Ablehnung und Selbsthass macht er sich schwärzer, als er ist. »Schau dir mein Foto in der Akte an«, sagt er zu mir, »ich bin schwarz wie Kohle.« Als ich an seinem Geburtstag mit einem Blumenstrauß gratulieren will, verbarrikadiert sich Richardson in seinem Zimmer.

Irgendwann geht er nach London, dort wird alles besser, er fühlt sich nicht ausgegrenzt. Als Betreuer von Straßenkindern wird er zum Vorbild für andere, die nach Halt suchen. Er bekommt Auszeichnungen, sein Leben wird verfilmt.

Als Person habe ich Rudi Richardson, Sohn einer deutschen Mutter, Enkel eines ermordeten Juden, schon lange aus den Augen verloren. Aber seine Geschichte ist nicht zu Ende erzählt. Wie tief saß der Gesellschaft das Rassedenken noch in den Kleidern, als meine Generation auf der Schulbank saß – und wo ging das hin?

Nur etwa die Hälfte jener fünftausend Kinder, die man heute afrodeutsch nennen würde, landete am Ende tatsächlich in einer Auslandsadoption. Keine Geschichte hat nur eine Seite, auch diese nicht. Es gab Mütter, die ihre Babys nicht herausrückten. Es gab Mütter, die ihre Kinder zwar auf Drängen des Umfelds nicht behielten, aber sich immerhin weigerten, ihre Unterschrift auf ein Papier zu setzen, das aus dem Kind eine *displaced person* machte, ein staatenloses Treibgut, das am anderen Ende der Welt angespült würde.

Die größte Frage aber bleibt, warum Menschen mit einem schwarzen oder afrikanischen Anteil in ihrem Äußeren als so ganz besonders anders empfunden werden, bis heute?

#Unsere Integratoren

Wann ist Deutschland ein Einwanderungsland geworden? Es ist seltsam, dass wir das nicht wissen. Weil das, was entstand, lange geleugnet und nicht getauft wurde, sind wir uns des Großartigen, was allmählich innerhalb unserer

Grenzen heranwuchs, nicht bewusst geworden. Und großartig muss man es wohl nennen, wenn Menschen aus mehr als hundertachtzig Nationen in einem Deutschland Heimat gesucht haben, das zuvor seinen Hass auf Andersartige so gründlich unter Beweis gestellt hatte.

Sie haben uns integriert, haben uns der Welt weniger verdächtig gemacht. Die Zahlungen an Israel zur sogenannten Wiedergutmachung waren ein synthetischer staatlicher Akt, um die Bundesrepublik optisch aus dem Dunkeln zu holen. Die Einwanderung aber war die individuelle Entscheidung vieler Einzelner, diesen Deutschen wieder eine Chance zu geben – aus welchen Motiven auch immer.

Nur wollte niemand das feiern. Niemand hat je, begleitet vom hellen Klirren der Sektgläser, einen Grundstein für ein Museum der Einwanderung legen wollen, denn in einem solchen Museum wäre die Migration als Faktum anerkannt worden, als eine nicht mehr vergehende Tatsache. Der Migration eine sichtbare Vergangenheit geben, würde ihrem Platz in der Gegenwart Wurzeln verleihen. Das gilt auch umgekehrt: Die Vergangenheit nicht abzubilden nährt die Illusion, Einwanderung ließe sich wieder aus unserer Mitte entfernen – oder es sei jedenfalls natürlich, dass ihre Präsenz etwas Prekäres und Kontroverses hat.

Woher rührt diese fast tölpelhaft wirkende innere Bockigkeit, das Deutschsein nicht mit anderen teilen zu wollen?

Es tut gerade heute gut, sich zu erinnern, wie viele Ankömmlinge beigetragen haben zu dem, was nun Deutschland ist.

Zunächst kamen zwölf Millionen Geflüchtete und Vertriebene aus dem ehemaligen Osten des Deutschen Reichs. Die nächste ethnisch deutsche Großwanderung ging noch einmal von Ost nach West: Drei Millionen Menschen aus der DDR und Ostberlin zog es zur Arbeit nach Westdeutschland. Dann folgten die sogenannten Gastarbeiter, Männer wie Frauen: Griechen, Spanier, Portugiesen, Jugoslawen, Südkoreanerinnen, Italiener, Marokkaner, Türken. Die DDR holte sich Vertragsarbeiter, von denen vor allem Vietnamesen blieben. Anschließend die Aussiedler: drei Millionen aus der Sowjetunion respektive ihren Nachfolgestaaten, neunhunderttausend aus Polen und Rumänien. Als Nächstes zweihundertzwanzigtausend Juden und Jüdinnen aus der Ex-Sowjetunion. Dann bosnische Kriegsflüchtlinge. Und viel später die Syrer.

Aus all diesen Herkünften und noch einigen mehr wurde eine Einwanderungsgesellschaft der vielen Facetten, ohne eine dominierende Gruppe. Die größte Minderheit sind zwar die Türkischstämmigen, doch machen sie nur vierzehn Prozent der Migranten aus. Jeder dritte Zugewanderte kommt aus einem anderen Land der Europäischen Union, mit all ihren Schattierungen von Reichtum und Armut.

#Die tiefe Gleichgültigkeit

Als ich in den 1970er-Jahren studierte, waren aus meiner westdeutschen Warte Türken so etwas Ähnliches wie die DDR: irgendwo am Horizont meiner Wahrnehmung, ohne

Belang für mein Leben. Diese tiefe Gleichgültigkeit, das vollkommene Desinteresse ist vielleicht für unser Verhältnis zu den Deutsch-Türken bezeichnender als Rassismus. Oder ist die Gleichgültigkeit nur dessen bleiche Schwester, die sich nicht einmal erschüttern ließ durch die Mordserie des Nationalsozialistischen Untergrunds, des NSU, weil sie eben vorwiegend nur türkische Leben traf?

Im Sommer 1983, ich war Lokalreporterin in Buxtehude, besuchte ich erstmals eine türkische Familie in ihrem Zuhause. Gani Demirel war seit einem Jahrzehnt Kotflügellackierer in einem Buxtehuder Werk, wie zuvor schon sein Vater. Auf seinen Spind im Betrieb hatte nun jemand geschrieben: Türken raus. Solche Vorfälle häuften sich, darum war ich gekommen.

Zu der Zeit bot die Regierung eine finanzielle Prämie an, damit türkische Migranten zurück in die Türkei gingen. Die Kampagne beflügelte den Neid auf jene, die das Geld nahmen und abreisten, und gleichermaßen den Hass auf jene, die blieben. Es gab Tausende von Übergriffen, Gewalt gegen Personen wie gegen türkische Geschäfte, sogar Todesopfer.

Die Demirels, Gastarbeiter in zweiter Generation, lebten in einer möblierten Mietwohnung wie auf dem Sprung. Und sie waren noch nie von einer deutschen Familie in eine deutsche Wohnung eingeladen worden. Auf dem Foto, das ich seinerzeit machte, fällt mir heute auf, was mir damals keineswegs auffiel: im Wohnzimmer nichts erkennbar Muslimisches. Frau Demirel trägt ein Sommerkleid mit kurzen Ärmeln, das Haar unbedeckt. Auf dem Tisch eine Plexiglaskanne mit einem erkalteten Rest Filterkaffee. Hinter dem Tisch stehen zwei kleine Mädchen, die Augen weit aufgerissen vor Aufregung über den seltenen Besuch.

Eines der Mädchen hätte Serap Güler sein können: geboren 1980, allerdings nicht in Buxtehude, sondern in Marl. Die Tochter eines Anatoliers, der vierzig Jahre unter Tage im deutschen Bergbau arbeitete, zählt heute zum Führungspersonal der CDU. Serap Güler erinnert sich, wie es war, als ihre Mutter mit der Tochter loszog, um für den Musikunterricht eine Flöte zu kaufen. Die Verkäuferin im Laden fragte als Erstes, ob die Mutter wegen der Stelle als Putzfrau gekommen sei.

Es sind diese erfolgreichen Kinder von Migranten, die heute angemessen scharf auf Zumutungen reagieren. Als der vormalige Bundespräsident Joachim Gauck einmal kundtat, es sei »nicht hinnehmbar, wenn Menschen, die seit Jahrzehnten in Deutschland leben, sich nicht auf Deutsch unterhalten können«, wies ihn die Tochter des Bergmanns öffentlich zurecht. Der minimale Deutschunterricht, der für ihren Vater wie für alle anderen Gastarbeiter ausreichen musste, lehrte das Vokabular für Maschinen und Werkzeug. Schon die Worte für einen Arztbesuch waren nicht mehr vorgesehen. »Du besser reden mit Tochter«, sei der typische Satz seiner Generation gewesen. Ihr Vater habe genau das getan, wofür er gerufen worden war: hart arbeiten, zehn bis zwölf Stunden am Tag. Nach vier Jahrzehnten unter Tage war er stolz, kein einziges Mal wegen Krankheit gefehlt zu haben.

Nicht hinnehmbar, sagte die Bergmanns-Tochter, seien nicht die mangelnden Deutschkenntnisse des Vaters, sondern die Geringschätzung seiner Generation und ihrer Leistung.

#Zukunftsfähigkeit

Junge und Alte leben in Deutschland, was Einwanderung betrifft, in völlig verschiedenen Erfahrungswelten. Bei den 85-Jährigen gibt es gerade einmal sieben Prozent Migranten, bei den unter Fünfjährigen sind es vierzig Prozent, in einzelnen Städten noch weitaus mehr. In vielen Klassenzimmern westdeutscher Metropolen sind Kinder aus Migrantenfamilien in der Mehrheit.

Das Alter hat also einen enormen Einfluss darauf, ob Multikulturalität als normal empfunden wird oder nicht. Wer heute fünfzehn Jahre ist, wurde bereits in eine Gesellschaft hineingeboren, die sich nicht mehr gegen die Vorstellung sträubte, Einwanderungsland zu sein. Nahezu die Hälfte aller Jugendlichen kennt im engeren oder weiteren familiären Umfeld Menschen mit Migrationsgeschichte. Die Vorstellung davon, was deutsch ist, fällt bei den Jüngeren viel flexibler aus.

Dazu tragen die Universitäten bei. Weil dort in wachsendem Maße Kommilitonen mit Zuwanderungsgeschichte sitzen. Und weil die Universitäten heute kosmopolitische Orte sind: Jeder Fünfte, der sich zum ersten Mal einschreibt, kommt aus dem Ausland, darunter sind viele Chinesen.

Kaum verwunderlich, dass sich in der Akzeptanz von Flüchtlingen gleichfalls eine Kluft zwischen den Generationen auftut. Bei Älteren ist sie nach 2015 drastisch gesunken, sagen Studien, während bei den Befragten unter dreißig jeder Zweite meint, Deutschland könne und solle mehr Schutzsuchende aufnehmen. In den Befunden der Meinungsforschung wirkt sich natürlich der generationell so unterschiedliche Migrantenanteil aus – das heißt: von den Ansichten »der Deutschen« zu sprechen und damit nur Alteingesessene zu meinen, wäre nur in Seniorenheimen angebracht.

Selbst wenn die Grenzen heute geschlossen würden und kein einziger Zuwanderer, kein einziger Flüchtling mehr hereindürfte: Das künftige Deutschland wäre gleichwohl sichtbar und fühlbar diverser als das heutige. Die Migrantenkinder werden als Erwachsene einen Teil ihres kulturellen Erbes an ihre Nachkommen weiterreichen. Und sie werden als Lehrer, als Politikerinnen oder Journalistinnen das Land vermehrt prägen.

In einigen westdeutschen Großstädten wie Stuttgart und Frankfurt wird künftig nur noch die Hälfte der Einwohner langheimisch deutsch sein. Es gibt keinen Weg zurück in die gemütliche Homogenität von gestern. Dies als Tatsache anzuerkennen, muss jedem Streit vorausgehen – dem Streit, ob und wie Zuwanderung steuerbar ist oder wie Deutschland seine humanitäre Verpflichtung gegenüber Schutzsuchenden wahrnimmt.

Im Durchschnitt sind Migranten zehn Jahre jünger als die langheimisch Deutschen, und obwohl sie deutlich weniger verdienen, haben sie mehr Nachwuchs (wenngleich nicht in jenem Maße, wie ihnen das Klischee gern unterstellt: nur sechzehn Prozent dieser Familien haben drei oder mehr Kinder). Ginge es nach ihnen, wäre das deutsche Rentensystem haltbarer, was Politiker selten erwähnen, wenn sie wieder einmal Kinderlosigkeit rügen.

Wie ungleich sich die migrantische Bevölkerung innerhalb Deutschlands verteilt, ist grotesk: Nur drei Prozent leben in den östlichen Bundesländern. Auffallend ist gleichfalls der Unterschied zwischen Stadt und Land: je größer die Gemeinde, desto mehr Migranten. Im Umgang mit Zugewanderten ist das Stadt-Land-Gefälle entscheidender als das Einkommensgefälle, sagt die Migrationsforscherin Naika Foroutan: Arme Großstädter seien offener für Pluralität als wohlhabende Kleinstädter.

Nimmt man den Ost-West-Unterschied hinzu, dann wirken eine westdeutsche Großstadt und eine ostdeutsche Kleinstadt, als lägen sie in verschiedenen Staaten. Und man muss sich nicht lange fragen, wo mehr Zukunft ist. Ostdeutschland droht aufgrund seines geringen Migrantenanteils wirtschaftlich weiter abgehängt zu werden: Der Mangel an Fachkräften ist dort besonders groß, und die Bevölkerung altert schneller. Im Jahr 2030 könnte jeder Dritte im Osten im Rentenalter sein.

#Aufstieg und Abwehr

Wenn wir unter weißer Dominanz verstehen, dass die alteingesessenen Deutschen das Privileg beanspruchen, alleine zu entscheiden, worüber das Land spricht, dann wird Deutschland gegenwärtig weniger weiß. Die später Gekommenen beginnen sich aus der Rolle zu befreien, nur Objekte des öffentlichen Diskurses zu sein. Sie reden mit, sie werden laut. Und das ist ein Umbruch, der ein ideelles Machtgefüge erschüttert.

Anders als Frankreich und Großbritannien ist Deutschland ungeübt darin, mit einer multiethnischen Intelligenzija umzugehen. Auch dies ist eine Folge des Zivilisationsbruchs von 1933 bis 1945, eine Folge von Auslöschung und Vertreibung. Es hat aber auch damit zu tun, dass Deutschland seine Kolonien früh verlor. In Paris trafen sich in den 1950er-Jahren ehrgeizige Vordenker aus Afrika und der Karibik, sie befruchteten einander, und Franzosen, die dazu bereit waren, konnten an ihrem Weltdenken teilhaben. Es entstanden Zeitschriften und Verlage.

Für die Deutschen gab es lange nur eine Blickrichtung, von oben nach unten. Migranten waren die Ungebildeten, sie hatten die anatolischen Dörfer mitgebracht, was für die erste Generation häufig auch zutraf, sie waren die stumme Reinigungskraft und wurden bestenfalls Gemüsemann, und immer blieben sie aus Sicht des Bürgertums ein unterer Stand. Nun ist etwas Erstaunliches passiert: Migrantenkinder durchbrechen Klassenschranken. Ausgerechnet in einem Land, wo Bildungschancen normalerweise so hartnäckig innerhalb der Zäune von Schicht und Klasse verbleiben, wo in der Regel nur Bürgerkinder Bürgerärzte werden, gelingt jungen Migranten der Aufstieg.

Natürlich nicht allen: Der Anteil derer, die keinerlei Schulabschluss schaffen, schrumpft nur langsam und ist immer noch viel höher als bei den Kindern der Alteingesessenen. Aber weit mehr als früher besuchen Gymnasien und machen Abitur. In einem heutigen Jahrgang junger

Erwachsener hat bei den Migranten fast jeder Zweite eine Fachhochschul- oder Hochschulreife, bei den Altersgenossen ohne Zuwanderungsgeschichte sind es nur geringfügig mehr. Das ist ein spektakulärer Erfolg, oft errungen gegen Entmutigungen von Seiten der Lehrerschaft und ohne dass die Eltern aufgrund eigener Bildungsdefizite in der Lage gewesen wären, bei den Hausaufgaben zu helfen. Es gibt heute muslimische Doktorandinnen mit analphabetischen Müttern.

Dies ist also eine Zäsur. Und es ist kein Zufall, dass in dieser Zeit des beginnenden Aufstiegs von Migranten Hass und Abwehr so groß geworden sind. Erfolgreiche Migranten sind sichtbar.

Die Putzfrau mit Kopftuch hat niemanden gestört, sie war Bestandteil einer quasi unterirdisch tätigen Arbeitsarmee. Die Lehrerin, die mit Kopftuch unterrichten möchte und dafür vor Gericht zieht, ist hingegen Bürgerin. Sie reklamiert Gleichberechtigung, mehr noch: Sie will sogar Vorbild sein, soweit ihr Beruf das vorsieht. An ihr scheiden sich die Geister, sie erregt Verdruss. Und sie wehrt sich, anders als ihre putzende Mutter oder Großmutter.

Der Soziologe Aladin El-Mafaalani, ein 1978 im Ruhrgebiet geborener Sohn syrischer Einwanderer, nennt dies das Integrations-Paradox: »Wenn Integration gelingt, wird die Gesellschaft nicht harmonischer, nicht konfliktfreier. Im Gegenteil.« Er benutzt dafür die Metapher eines Tischs, an dem früher nur einer redete, obwohl immer mehr dort Platz nahmen. Nun wollen alle mitreden und mitbestimmen. Und mehr Teilhabe weckt die Erwartung auf gleiche

Teilhabe. Wenn sich heute viele über Diskriminierung beschweren, sei das ein Zeichen von Fortschritt, argumentiert El-Mafaalani. Denn nur wer eine Ungleichbehandlung als illegitim erachte, fühle sich diskriminiert.

Die Entstehung einer kulturell flexiblen und mehrsprachigen neuen Elite macht dieses Land schlichtweg ein wenig normaler. Denn im Vergleich mit weitaus ärmeren und fragileren Gesellschaften, die ich außerhalb Europas kenne, fehlt es dem reichen, stabilen Deutschland auf beunruhigende Weise an Gelassenheit im Umgang mit ethnischen, kulturellen, sprachlichen Verschiedenheiten.

Gegenwärtig sind aufgestiegene Migranten häufig noch in Berufen, die nicht direkt mit alltäglicher Macht über andere assoziiert werden; sie sind Freiberufler und Ärzte, arbeiten in Forschung und Lehre, Design, Schauspiel, Kunst. Doch auch in Führungspositionen der privaten Wirtschaft sind Migranten und Migrantinnen bereits angemessen vertreten. Und im Jobcenter entscheidet manchmal ein Schwarzkopf, ob sich der arbeitslose Langheimische durch eine weitere Fortbildung quälen muss.

Ja, das ist weißer Machtverlust, und er kommt manche bitter an. Er nährt die Angst vor Konkurrenz und Abstieg, und diese Angst ist nicht ohne realen Kern. Weil eine junge mehrsprachige und bikulturell geprägte Migrantin für den Arbeitsmarkt der Zukunft viel besser gerüstet ist als ein altdeutscher Ostthüringer. Und weil die neue migrantische Elite ein fernes, aber doch vernehmbares Echo auf weltweite Veränderungen darstellt: den Rückgang weißer Macht.

Vordergründig richtet sich der rechte Kulturkampf gegen die erst kürzlich Angekommenen, gegen Kriegsflüchtlinge und Asylbewerber. Doch immer öfter bricht durch, wer noch alles gemeint ist. Die Angriffe auf prominente Persönlichkeiten mit nichtdeutschen Namen transportieren eine Botschaft der Säuberung. Sie lautet: Uns sind auch jene zu viel, die mit deutschem Pass und Steuerkarte und Diplom hier leben, die hier geboren sind, womöglich einen deutschen Elternteil haben. Wie Isabel Schayani vom WDR, der gesagt wird: »Geh zurück in deinen Islam.«

Ihre Antwort: »Zurück wohin? Ich bin hier geboren und ich bin keine Muslimin«, ist ohne Belang. Ihr Name und ihr schwarzes Haar markieren sie als fremd, als nicht zugehörig. Sie könnte die Markierung nur aufheben und sich quasi weiß machen, indem sie politisch rechts aufträte, so wie es einzelne Schwarze in der US-amerikanischen Rechten tun.

Der rechte Kulturkampf hat kein realistisches Ziel. Die aufgestiegenen Migranten werden nicht zurückweichen und sich nicht verstecken. Die Zeit und die Zukunft sind auf ihrer Seite.

Für all jene aber, die nicht der gefährlichen Illusion einer wieder zu gewinnenden Homogenität anhängen, stellen sich zwei Fragen: Wie antizipieren wir ohne Angst die Zukunft eines noch heterogeneren Deutschlands? Und wie gehen wir mit Unterschiedlichkeiten so um, dass sie weder künstlich vergrößert noch geleugnet werden? Dies beginnt beim Benennen und, horribile dictu, beim Bemessen.

#Die Erfindung des Halbfremden

Von zehn sogenannten Migrantenkindern sind acht in Deutschland geboren. In den USA wären sie in einem solchen Fall Amerikaner, hier haben sie einen Migrationshintergrund. Um dessen offizielle Definition zu erfüllen, reicht es, dass ein Elternteil nicht in Deutschland geboren wurde. Diese Formel trifft bei uns auf etwa fünfundzwanzig Millionen Menschen zu, wobei die Hälfte von ihnen deutsche Staatsangehörigkeit besitzt. Wir haben Halbfremde erfunden.

Das begriffliche Ungetüm Migrationshintergrund, bei dem sich jeder krümmt, der Sprache liebt, illustriert ein Unvermögen, das ein ebenso politisches wie ästhetisches ist. Der Ausdruck wurde erstmals 1998 in einem Jugendbericht der Bundesregierung verwandt, seit 2005 ist er beim Statistischen Bundesamt in Gebrauch – und danach hat es wenig Fortschritt gegeben. Für soziologische Zwecke arbeiten auch andere Staaten mit dem *migration background*, doch in Deutschland wurde daraus ein Alltags- und Medienwort. Und weil sich der Begriff nicht wirklich sprechen lässt, sind die Betroffenen schlicht »Migranten«, als wären sie ständig auf Wanderschaft.

Die Vorstellung, ein Migrantenstatus werde vererbt und gar durch einen einzigen Elternteil, ist bei Licht betrachtet eine Verbeugung vor dem Ressentiment. Ein Kind, das hier geboren ist und akzentfrei deutsch spricht, kann nicht einfach deutsch sein, sofern es irgendwie anders aussieht.

Aber wie anders ist das Anders, wenn die Gesellschaft

insgesamt sich ändert? Wie sieht jemand künftig typisch deutsch aus?

Den Sohn eines Briten und einer Deutschen als Migrantenkind zu etikettieren, scheint wenig Sinn zu haben, wenn dieser Junge bestens integriert aufwächst und durch seine Zweisprachigkeit in der Schule sogar einen Vorsprung genießt. Wer in diesem Moment zustimmend nickt, hat vermutlich automatisch an einen weißen britischen Vater gedacht. Was aber, wenn er ein Brite pakistanischer Herkunft ist? In diesem Fall kann die beste Bildung den Sohn nicht davor schützen, dass ihm eines Tages gesagt wird: Geh zurück in deinen Islam.

Allein die fortgesetzte Diskriminierung kann ein Grund sein, den ominösen Migrationshintergrund noch eine Weile in Dienst zu behalten. Denn die Zugewanderten und Neudeutschen auf diese Weise zu zählen, macht sichtbar, wie wenig repräsentativ viele Institutionen sind. Überall dort, wo viel Einfluss ausgeübt wird, ist der Anteil von Migranten weit niedriger als im Durchschnitt der Bevölkerung: so ist es im Bundestag, in großen Redaktionen, in Bundesbehörden. Kommunale Einrichtungen sind hingegen offener für Diversität, und Betriebsräte sind repräsentativer als das Parlament.

Es gelingt den Alteingesessenen, ihre Macht auf der oberen Etage zu wahren, sie tun dort so, als lebten sie noch im Deutschland von gestern und vorgestern. In den Institutionen, die der Basis näher sind, sieht man das Deutschland von heute mit Realismus.

#Machtverlust

Fühlt sich weißer Machtverlust so ähnlich an wie der männliche Machtverlust in früheren Jahrzehnten?

Der Gedanke kommt mir, als in einem historischen Spielfilm, an die Runde um einen Konferenztisch gerichtet, die routinierte Wendung fällt: »An die Arbeit, meine Herren!« Diese Selbstverständlichkeit, die Dinge unter sich auszumachen und niemanden zu vermissen.

Bei der weißen Dominanz ist wie bei der männlichen der Machtverlust schleichend, wobei das Schleichen manchmal in abrupte Sprünge nach vorne übergeht, dann wird eine Krise ausgerufen. Irgendwann schlägt die Quantität der kleinen Schritte in Qualität um, diesem Gesetz unterliegt auch der weiße Machtverlust. Und dann scheint der Blick zurück in die Vergangenheit auf etwas gänzlich Unwirkliches zu fallen. Als sei dort ein seltsames Theaterstück aufgeführt worden. An die Arbeit, meine Herren!

Auf einem alten Foto ein Hörsaal der Charité, Vorlesung in Medizin, vor lauter Männern. Ähnlich amüsiert wird die künftige Welt Bilder betrachten, auf denen Weiße die Dinge unter sich ausmachten.

#Phantastische Verschiebungen

Seit Jahren behandelt mich ein Zahnarzt, dessen bulgarischen Namen ich lange falsch ausgesprochen habe. Im Wartezimmer liegt ordentlich gestapelt, Kante an Kante, eine Batterie deutscher Regenbogenpresse mit rot-goldenen Titeln: ›Gala‹, ›Die Bunte‹ ... Die Intrigen des deutschen Hochadels in einer migrantischen Praxis. Das Wartezimmer ist meistes leer, so taktgenau ist die Abfolge der Patienten organisiert.

Der Zahnarzt zählt zum geräuschlosen Kosmos einer zugewanderten Arbeitsgesellschaft oder arbeitenden Zuwanderergesellschaft, die ein Großstadtwesen wie mich ganz selbstverständlich umgibt.

Meine Kleidung bessert ein Pakistani aus; beim Optiker berät mich eine junge Frau, die mit einem türkischen Namen unterschreibt. Im Fitnesscenter wird mir eine Trainerin slowakischer Herkunft empfohlen, die Paketpost wird von einer kleinen UNO an Zustellern ausgeliefert. Den Getränkekiosk betreibt ein vietnamesisches Ehepaar; die beiden arbeiten in Schichten, ich sehe sie nie zusammen. Selbst eine gelegentliche Reise in die alte Heimat machen sie getrennt, der Kiosk soll keine einzige Woche geschlossen sein.

Als im Drogeriemarkt ein türkischer Security-Mann von einer älteren Inderin verlangt, den Inhalt ihrer Taschen vorzuzeigen, und der Vorwurf von *racial profiling* aufkommt, entgegnet er zum Beweis seiner Unschuld: Ich bin doch selbst kein Deutscher!

In vielen Großstädten ist der Alltag nicht mehr denkbar ohne Dienstleistende aus allen Himmelsrichtungen. Wie viele es sind und wie viele Herkünfte sie haben, ist uns nur in den seltensten Fällen bewusst. Als in Chemnitz Rechtsradikale Jagd auf migrantisch Aussehende machten, gab das dortige Klinikum einen schlichten Satz an die Öffentlichkeit: Bei uns arbeiten sechstausendfünfhundert Beschäftigte aus fünfundvierzig Nationen.

Die Arbeitsleistung der Zugewanderten zu verdrängen, obwohl sie unter aller Augen stattfindet, und ihre Anwesenheit in eine Last umzudeuten, ist eine so phantastische Verschiebung, wie man sie in anderen Epochen als Gehirnwäsche bezeichnet hat. Unter der Hand ist ein früherer Sündenbock verschwunden: der deutsche Sozialhilfeempfänger, der sich einen schönen Lenz macht. Florida-Rolf ist jetzt Muslim.

#Die Fremden von gestern

Wenige Jahre nach der deutschen Vereinigung saß ich an einem heißen Sommertag mit einem Staatssekretär in einem Hubschrauber, wir flogen über die staubigen Weiten Sibiriens. Der Mann war auf der Suche nach geeigneten Ortschaften für Entwicklungsprojekte, welche die Russlanddeutschen zum Bleiben bewegen sollten. Damals hatte sich die Politik gegenüber den sogenannten Volksdeutschen in der ehemaligen Sowjetunion gerade gedreht. Zunächst waren sie willkommen, wurden heim ins Reich gerufen. Nun hieß es: Das werden zu viele. Die Schreckensvision: Sechs Millionen könnten mit Kind und Kegel deutsche Wurzeln reklamieren.

So wurde das abgelegene Dörfchen Schumanowka, wo wir unter Aufwirbelung von viel Staub landeten, zu einer »Insel der Hoffnung«, womit eher die Hoffnungen deutscher Politiker gemeint waren als jene der Kolchosenbewohner. Seit Kurzem stand hier ein chromblitzender Schlachthof auf Rädern, er sollte »die lieben Landsleute«, wie mein Reisebegleiter formulierte, von ihrer blühenden Zukunft überzeugen. Wir reisten weiter; in der südlichen Ukraine und in Kasachstan waren die Inseln der Hoffnung mit Käsereien, Bäckereien und Fertighäusern möbliert.

Ein bisschen war alles so wie später in Afrika. Projekte, mit vergleichsweise lächerlichen Beträgen finanziert, sollten Menschen zum Bleiben bewegen, deren Träume von einem besseren Leben längst andere Dimensionen hatten.

Die Aussiedler in spe bewirteten uns bestens, während sie unter ihren Matratzen den Bescheid über den Nachweis deutschen Volkstums griffbereit verwahrten und der Staatssekretär mit vergeblichem Pathos erklärte: »Wir fühlen uns hier zu Hause!«

Es kam dann schließlich ein anderes Instrument zur Anwendung, auch dies ein Klassiker im Umgang mit fremden Lebensträumen: der bürokratische Rückstau. Zeitweise harrten bei deutschen Behörden fast eine halbe Million Anträge der Bearbeitung. De facto wurde die Zuwanderung der Aussiedler quotiert. Auch Hilfen zur Eingliederung wurden gekürzt; bloß keine Anreize schaffen!

Später, sehr viel später würden die Russlanddeutschen die Nase rümpfen über die Syrer, die nach ihnen eintrafen, obwohl da nicht einmal chromblitzende Schlachthöfe und Käsereien im Spiel waren, sondern nur Fassbomben. Um Abwägungen und Gerechtigkeit geht es nicht, wenn ein psychologisches Gesetz der Einwanderung in Aktion tritt: Wer schon da ist, ist gegen die, die erst kommen. Manche

Russlanddeutschen verstärken zur Abwehr neuer Eindringlinge die Reihen der Rechtspopulisten.

Die autochthonen Deutschen haben sich unterdessen längst an »die Russen« gewöhnt, wenigstens sind die keine Muslime. Auch dies entspricht einer psychologischen Gesetzmäßigkeit in vielen Einwanderungsländern: Die Fremden von heute sind stets schlimmer als die Fremden von gestern. Wer sich in die Geschichte von Migration vertieft, wird Seite um Seite ebenso ermutigt wie verstört. Wie viele Animositäten wurden überwunden, in der Rückschau nachgerade leichthändig! Und wie unerschöpflich ist das Reservoir neuer Feindseligkeiten.

Für Thomas Jefferson, einen der Gründerväter der Vereinigten Staaten, zählten nur protestantische Angelsachsen zur weißen Herrenrasse, die Amerika regieren sollte, nicht aber andere Europäer, zumal nicht die Deutschen, deren keltisches Blut sie aus Jeffersons Sicht zu Minderwertigen mit dunklerer Haut machte. Die Iren, die Mitte des 19. Jahrhunderts in großer Zahl vor Hunger und Armut flohen, brauchten noch länger als die Deutschen, um als weiß zu gelten. Zum Ende des Jahrhunderts erstand dann ein neues Feindbild: Einwanderer aus Süd- und Osteuropa, Polen, Sizilianer, Ungarn sowie russische Juden.

Die Angst vor dem Katholizismus war in den USA bis in die Mitte des 20. Jahrhunderts ähnlich wirkmächtig wie heute in Europa die Angst vor dem Islam. Der Soziologe Meinhard Creydt entdeckte Gemeinsamkeiten zwischen den antimuslimischen Schriften von Thilo Sarrazin und einem antikatholischen Bestseller von 1949, ›American Freedom and Catholic Power‹ von Paul Blanshard. Wie

Sarrazin war Blanshard ein Mann aus der Mitte der Gesellschaft, zeitweise ein Staatsanwalt. Nur dass ihm zufolge nicht der Islam, sondern der Katholizismus die feindliche Übernahme des Landes anstrebte, unter anderem mit der Waffe der hohen Geburtenrate. Das Werk erlebte sechsundzwanzig Auflagen und stand fast ein Jahr lang auf der Bestsellerliste der ›New York Times‹.

#Hottentotten_1

Bei alldem, was sich in Deutschland durch neu Ankommende verändert hat, scheint mir dies das Bemerkenswerteste: unser Verständnis von drinnen und draußen, von privat und öffentlich.

Früher setzte sich niemand zum Essen auf die Straße. Ein ordentlicher deutscher Bäcker wäre nicht auf die Idee gekommen, Tisch und Stühle vor seinen Laden zu stellen, und als türkische Familien in deutschen Parks zu grillen begannen, war das mancherorts noch verboten. Jedenfalls galt es als unzivilisiert, im Stadtraum öffentlich herumzuliegen. Als Kind hörte ich, »nur Zigeuner und Hottentotten« lagerten im Freien. Hottentotten war ein lustiges Wort, ich verband seinen Klang mit dem Schottenrock in meinem Kleiderschrank und stellte mir kariert gemusterte Menschen vor, die alles durcheinander warfen – denn auch in unaufgeräumten Zimmern sah es aus »wie bei Hottentotten«.

Waren sich die Erwachsenen damals des dunklen Hintergrunds bewusst, der Beziehung zu einem kolonialen Völkermord?

Das Wort Hottentotten wurde von burischen Siedlern im südlichen Afrika erfunden und dann von deutschen Kolonisten übernommen. Die Bezeichnung verspottete die Sprache von Einheimischen, die sich selbst Khoikhoi nannten, wahre Menschen. Zu ihnen zählten die Nama, sie wurden neben den Herero Anfang des 20. Jahrhunderts Opfer eines Vernichtungskriegs durch das deutsche Kolonialmilitär.

Wie viel Grauen hinter einem glockenhellen Kinderwort.

Und ist es Zufall, dass alte sprachliche Metaphern für Unordnung und Durcheinander – »wie in einer Judenschule!« – mit jenen Menschen assoziiert sind, für die unsere Vorfahren jeweils eine Ordnung der Endlösung ersonnen haben?

Es gibt ältere Deutsche, die sich aus dem vermeintlich unschuldigen Wortschatz ihrer Kindertage immer noch nicht vertreiben lassen möchten. Als Schimpfwort für das Herumlungern im Freien haben die Hottentotten indes ausgedient. So markiert das Wort unabsichtlich, wo die Deutschen noch ganz die alten sind und wo sie neue Deutsche sind, verändert durch die Einwanderung.

Und tatsächlich ist die profundeste Veränderung diese: Man darf öffentlich faul sein, darf sich beim Nichtstun zusehen lassen. Es hat sich ja keineswegs nur die Gastronomie gewandelt, sondern eine seelische Disposition. Die Deutschen haben eine Genusskultur entwickelt und eine öffentlich zelebrierte Bereitschaft zur Lebensfreude, die sie sich früher nicht zugestanden hätten.

Halt, warnt mich da eine Stimme: Hast du nicht wieder die Vorgeschichte übersehen und deine eigene Lebenszeit absolut gesetzt? In der Tat: Ich hatte übersehen, was es vor 1933 gab. Etwa den Lunapark am Stadtrand von Berlin, wo man sich massenhaft vergnügte, bis der Park im Nationalsozialismus zum Schandfleck wurde.

Indem heute die Mauern unserer Häuser durchlässiger geworden sind, haben wir uns vielleicht dank Einwanderung etwas wiedergeholt, was wir schon einmal kannten, bevor es wie die Heterogenität der Herkünfte ausgelöscht wurde.

Wir können diese Entwicklung aber auch anders lesen. Denn dies ist ja eine Zeit, da wir vermehrt Mauern bauen, um den Lebensraum, in dem wir es uns nun auch öffentlich gemütlich machen, vor anderen zu schützen. Die Grenze zwischen drinnen und draußen wird anders gezogen, weiter vorne, jenseits unseres Vorgartens.

Das Haus, sagen Ethnologen, ist eine Urform der Unterscheidung von Vertrautem und Fremdem, von Mein und Dein. Ein Zeichen von Aneignung, von Vergewisserung, von Dazugehören. Auch wenn wir selbst nun vermehrt draußen leben, nennen wir die Häuser ärmerer Völker, bevorzugt afrikanischer, immer noch gern »Hütte«. Wir billigen ihnen nicht zu, dass sie genauso wie wir eine klare Ordnung von Vertrautem und Fremdem haben.

Ihre Hütten erscheinen uns als Symbol für das Zerbrechliche, Provisorische, sie zeigen an, dass ihre Besitzer immer in einem Quasi-Draußen leben. In einer Zone von hottentottischer Undefiniertheit. In dieser Welt sind die Zeichen nicht so lesbar wie in der unsrigen; diese Welt ist schon in ihrer allerersten Grundstruktur einfach anders. Und sie soll es bleiben.

#Afrika in der Schorfheide

Drei Jahre nach dem Ende des Zweiten Weltkriegs suchten Umsiedler aus den verlorenen Ostgebieten in der Schorfheide im Brandenburgischen eine neue Bleibe. Dies war die DDR; im Westen hießen die Umsiedler Heimatvertriebene, das DDR-Wort war hingegen so entschieden neutral, als hätten sich die Menschen aus freien Stücken zu einem Umzug entschlossen.

Es waren karge Zeiten, es fehlte an allem, vor allem an Baumaterial, und so hoben die Umsiedler in ihrer Not Gruben aus, auf die sie mit dem wenigen Holz, das sie auftreiben konnten, niedrige Hütten setzten. Diese Art des Wohnens, halb im Erdreich verborgen, verband sich für die Anwohner der Gegend mit Afrika – und so wurde die Siedlung dann genannt. Aus den Blockhütten wurden später Häuser, doch der Name Afrika blieb, bis heute.

Er berichtet uns davon, wie groß das Elend einmal war, das deutsche Geflüchtete erlebten. Vielleicht schwingt auch Spott in der Bezeichnung mit; die Vertriebenen waren hüben und drüben nicht gut gelitten. Im Westen gab es zu jener Zeit die Redensart »Die drei größten Übel sind Kartoffelkäfer, Wildschweine und Flüchtlinge«, und erneut bewegen sich die Assoziationen im Erdreich.

Die dritte Erzählung, die sich mit dem Dorfnamen verbindet, handelt vom Versuch, eine Ordnung zu schaffen – eine Ordnung, die das Eigene, das Feste, das bei aller Armut doch Bessere markiert und nach unten abgrenzt. Afrika, keine Hochkultur, sondern eine Niedrigkultur.

Über die sich selbst die Bauern der Schorfheide, die in der Gegend für nicht besonders helle gehalten wurden, erheben konnten.

Dies ist unser inneres Afrika.

#Status und Verlust

Etablierten-Vorrechte ist ein Begriff aus der Wissenschaft, der sich am Beispiel des berühmten Eisenbahnabteils veranschaulichen lässt. Man hat es sich gerade im leeren Abteil mit einem Buch gemütlich gemacht, da steigt eine vierköpfige Familie zu, und nichts ist wie vorher. Abteile dieser Art gibt es in modernen Zügen immer weniger, doch die Reaktionsweise überdauert: Wir tendieren dazu, aus der Tatsache, dass wir zuerst da waren, Privilegien abzuleiten. Zumindest sind wir verstimmt, wenn sich der Platzvorteil als Illusion entpuppt. Wir sind früher gekommen und fühlen uns nun enteignet.

In der Gesellschaft sind Verstimmungen, die durch Platzverteilungen entstehen, gravierender. Die Idee, wer zuerst hier war, genieße Vorrechte, widerspricht der Verfassung, jeder Bürger hat gleiche Rechte. Doch das Empfinden von Alteingesessenen funktioniert anders. Es fällt schwer, Gesellschaft als etwas zu betrachten, das tagtäglich neu ausgehandelt wird. Wer das Haus bestellt hat, um diesen altertümlichen Ausdruck zu verwenden, möchte Angestammten-Rechte haben. Wer später gekommen ist, darf sich an diesen Status heranarbeiten, aber bitte nicht zu hastig.

Dieses Gefühl ist nachvollziehbar, doch es hat keine Zukunft. Unsere Etablierten-Vorrechte haben ein Verfallsdatum, und das nähert sich umso zügiger, je schneller sich die Gesellschaft wandelt, durch Einwanderung ebenso wie durch ein neues Verständnis von Minderheitenrechten. Wenn Ältere das Gefühl haben, vieles gehe verloren, ist das weder eingebildet noch lächerlich. Die Gesellschaften aller heutigen Einwanderungsländer wandeln sich besonders rasch; kulturelle Praktiken von gestern sterben weg, verlieren zumindest an Wert.

Verlustgefühle lassen sich nicht ausreden. Günstigenfalls wird der Verlust durch den Gewinn von Neuem kompensiert, aber nicht jeder vermag daran teilzuhaben. Und dann kommen jene zum Zuge, die auf Sündenböcke zeigen und Verlustgefühle anpeitschen.

Aus der anfänglichen Empfindung, zu viel vom Eigenen genieße keine Wertschätzung mehr, wird nun die Melancholie vertrieben und durch Wut und Aggression ersetzt. Jetzt entsteht der Eindruck eines generellen Zugehörigkeitsentzugs – ein Phänomen, das aus der Antisemitismusforschung bekannt ist. Die eigene Zugehörigkeit zur Gemeinschaft, zur Nation wird durch den Feind infrage gestellt, und damit ist die Phase eines Überlebenskampfs erreicht, der alle Mittel rechtfertigt.

#Der Schrei

Schreie hallen über einen Bahnsteig der U-Bahn. Am hinteren Ende sehe ich Emanuel, einen älteren Obdachlosen, auf einer Bank sitzen, umgeben von seinem Sammelsurium aus Pfandflaschen und Pappbechern. Er lebt seit Jahren auf der Straße, jeder im Viertel kennt ihn. Graubärtig und zottelhaarig profitiert er von der rauen Toleranz der Großstadt gegenüber abweichendem Verhalten. Emanuel ist ein frommer Christ, und er glaubt, von einem Dämon besessen zu sein; manchmal schreit er und schlägt sich selbst auf den Kopf, wenn ihm der bedrohliche Teil seines Inneren besonders zusetzt.

So ist es an diesem Tag auf dem Bahnsteig. Ich spreche ihn an, das hilft gewöhnlich, dann verzieht sich der Dämon. Diesmal aber taumelt Emanuel gleich wieder zurück in seinen inneren Kampf, und als ich in die Bahn steige, brüllt er so laut, wie ein Mensch brüllen kann, wenn er seiner selbst nicht Herr ist: »Ich bin Deutscher, nicht Jude!«

Was sind das für Zeiten, wenn aus einem seelisch kranken Obdachlosen ein solcher Schrei tritt?

Spricht aus einem Menschen jenseits der Norm nur ungefiltert, was sich im Unterbewusstsein anderer besser verbirgt?

#Entschlüsselungen

Wer im Betrachten von Kunst wenig geübt ist, mag vor einem Gemälde stehen, ohne viel zu sehen. Auch das Betrachten von Menschen verlangt eine gewisse Übung; sehen muss man lernen, und je heterogener die Gesichter in der eigenen Umgebung sind, desto geschulter und differenzierter wird das Sehvermögen.

Die meisten Menschen scannen im Bruchteil einer Sekunde das Zusammenspiel von Hautfarbe, Augenform, Haarfarbe und gleichen es mit Vorlagen ab, die ihr Gehirn gespeichert hat. Je vertrauter uns die Merkmale sind, desto mehr Einzelheiten registrieren wir; das erlaubt es uns, Bekannte im Bruchteil einer Sekunde wiederzuerkennen.

Zu Beginn eines Aufenthalts in Malaysia fuhr mich an zwei aufeinanderfolgenden Tagen derselbe chinesische Taxifahrer. Bei der zweiten Tour erkundigte er sich freundlich, was aus meiner Unternehmung am Vortag geworden sei. Ich erschrak: Wieso wusste er über mich so genau Bescheid? Arbeitete er vielleicht für den Geheimdienst? Ich hatte mich an den Fahrer nicht erinnert; chinesische Männer sahen für mich alle gleich aus.

Das änderte sich. In der Stadt, wo ich lebte, waren Chinesen sehr zahlreich, und ich bemerkte im Laufe der Zeit mit einer gewissen Verwunderung, wie vielfältig ihre Gesichtszüge waren.

Jeder, der eine Weile außerhalb des weißen Europas gelebt hat, macht ähnliche Erfahrungen. Das Sehen wird weniger grobkörnig, und in gleichem Maße werden wir fähig, Individuelles zu registrieren und zu erinnern.

Die schematischen Vorlagen für das Einordnen von Menschen werden früh geprägt. Die afroamerikanische Schriftstellerin Toni Morrison schreibt auf die Vereinigten Staaten bezogen: Schwarze und ihre Stellung zu erkennen, gehöre zu den frühesten Lektionen, die ein Kind lerne. Und Karim Fereidooni, der an der Ruhr-Universität Bochum über Rassismus im Bildungswesen forscht, sagt: Schon im Kindergarten wüssten Kinder, »wie Personen aussehen, die Macht haben«.

Aber wird das künftig noch funktionieren?

Knapp drei Millionen Kinder in Deutschland haben binationale Elternpaare, bei vielen stammen die Eltern nicht nur aus zwei Ländern, sondern von zwei Kontinenten. Und es wächst die Zahl von Menschen mit einem internationalen Stammbaum, wie etwa bei dem gebürtigen Hannoveraner Shasa Kaczmarek, dessen familiäre Herkunft eine Kombination von deutsch, nigerianisch, pakistanisch und polnisch darstellt. Er wird oft für einen Marokkaner gehalten, vermutlich wegen seines lockigen dunklen Haars.

Sein Porträt gehört zu einer Serie verblüffender Bilder des Fotografen Martin Schoeller, dessen Markenzeichen intensiv und gleichmäßig ausgeleuchtete Nahaufnahmen sind. Von den Deutschen, die er derart abgebildet hat, ist niemand mehr optisch-ethnisch zu entschlüsseln. Das Magazin ›Geo‹ veröffentlichte die Fotos unter dem Titel »Deutschland remixed«. In solchen Fällen ins Englische zu greifen, macht die Sache eleganter. »Deutschland neu gemischt« hätte verflixt nach Rassenmischung geklungen.

Tatsächlich hat die Art und Weise, wie das Äußere eines Menschen mit einem vermuteten Migrationshintergrund taxiert wird, noch viel mit alten Rassevorstellungen zu tun. Weiße Europäer lösen so lange keine Fragen nach ihrer Herkunft aus, wie sie Merkmale haben, die sich am besten in der Negation beschreiben lassen: das Haar nicht üppig schwarz und keinesfalls kraus, die Lippen nicht zu voll und der Teint nicht von jenem Ton, den man früher südländisch oder olivfarben nannte.

Wo Weiße in der Mehrheit sind, gelten Menschen mit einem weißen und einem schwarzen Elternteil meistens als schwarz, ob Barack Obama oder die französische Schriftstellerin Marie NDiaye. Die Frage, warum das so ist, hatte ich mir seit meiner Beschäftigung mit den Kindern der Besatzungszeit gestellt. Eine erschreckend präzise Antwort fand ich später in der US-amerikanischen Rassengeschichte: Weißes Blut wurde als verschmutzt betrachtet, sobald sich etwas anderes hineinmischte, wie gering dessen Anteil auch sein mochte. 1910 hieß es in den Statuten des Staates Virginia: »Jede Person, in der sich nachweislich auch nur ein Tropfen Negerblut befindet, (...) gilt als farbig.« In Louisiana wurde der Anteil noch 1970 nach einem bestimmten Verwandtschaftsverhältnis auf ein Zweiunddreißigstel festgelegt; ein entfernter Vorfahr reiche, um als schwarz markiert zu werden.

Weil die Zuschreibung so vehement ist, wird sie heutzutage von den Betroffenen offensiv unterlaufen, auch in Deutschland, indem sie sich selbst als Schwarze bezeichnen.

#Erzählalltag

Wie ergeht es unserer Phantasie, wenn sich die Gesellschaft verändert? Verändert sich unser Vorstellungsvermögen in gleichem Maße? Eilt die Phantasie der Realität gar voraus, wie es ihr eigentlich zukommen würde?

Im deutschen Fernsehen fällt das Nostalgische auf. So weiß wie die ›Sachsenklinik‹ ist keine Klinik in Deutschland, auch nicht in Sachsen. Während der Patient in der Realität womöglich von einem syrischen Arzt operiert wird, flüchtet er sich als Zuschauer der Serie in die traute Obhut von Doktor Heilmann wie in einen ideellen Schutz-raum.

Im ›Kroatien-Krimi‹ spielt eine deutsche Iranerin eine kroatische Kroatin; Neda Rahmanian ermittelt als Branca Maric. Unsere Schwarzköpfe treten als Schwarzköpfe anderswo auf. In diesem Fall als moderne Südländerin, ultra-temperamentvoll, neben dem Ehemann ein Liebha-ber, alles sehr feministisch, und ständig Kriegsverbrechern auf der Spur. Man könnte sagen: Hier findet in der Vorstel-lung eine gewisse Kreolisierung statt, aber nur innerhalb der Migranten und nur in einem imaginierten Ausland.

Dann der Klassiker: Weiße Dramen vor der Kulisse dunkler Haut. Traumhotel, Traumschiff. Die weißen Cha-raktere sind in solchen Filmen so vielschichtig, wie wir selbst uns sehen. Die dunkelhäutigen Einheimischen der Kulissenländer haben monolithische Rollen: die fleißige schwarze Krankenschwester, die langjährige treue Haus-gehilfin, der brutale Elefantenmörder.

Und irgendwo ist immer Lambarene. Die Figur des wei-ßen Arztes im südlichen Afrika erfüllt ein Bedürfnis, das sich aus nie versiegenden Quellen speist; das Bedürfnis nach einem guten Weißsein, ein wenig privilegiert wohl, aber nur verdientermaßen, denn der Arzt verbindet so viel Kompetenz mit so viel Selbstlosigkeit, dass seine Patienten gewiss den kolonialen Zeiten nachtrauern.

Fernsehzuschauer sind daran gewöhnt, dass ein und derselbe Schauspieler heute ein Kommissar und morgen ein Mörder sein kann; wir können also durchaus zwischen Rolle und Mensch unterscheiden. Geht das gleichermaßen bei einem Aussehen, das nicht als typisch deutsch empfunden wird? Muss ein Migrant immer einen Drehbuch-Migranten spielen? Kann jemand mit schwarzer Haut ein Bäcker sein, dessen Schwarzsein im Drehbuch keine Funktion hat? Oder ist Nicht-Weißsein immer eine Aussage und folglich begründungspflichtig?

Ich spreche darüber mit Hartmut Schoen, einem erfahrenen Fernsehregisseur. »Wir sind noch nicht so weit«, sagt er, »dass wir fremdländisch Aussehende mit der ganzen inneren Differenziertheit eines Charakters in unseren Erzählalltag aufnehmen würden.« Erzählalltag ist in diesem Zusammenhang ein interessanter Begriff. Denn er meint nicht, dass der uns umgebende Alltag erzählt würde, sondern wir möchten bestimmte Erzählungen bekommen, mit denen wir unseren Alltag ausstatten.

Der plaudernde Koch, der launige Moderator einer Verbrauchersendung: Nicht-Weiße kommen im deutschen Fernsehen oft über Formate voran, die dem Entertainment noch nahe sind, der klassischen Domäne des schwarzen Spaßmachers. In Trippelschritten nähern sie sich dem ernsten Fach. Florence Kasumba, erste schwarze ›Tatort‹-Kommissarin, geboren in Uganda und aufgewachsen in Essen, brauchte zunächst den Erfolg anderswo: In den USA war sie in großen Filmen zu sehen, dort hielt jeder sie für eine Deutsche, anders als in Deutschland.

Als sie vor anderthalb Jahrzehnten in einer ›Tatort‹-Folge mit dem überraschenden Titel ›Tod aus Afrika‹ eine Nebenfigur spielte, wurde ihre Aussprache nachsynchronisiert: für mehr afrikanischen Akzent. Nun darf sie sprechen, wie sie wirklich spricht.

#Pragmatismus und Utopie

Es ist nicht leicht, Vielfalt zu leben. Denn dies bedarf mitnichten nur der Toleranz; es bedarf einer Selbstveränderung, die nicht jeder will. Die Wiener Philosophin Isolde Charim fasst das in den schlichten Satz: »Man kann heute nicht mehr auf dieselbe Art Deutscher oder Österreicher sein wie früher.« Pluralisierung sei nichts Äußerliches, sie ergreife im Inneren auch jene, die sich physisch nicht von ihrem Ort fortbewegten. Denn niemand könne seine Kultur mehr so leben, als gebe es nicht eine andere daneben.

Ich selbst spüre diese Herausforderung deutlich, obwohl ich ein weitgereister Mensch bin. Um wie viel mehr muss jemand ohne privilegierte Welterfahrungen mit den Umbrüchen ringen?

Vielfalt muss nicht gut oder schön sein, Vielfalt ist eine Tatsache. Und die wichtigsten Stichworte für eine derartige Gesellschaft, sagen Experten, sind diese: Aushandlung, Antagonismus, Ambivalenz.

Es scheint mir auch nicht ratsam, Einwanderung ideologisch zu sehen und als Fortschritt schlechthin zu begrüßen. Das wäre kleingeistig und letztlich defensiv – genauso wie Anti-Rassismus keine Vision ersetzt, sondern ein Übel beseitigen will. Mit wem wir in Deutschland leben wollen, das ist nur die Vorstufe zu einer viel größeren Frage: Wie wollen wir leben?

So betrachtet ist der Streit um Einwanderung ein fürchterlicher Umweg, eine Verschwendung geistiger, materieller, emotionaler Ressourcen. Weil anderes so viel drängender ist: der Umbau unserer Lebensweise, ökologische Nachhaltigkeit, soziale Umverteilung, jenseits von Hautfarben und Ethnien. Und die zugewanderte Bevölkerung als Partner im Kampf für soziale Gerechtigkeit zu betrachten, wäre das beste Mittel gegen Ressentiments.

2

Über Rassismus und Respekt

Weiße Dominanz ist mit keinem anderen Begriff so sehr verbunden wie mit diesem: Rassismus.

Verachtung für bestimmte Menschengruppen ist in allen Gesellschaften der Welt anzutreffen, ebenso wie Arroganz und Überheblichkeit auf Seiten derer, die sich stärker oder besser dünken. Doch die systematische Abwertung anderer Kulturen, gestützt durch Wissenschaft, Wirtschaft, Kirchen, Militär und über einen unfassbar langen Zeitraum, das ist weißes Erbe.

Fünfhundert Jahre währte die gewalttätige Epoche europäischer Expansion, und fast zweihundertfünfzig Jahre lang wurde europäisches Denken von der Idee beherrscht, es gebe eine Hierarchie von Rassen, in der die Weißen auf oberster Stufe stünden.

Erstmals erleben die heutigen Generationen eine Zeit, da solche Auffassungen offiziell missbilligt und in Museen und Lehrplänen explizit kritisiert werden. Wir übersehen leicht, wie neu das noch ist. Und wie zerbrechlich.

Uns bewusst zu machen, wie tief unsere Wahrnehmung historisch von Rassismus geprägt ist, das kann auch entlasten: In uns wirken Kräfte, die größer sind als jeder Einzelne.

#Selbstverwundung

Ich glaubte, einiges über die Geschichte des Rassismus zu wissen, bis ich ein Werk über die sogenannten Völkerschauen in die Hände bekam. Es handelte sich um Ausstellungen, bei denen Menschen außereuropäischer Kulturen als vermeintlich Wilde in Gehegen präsentiert wurden. Dass es Derartiges gegeben hatte, war mir bewusst, doch hatte ich keine Ahnung von den Dimensionen.

Vom Beginn des 19. Jahrhunderts bis in die 30er-Jahre des 20. Jahrhunderts wurden fünfunddreißigtausend Menschen aus den entlegensten Winkeln der Erde verschleppt oder mit falschen Versprechen auf Schiffe gelockt, und sie wurden auf der anderen Seite der Maschendrahtzäune von fast anderthalb Milliarden Menschen betrachtet. Diese letztere Zahl wirkt unfassbar hoch, aber sie wurde in jahrelanger Arbeit von einer internationalen Forschergruppe unter Leitung des Pariser Centre National de la Recherche Scientifique erhoben.

Es handelte sich um Massenunterhaltung, um die Popkultur des 19. Jahrhunderts.

Das Gros der Ausstellungen fand in Deutschland, Großbritannien, Frankreich und der Schweiz statt. In Hamburg, wo Carl Hagenbeck früh den lukrativen Geschäftszweig entdeckt hatte, kamen innerhalb weniger Wochen eine Million Besucher; die gesamte Stadt auf Familienausflug. Außer in Europa wurden Menschenzoos in geringerem Umfang in den USA veranstaltet sowie als einzigem nicht-westlichem Land in Japan, das einen speziellen Rassehochmut gegenüber anderen Asiaten hegte.

Um ihre Wildheit unter Beweis zu stellen, wurden die Ausgestellten zu bestimmten Verhaltensweisen gezwungen, sie mussten Schreie ausstoßen, die kannibalisch wirken sollten, und Frauen ließ man öffentlich gebären. Das Publikum hielt die Inszenierungen für die tatsächliche Lebensweise dieser Völker.

Oft wurden die Menschengehege an der Seite von Tiergehegen in zoologischen Gärten präsentiert. Frankreich hatte exotische Tiere zuvor in einer königlichen Menagerie gehalten, zum Ergötzen des Adels. Die Französische Revolution setzte der Exklusivität ein Ende und überführte die Tiere in einen öffentlichen Garten; andere europäische Länder folgten dem Beispiel. Der Citoyen durfte nun betrachten, was vorher der Aristokratie vorbehalten war, und er betrachtete Menschen, die definitiv keine Citoyens waren. Das Versprechen der Französischen Revolution auf Freiheit und Gleichheit erstreckte sich nicht auf die Angehörigen verachteter Kulturen.

Im Gegenteil: Die Zuschauer versicherten sich vor dem Zaun ihrer eigenen Modernität. Die Menschenschauen waren in allen beteiligten Ländern besonders in Zeiten starken sozialen Wandels beliebt, als neue Verkehrsmittel aufkamen und sich Arbeit und Leben beschleunigten. Durch die Umbrüche fühlten sich viele auf schwankendem Grund; sie stärkten ihre Identität beim Anblick vermeintlicher Primitiver.

Es handelte sich um einen Mechanismus, wie wir ihn auch in diesen Tagen kennen: das Bedürfnis, Differenz zu konstruieren durch die Herabsetzung des Gegenübers. Das Ende der Menschenzoos fällt nicht zufällig in die Epoche beginnender Unruhen in den Kolonien, wo nun der dortige Citoyen und die Citoyenne das Wort ergreifen.

Fast nichts ist bekannt über die Empfindungen derer, die zum Objekt der Betrachtung gemacht wurden. Erst in jüngster Zeit werden Erinnerungen geborgen, die über Generationen mündlich weitergetragen wurden. Um bei der Weltausstellung 1931 in Paris aufzutreten, meldeten sich in Neukaledonien junge gebildete Kanaken freiwillig. Sie sahen sich als reisende Botschafter ihrer Kultur. Wie sehr sie sich geirrt hatten, wurde ihnen während der Überfahrt bewusst: Die fließend Französisch Sprechenden sollten einen Dialekt erlernen, der nach Wildheit klang. Einigen gelang es, von der Weltausstellung zu fliehen, mit der Metro.

Wir haben uns angewöhnt, Verbrechen an Todeszahlen zu messen. Die Zahl derer, die bei Menschenschauen zu Tode kamen, durch Krankheit, Kälte oder weil sie sich das Leben nahmen, mag vergleichsweise überschaubar sein. Verstörender ist für mich, für wie viele Menschen die Dehumanisierung des Mitmenschen eine Belustigung darstellte. Ohne die eigentlichen Opfer missachten zu wollen, scheint mir hier eine weiße Selbstverwundung vorzuliegen, deren Ausmaß ich gar nicht überblicken kann.

So wie es ein Kulturerbe der Menschheit gibt, das unabhängig vom Ort seiner Entstehung alle reklamieren können, so gibt es auch ein Erbe der Unkultur: Es verletzt einen jeden, unabhängig vom Ort und der geografischen Ferne. Diese Taten zerstören etwas, sie zerreißen ein Gewebe, von dem wir dachten, dass es Menschen verbinde. In diesem Sinne lastet der Schaden der Menschenzoos auf uns allen.

#Fremd

Es gibt eine exotische, ferne Fremde, deren gelegentlicher Besuch Behagen bereitet. Und es gibt eine uns näher rückende Fremde; sie erzeugt in wachsendem Maße Unbehagen.

Der Unterschied zwischen diesen beiden Varianten trat zu Tage, als Europa bei der Rettung einer Gruppe von Jugendlichen in Thailand mitfieberte, die aufgrund eines gestiegenen Wasserspiegels in einer Höhle eingeschlossen waren. Zur selben Zeit vermochte das Schicksal von hilflos im Mittelmeer treibenden Flüchtlingen weitaus weniger zu rühren; sogar private Seenotrettung war unterbunden worden.

Thailand ist Synonym für eine exotische, käufliche, ferne Fremde, in der sich Europäer gerne periodisch niederlassen, woran sie sich in diesem Moment dankbar erinnerten. Die näherkommenden Flüchtlinge, darunter viele kaum älter als die Thaijungen, verkörperten hingegen schon im Vorhinein das Unbehagen, das ihre Ankunft auslösen würde, weswegen alle Empathie abgestorben schien.

Etymologisch erzählt das Wort fremd (vom germanischen »fram« abgeleitet) von einer Entfernung, einer räumlichen Dimension. Eine fremde Kultur war früher geografisch fern der eigenen, was bereits deutlich macht, dass es um die subjektive Bestimmung des eigenen Standorts geht, von dem aus die Messung vorgenommen wird. In einer globalisierten Welt hat die geografische Entfernung ihre Bedeutung verloren; an ihre Stelle sind andere Kriterien getreten. Fremd, im Sinne von unvertraut, kann die Kultur des muslimischen Nachbarn auf der gegenüberliegenden Seite des Hausflurs sein.

Dieser Nachbar wird heutzutage gern als der »Andere« bezeichnet, vom Selbst zu unterscheiden, ein Gegensatz, der aus einer Geste der Abgrenzung entsteht. Ursprünglich ein philosophischer Begriff, ist der Andere seit dem späten 20. Jahrhundert durch die amerikanischen Cultural Studies in alle intellektuellen Diskurse über Rassismus eingetreten und quasi nicht mehr wegzudenken.

So richtig es war, einen abgetragenen Kulturbegriff auszurangieren, der von einer eurozentrischen Mitte her das Fremde definiert – es kommt doch ein Unbehagen auf. Es ist nun Mode geworden, in nahezu jedem Konflikt als Grundproblem die Konstruktion einer Figur des Anderen auszumachen. Und wenn die bloße Konstruiertheit von Abgrenzung lange genug betont wird, entsteht leicht der Eindruck, es handele sich um einen voluntaristischen Akt, der gefälligst unterbleiben könnte.

Wie aber damit umgehen, dass manche trotz solcher Belehrung auf ihren Fremdheitsgefühlen bestehen?

#Furcht

Eine gewisse Furcht vor Fremden ist dem Menschen von Natur aus eingeschrieben. Daraus folgt jedoch nicht zwingend ein bestimmtes Verhalten, sondern vielmehr eine

Bandbreite von Optionen, und die sind wiederum durch soziale Erfahrungen geprägt. Diese Doppelachse der Betrachtung entspricht dem Stand wissenschaftlicher Erkenntnis, und es ergibt wenig Sinn, die Faktoren Anlage und Sozialisation aus ihrer Vermischung herauszulösen und als ideologisch rechts und ideologisch links jeweils absolut zu setzen.

Babys reagieren schon im Alter von fünf Monaten mit ihrer Mimik rascher auf Menschen ihrer eigenen Bevölkerungsgruppe, und sie können früher zwischen Gesichtern unterscheiden, die jenen ihrer Bezugspersonen ähnlich sind.

Aber was ihre Gruppe und damit ihre Gruppenidentität ausmacht, das wird erlernt – und folglich auch das Bild vom Fremden. Und schon beim Kleinkind steht neben der Angst vor Unbekanntem mindestens ebenso stark und oft stärker die Neugier auf das Unvertraute, die Entdeckungsfreude.

Fremdenhass ist keine Folge von Anlagen. Um das Unvertraute wie einen bedrohlichen Feind aussehen zu lassen, bedarf es seiner Stilisierung. Sie kann von klein auf durch Erziehung geschehen (»... sonst holt dich der schwarze Mann«) oder beim Erwachsenen durch politische Propaganda bewirkt werden. Wissenschaftlich betrachtet gibt es keine objektive Grenze für das Ausmaß an Unvertrautem, was dem Einzelnen zugemutet werden kann und womit er in Frieden leben kann. Doch es gibt auch keine Immunität gegen die Ansteckung mit Hass.

Wie wir das Eigene bestimmen und das Fremde, das Andere, ist immer aufeinander bezogen. Welche Wirkung hat es dann, wenn das Eigene selbst vielfältiger und in seinen Konturen unschärfer wird?

#Deep Diversity

Wer den Gedanken akzeptiert, dass der Mechanismus »wir gegen sie« wenigstens teilweise im Menschen angelegt ist, könne leichter über Vorurteile und Befangenheit sprechen. Das sagt Shakil Choudhury, ein kanadischer Diversity-Trainer, in Pakistan geboren. In seinem Ansatz, den er »Deep Diversity« nennt, verbindet Choudhury seine beruflichen Erfahrungen mit jüngsten Erkenntnissen aus Neurowissenschaft und Psychologie.

Lange Zeit hatte der Kanadier der Auffassung angehangen, Rassismus basiere schlicht auf Ignoranz. Doch in seiner Arbeit stellte er im Laufe der Jahre fest: Seine Strategie, an den Verstand zu appellieren, um Verhalten zu ändern, hatte nur begrenzten Erfolg. Sogar in Einrichtungen, die für die Förderung von Vielfalt zuständig waren, vermieden die Mitarbeiter Gespräche darüber, welche Schwierigkeiten sie selbst mit interner Vielfalt hatten. Probleme wurden tabuisiert, bis sie sich explosionsartig entluden.

»Unser Verhalten gegenüber Menschen, die wir als anders wahrnehmen, ist von vielen unbewussten Prozessen gesteuert«, schreibt Choudhury. »Wir können innerlich Ablehnung empfinden, auch wenn wir ganz anders reden.« Bestimmte Teile des Gehirns, die für das blitzschnelle Erkennen von Bedrohung zuständig sind, zeigten in Studien auch dann eine Reaktion, wenn die Probanden sich in einem Konflikt befanden zwischen ihren egalitären Ansichten und ihrer automatisierten inneren Ablehnung einer Bevölkerungsgruppe. In diesen Studien wurde gleichfalls deutlich: Was wir sagen, entspricht oft nicht unserem Handeln, ohne dass wir die Kluft registrieren.

»Die Folgen unbewusster Vorurteile mögen für uns selbst unsichtbar sein, aber sie sind offensichtlich für alle jene, die davon betroffen sind«, schreibt Choudhury. »Das Hirn erschafft tote Winkel, in denen wir Rassismus und Diskriminierung nur noch sehr schwer wahrnehmen können.« Die Funktionsweisen des Gehirns zu verstehen, sei deshalb Voraussetzung für ein harmonischeres Miteinander.

Wenn man Vorurteile wie Choudhury als »neurologische Stempel« betrachtet, sind sie nicht mehr die schuldbeladenen Fehler eines Individuums, sondern neuronale Angewohnheiten, die verändert werden können. »In der Sprache der Hirnforschung ausgedrückt, müssen wir das neuronale Netz unterbrechen und die neuronalen Pfade ändern. Schlichter gesagt: Wir müssen uns schlechte Angewohnheiten abgewöhnen. Ähnlich wie wir unsere Muskelmasse durch Work-outs erhöhen können, sind wir auch in der Lage, unser Gehirn so zu trainieren, dass es uns erlaubt, neue Gewohnheiten herauszubilden.« Etwa durch das bewusste Erinnern positiver Erlebnisse mit einer Gruppe, deren Image wir als negativ abgespeichert haben.

Wer also vorgibt, frei von Ressentiments zu sein, verleugnet einen Teil seiner selbst. Wer sich hingegen den eigenen Widersprüchen zwischen Absicht und Verhalten stellt, kann unbewusste Vorurteile leichter abbauen.

Dabei ist bemerkenswert, wie sehr Menschen auszublenden vermögen, dass sie Privilegien besitzen: damit ist ein Status gemeint, der nicht auf persönlichem Verdienst beruht, sondern auf der Herkunft oder dem Rang einer Gruppe. Choudhury unternahm dazu in verschiedenen Ländern ein Planspiel mit Führungskräften, stets mit dem verblüffend gleichen Resultat. Bei der Aufgabe, ein ideales Stadtmodell zu entwickeln, wurde ein bestimmtes Team von der Spielleitung systematisch unterstützt und gegenüber den beiden anderen Wettbewerbern mit diversen Vergünstigungen bevorzugt. Dass dieses Team am Ende das ausgereifteste Modell präsentieren konnte, führten seine Mitglieder allein auf die eigene Leistung und die Qualität ihres Teamleiters zurück.

Privilegierte realisieren ihre Privilegien nicht, auch wenn sie von außen betrachtet offensichtlich sind.

Das gilt unabhängig von der Hautfarbe, doch ist mit Weißsein, wenn es um Macht geht, besonders viel verknüpft: ein globaler Rang, wie es in der Fachsprache heißt. Er wird auch dadurch gestützt, dass Weiße ihre Dominanz verinnerlicht haben: Sie hegen gegenüber anderen Weißen viel mehr positive Vorannahmen als etwa Schwarze gegenüber anderen Schwarzen. Die verinnerlichte Dominanz der einen korrespondiert oft mit einer verinnerlichten Selbstabwertung der anderen. Shakil Choudhury wollte als Kind immer weiß sein.

#Prestige

Was unter dem globalen Rang von Weißsein zu verstehen ist, erschließt sich bei der Betrachtung des Fotos einer europäischen Wahlbeobachterin in Mali.

Durch Habitus und Körperhaltung wirkt sie sehr jung, wie eine Abiturientin, obwohl sie vermutlich einige Jahre älter ist. Der Eindruck von Unbekümmertheit wird durch einen Kapuzenpulli unterstrichen; so leger würde sich keine Malierin in solch einer offiziellen Funktion kleiden. Während die junge Frau das Geschehen in einem Wahllokal beobachtet, hat sie eine Hand schützend auf ihre Umhängetasche der Marke »Picard« gelegt.

Eine Malierin in diesem Alter hat in ihrer Gesellschaft wenig zu sagen. Wir könnten die junge weiße Frau also als ein Vorbild für Emanzipation betrachten: Sie fährt in ein Land fern der Heimat, um dort für Demokratie einzutreten. Von den Maliern, Männern wie Frauen, wird sie aber in ihrer Rolle nur aufgrund ihres globalen Rangs respektiert: Er macht sich an ihrer Hautfarbe fest und an der Tatsache, dass sie aus einem Europa kommt, von dem ein hoher Prozentsatz des malischen Nationalhaushalts abhängig ist.

#Historische Trägheit

Das Erstaunlichste im Verhältnis der Weißen zu sich selbst ist wohl, wie unendlich langsam Bewusstseinsprozesse vorankommen. Eine geschichtliche Trägheit, wie sie ähnlich allenfalls beim Thema Gender anzutreffen ist. So wie mancher Mann nach zweitausend Jahren Patriarchat reklamiert, als Individuum damit nichts zu tun zu haben, so glauben viele Weiße immer noch, Jahrhunderte von Rassismus seien ohne Folge für ihr eigenes Leben. Die Benachteiligten, sei es im Sinne von *race* oder von *gender*, scheinen hingegen mit einer Art genetischem Wissen ihrer Unterdrückungsgeschichte auf die Welt zu kommen.

In der Debatte über weiße Kultur und weißes Bewusstsein sind die Vereinigten Staaten zugleich Schreckensbild und Vorbild. Einerseits ist die Geschichte des Rassismus dort so ohrenbetäubend, dass es unmöglich scheint, sie zu überhören. Sich des Weißseins nicht bewusst zu sein, wirkt monströs in einem Land, wo die Bezeichnung weiß früh sogar Gesetzeskraft erlangte: zunächst im Rahmen der Sklavenhaltung, als es galt, weiße Kontrakt-Leibeigene von schwarzen Sklaven zu unterscheiden, und später in den Bestimmungen für Einwanderer. Der erste »Naturalization Act« von 1790 legte fest, nur eine »freie weiße Person« dürfe Staatsbürger werden.

Auf der anderen Seite werden in Europa antirassistische Diskurse der USA zum Vorbild genommen, manchmal kopiert.

Die afroamerikanische Schriftstellerin Toni Morrison verlangte in den frühen 1990er-Jahren als Erste, die Blickrichtung umzudrehen und das Verhalten von Weißen zum Gegenstand der Forschung zu machen. Es gelte, »den Einfluss von Rassismus auf jene, die ihn perpetuieren«, zu untersuchen.

Morrison vertrat ihre Gedanken zunächst in einer Serie

von Vorlesungen; sie wurden der intellektuelle Anstoß für vieles, was danach kam, etwa die *Critical Whiteness Studies*, hierzulande Kritische Weißseins-Forschung genannt. »Mein Projekt«, formulierte Morrison, »ist das Bemühen darum, den kritischen Blick vom rassischen Objekt zum rassischen Subjekt zu wenden; von den Beschriebenen und Imaginierten zu den Beschreibenden und Imaginierenden.«

Morrison, 1931 in Ohio als Tochter eines schwarzen Arbeiterehepaares geboren, hatte zu diesem Zeitpunkt bereits eine bemerkenswerte Karriere hinter sich. Nach einem Studium an der Howard University in Washington, dem schwarzen Mekka einer ganzen Generation afroamerikanischer Intellektueller, ging sie erst an die Cornell University, wurde dann Professorin in Princeton und erhielt 1993 den Nobelpreis für Literatur. Bereits im Folgejahr erschienen ihre Essays zum Weißsein auf Deutsch (›Im Dunkeln spielen‹); diese Art zu denken – im weitesten Sinne postkolonial – war zu diesem Zeitpunkt in Deutschland nur kleinen Kreisen vertraut.

Morrison warf die Frage auf, was der weiße Schriftsteller über sich selbst verrät durch die Art und Weise, wie er schwarze Charaktere konstruiert. »Das Subjekt des Traums ist der Träumende. Die Verfertigung einer afrikanistischen Person ist reflexiv, eine außergewöhnliche Betrachtung über das Ich ...« Und sie notierte, was in der Kommunikation des Autors mit einer weißen Leserschaft geschieht, die sich für »universell und rasselos« hält. »Eddy ist weiß, und das wissen wir, weil niemand es erwähnt.«

Wegen der ständigen Anwesenheit von Schwarzen, die

auch bei Hemingway Nigger sind, mag man die amerikanische Literatur für einen Spezialfall halten. Aber sie prägte zugleich wie keine andere auch das Bewusstsein europäischer Leser. Anders gesagt: Die Literaturen schöpfen aus einer gemeinsamen Quelle, aus der Vorstellung, Weiße seien Individuen voller Geschichtlichkeit, während die anderen für ihre Gruppe stehen und schlimmstenfalls geschichtslos sind.

Übertrieben? Vor wenigen Jahren richtete ein französischer Präsident namens Nicolas Sarkozy an der Universität von Dakar eine Rede an die Intellektuellen des Kontinents, und er sagte darin tatsächlich: Die Afrikaner müssten endlich in die Geschichte eintreten.

Toni Morrison, mittlerweile hochbetagt, spricht unterdessen vom Abstieg des Weißseins. Die vermehrte Gewalttätigkeit weißer Amerikaner wertet sie als Anzeichen ihrer Krise. Diese Männer seien nicht so sehr wütend, sondern vielmehr zutiefst erschrocken: »the true horror of lost status«.

#White Fragility

Die Vorstellung, jemand könnte etwas über uns wissen, nur weil wir weiß sind, weckt Unbehagen. Sind wir nicht Individuen, jede und jeder einzig und einzigartig? Weniges ist so tief in uns verankert wie die Vorstellung unserer eigenen Voraussetzungslosigkeit. Wir sind neutral, unbeschriebene weiße Blätter, die Grundform von Menschsein.

Für diese Abwehr, das eigene Weißsein und seine Folgen zu reflektieren, hat die US-amerikanische Soziologin Robin DiAngelo den Begriff *white fragility* geprägt; wir sind zerbrechlich, überempfindlich. Vordergründig ist das bloß ironisch: Weiße begännen ein Wehgeschrei, sobald sie auf ihre Stärke angesprochen werden.

Aber Robin DiAngelo, die ihre eigene Herkunft als arm und weiß beschreibt, denunziert nicht nur die Unfähigkeit, sich auf ein konstruktives Gespräch über Rassismus einzulassen, sondern sie rät: Entspannt euch! Denn es gehe vorrangig nicht um Handlungen, für die sich ein Einzelner zu schämen habe. Erst wenn kollektive Vorbehalte in gesellschaftlichen Strukturen verankert sind und durch Institutionen über Macht verfügen, sei es sinnvoll, von Rassismus zu sprechen.

Ähnlich wie der Kanadier Shakil Choudhury, doch mit einer anderen Methodik, will DiAngelo die Debatten von der lähmenden Schuldfrage befreien. Statt »Bin ich ein Rassist?« sollte jeder sich fragen: »Wie äußert sich Rassismus in meinem Leben?«

#Mosse

So verführerisch der Gedanke sein mag, Rassismus könne durch eine Art Verhaltenstherapie verlernt werden: Wer auf eine reflektierte Art Europäer sein möchte, kann sich damit kaum begnügen.

»Der Rassismus, wie er sich im Westen entwickelte, war weder bloß Ausdruck von Vorurteilen noch eine simple

Metapher der Unterdrückung, sondern ein umfassendes Denksystem, eine Ideologie – wie Konservatismus, Liberalismus oder Sozialismus – mit eigener Struktur und seinen eigenen, typischen Diskursformen.« Es handele sich nicht um »einen Fehltritt europäischen Denkens« oder um Augenblicke des Wahnsinns, sondern »um einen wesentlichen Bestandteil europäischer Erfahrung«.

Diese Zeilen stammen von George L. Mosse (1918–1999), einem amerikanischen Historiker, der als deutscher Jude unter dem Namen Georg Lachmann-Mosse in Berlin geboren wurde. Sein Großvater war der bedeutende Zeitungsverleger Rudolf Mosse, in dessen Unternehmen in den 1920er-Jahren über hundert deutsche Zeitungen und Zeitschriften erschienen. Georg/George, sein Enkel, flüchtete als Jugendlicher nach England, wurde später amerikanischer Staatsbürger und Professor für europäische Geschichte; zeitweise lehrte er in Jerusalem.

Als Jude, Emigrant und bekennender Homosexueller blieb Mosse in mehrfacher Hinsicht Außenseiter; ein Hintergrund, der zu seinem vernetzten, innovativen Denken beitrug. Mosses Studien, wie Antisemitismus und Rassismus verflochten sind und was Nationalismus mit Sexualität zu tun hat, lassen vieles blass erscheinen, was heutzutage veröffentlicht wird, vier Jahrzehnte später.

Und klingt nicht auch die folgende Anregung ganz aktuell? »Allzu oft wurde der Rassismus als einer ernsthaften Untersuchung unwürdig beiseite gewischt – als eine einfache und naive Weltanschauung, die man vergessen könne, als missverstandener Glaube (...). Liest man die Geschichte des Rassismus richtig, dann bedeutet dies auch, dass man über die Geschichte Europas nachdenken muss, mit der sie so eng verknüpft ist.«

#Die Farben der Körper

Woher stammt die Idee, die Haut von Menschen Farben zuzuordnen und damit dann ganze Gruppen, gar einen Kontinent, zu klassifizieren? Ich finde Antworten bei einem Mediävisten, dem österreichischen Historiker Valentin Groebner.

Der Begriff *complexion*, im Englischen heute noch für den Teint verwandt, stammt ursprünglich aus der sogenannten Säftelehre des spätantiken Gelehrten Galenos von Pergamon. Galen, wie er im Deutschen genannt wird, war ein griechischer Arzt, der im zweiten Jahrhundert n. Chr. vorwiegend in Rom tätig war. Seine Auffassung, der menschliche Körper sei aus Flüssigkeiten – Schleim, Blut, gelbe und schwarze Galle – von unterschiedlicher Temperatur und Qualität zusammengesetzt, beherrschte lange die abendländische Medizin. Vom 13. Jahrhundert an wurde der lateinische Ausdruck *complexio* dann benutzt, um verschiedene Mischungsverhältnisse dieser Flüssigkeiten zu definieren und damit individuelle Veranlagungen zu beschreiben: ein »Temperament«. Das Wort bezeichnete also ursprünglich eine bestimmte Mischung von Körpersäften. Viel schwarze Galle wies auf einen Hang zur Melancholie hin.

Die *complexio* wurde gleichfalls vom Alter und vom Geschlecht mitbestimmt; sie war bei Männern nach Auffassung der Galeniker wärmer und trockener als bei Frauen und gewöhnlich dunkler. Die Farben, die in den mittelalterlichen Texten eine immer größere Rolle bei der Typisierung spielten, waren keine Hautfarben, sondern Körperfarben, individuelle physiologische Eigenschaften als Folge der jeweiligen Säftemischung. Rotgesichtige hatten viel Blut und viel Hitze, bis heute werden leicht erregbare Zeitgenossen als Sanguiniker bezeichnet. Im Verlauf des 14. Jahrhunderts setzte sich ein System von drei Körperfarben durch, rot, schwarz und weiß, die jeweils Pole bezeichneten, extreme Ausprägungen menschlicher Physiologie.

»Weiß wurde dabei mit einer Reihe wenig schmeichelhafter Attribute verknüpft«, schreibt der Historiker Valentin Groebner: Die Weißkörprigen hatten nämlich zähflüssige Säfte; sie waren »zwar tapfer, aber träge, effeminiert und schwer von Begriff«.

Ideal war im Galen'schen System keine möglichst helle Haut, sondern ein wohltemperierter Zwischenton. Herrscher wurden gern als »zwischen weiß und rot« beschrieben. Diese Farben wurden nicht mit einer geografischen oder ethnischen Herkunft verbunden. Die Hauttönungen, denen europäische Reisende in anderen Weltregionen begegneten, wurden noch im 15. Jahrhundert wie die eigenen beschrieben.

Zur Mitte jenes Jahrhunderts aber beginnt sich das zu ändern – nicht zufällig zu einem Zeitpunkt, als die Expansionsbestrebungen des christlichen Europas einsetzen. Nun wird eine biblische Legende neu interpretiert: Die Geschichte vom ungehorsamen Ham, jüngster Sohn von

Noah, dem Erbauer der Arche; aufgrund einer Verfehlung wurde ein Zweig von Hams Nachkommen durch Patriarchen verflucht. Diese zur Knechtschaft verdammten Kanaaniter werden nun erstmals mit Afrikanern in Zusammenhang gebracht; die Legende gerät zur Rechtfertigung der Versklavung von Dunkelhäutigen.

»Je stärker sich die Europäer in der zweiten Hälfte des 15. Jahrhunderts im Sklavenhandel engagieren, desto stärker beginnen veränderte Konzepte kollektiver Hautfarben in den Quellen fassbar zu werden«, schreibt Groebner.

Nun tauchen auch erstmals Berichte von Liebesaffären auf, in denen dunkelhäutige Exotinnen durchreisende christliche Männer angeblich wegen ihrer weißen Haut begehren. Im 16. Jahrhundert sollen gar dunkelhäutige Volksstämme weiße Männer zum Deflorieren ihrer Frauen gesucht haben, ein Vorgriff auf koloniale Pornografien.

Der Begriff *complexio* erfuhr also innerhalb von drei Jahrhunderten eine bemerkenswerte Verschiebung: aus einer Theorie über die innere körperliche Beschaffenheit des Menschen wurde eine Physiognomie. Aus einem individuellen und wandelbaren Merkmal wurde eine kollektive, angeborene Eigenschaft. Und an die Stelle der einstigen Motivation, den Ärzten ein Konzept für die Heilung von Krankheiten an die Hand zu geben, trat die Absicht, Menschengruppen zu klassifizieren.

Weiß wird nun zum Merkmal der Distinktion. Die Ankunft von Cristoforo Colombo (bei uns als Kolumbus bekannt) im Oktober 1492 in der Karibik wurde erst im Nachhinein als Begegnung von Hautfarben inszeniert, wie der Historiker durch Quellenvergleich entdeckte. Während Kolumbus selbst, seinem Sohn zufolge, die Bewohner der Insel Guanahani als schöne Menschen mittlerer Hautfarbe in Erinnerung behielt, liest sich vier Jahrzehnte nach dem Ereignis die Szene aus der Feder des Geschichtsschreibers Bartolomé de Las Casas so: »Die Indianer« hätten die weiße Haut der Ankömmlinge bestaunt und ängstlich betastet. Zum Zeitpunkt der Niederschrift waren sie bereits rechtlose Unterworfene geworden.

Weiß wird nun zu einem Merkmal, mit dem sich die Europäer von den anderen, den Nicht-Weißen absetzen. Eine Ideologie, der eine große Karriere bevorsteht im aufkommenden Zeitalter der Expansionen.

Es folgt, was besser bekannt ist: die Rasse. Zunächst für vererbte Merkmale bei Hunden und Pferden verwandt, wird der Begriff ab der Wende vom 15. auf das 16. Jahrhundert auf den Menschen bezogen. Eine körperlich sichtbare Kategorie, von außen festgeschrieben und allen individuellen Bemühungen des so Klassifizierten per Definition entzogen.

In der Anthropometrie, der Vermessung von Menschen, war später die genaue Bestimmung einer Hautfarbe wichtig, um sogenannte Rassenmerkmale zu verifizieren. Der österreichische Mediziner und Anthropologe Felix von Luschan entwickelte dafür an der Wende zum 20. Jahrhundert eine Bestimmungstafel, die sechsunddreißig Hauttöne umfasste. Forschungsreisende trugen sie als farbechte Glasbausteine in einem handlichen Kasten in den Kolonien herum. Noch im Krieg des faschistischen Italien gegen das Kaiserreich Abessinien in den späten 1930er-Jahren kam die Luschan'sche Hautfarben-Tafel, zusammen mit Schädelvermessung und fotografischen Aufnahmen, in der Rassenforschung zum Einsatz.

Zu diesem Zeitpunkt war der Ritter von Luschan bereits verstorben. Seine Sammlung von Schädeln beschäftigt uns, wie wir sehen werden, bis heute.

#Sprache und Hautfarbe

Was folgt aus dem Wissen über die Entstehung des Konzepts von Hautfarben für unser Sprechen? Sollten wir alles meiden, was »schwarz« mit Negativem gleichsetzt? Erneut gibt es keine einfache Antwort.

Licht und Helligkeit werden in den meisten Kulturen und Religionen mit Positivem in Verbindung gebracht, mit Überirdischem und Göttlichem. Das ist im Wortsinn natürlich: ohne Licht, ohne Sonne kein Leben. Umgekehrt bedeutete die Dunkelheit Gefahr, Schutzlosigkeit bei Nacht, Hunger in der kalten sonnenarmen Jahreszeit.

Seit der Antike wurde mit dem Dunklen als Gegenpol zum göttlichen Licht auch Bosheit und Sünde verbunden; eine Seelenfarbe. Hier findet sich in späteren Jahrhunderten gleichfalls eine Verschiebung vom Innerlichen auf das Äußerliche. Manche christlichen Abbildungen deuten durch die Tönung der Haut nun die Nähe oder Ferne der betreffenden Gestalt zum rechten christlichen Glauben an. Der Heide ist dunkler, ungeachtet seiner Herkunft. Der Teufel, als ein aus dem Licht Gefallener, ist in der volkstümlichen Darstellung häufig schwarz, auch im Islam.

Metaphern von Helligkeit und von Finsternis, die ihren

Ursprung im Ablauf von Tag und Nacht, von Jahreszeiten und pflanzlichen Reifeprozessen haben, auf die Hautfarbe von Menschen zu übertragen, gar auf ihre Kultur und Wesensart, war eine Perversion europäischen Geistes. Für Hegel war Afrika ein »Kinderland«, »in die schwarze Farbe der Nacht gehüllt«.

Was also tun? Wir sollten lernen, wieder zu trennen, was falsch zusammengefügt wurde. Manches muss vermutlich einfach weg, wie »der schwarze Kontinent«. Doch Sprache kann auch auf subtilere Weise von Ideologischem getränkt sein, von rassistischem wie von sexistischem und feudalem Denken. Und was die Farbmetaphern betrifft, so regiert keinesfalls Eindeutigkeit. Die weiße Folter ist besonders heimtückisch, weil sie die Seele zerstört, ohne am Körper nachweisbare Spuren zu hinterlassen. Mancherorts ist die Farbe der Trauer nicht schwarz, sondern weiß, weiß wie das Totenhemd. Weiß ist die Farbe des Friedens, aber auch der Kapitulation, weshalb gewalttätige Islamisten im Nahen Osten und in Afrika eine schwarze Fahne zum Symbol ihrer vermeintlich heiligen Kampfkraft machten. Schwarz ist die Farbe der Verwegenen, wie schon die Piraten wussten, schwarz ist reizvoll, spannend und expressiv wie im Film noir und so abgründig wie im schwarzen Humor.

Bei schiitischen Geistlichen zeigt der schwarze Turban die edle Abstammung vom Propheten an. Juden verstehen unter dem schwarzen Feuer die Buchstaben der Thora, das Konkrete, Sichtbare, Abgegrenzte, während das weiße Feuer den Leerraum um die Buchstaben meint, das Ungefähre, Wandelbare und Unsagbare.

Und woher stammt die Unterscheidung zwischen weißer

Magie (schützend, heilend) und schwarzer Magie (schadend, zerstörend)? Die Malier, von denen ich die Begriffe hörte, brachten sie nicht mit ihrer oder meiner Hautfarbe in Verbindung.

#Geister

In einer ländlichen Region von Mali, die selten von Weißen besucht wird, begannen kleine Kinder bei meinem Anblick zu weinen oder zu schreien. Sie wandten sich ab, bedeckten ihre Augen und suchten Schutz hinter den Beinen der Erwachsenen.

Einmal scheute das Pferd eines Hirten. Der Hirte meinte, sein Pferd habe mich für einen Geist gehalten.

#Siamesische Inszenierungen

Eine thailändische Kunstpostkarte zeigt ein undatiertes Gemälde aus dem alten Siam; inszeniert wird eine Begegnung zweier Welten, ein wenig anders als bei Kolumbus. Ein rotgesichtiger europäischer Händler blickt von einem Segelschiff, dem der Maler die Form einer asiatischen Dschunke verliehen hat, durch sein Monokular über ein stilisiertes Meer. Der Gesichtsausdruck des Seefahrers ist erstarrt in einem tumben, gierigen Staunen, denn was er durch sein Fernrohr sieht, ist eine schneeweiße Schöne, die sich auf der Veranda ihres Holzhauses zu waschen scheint.

Ihre Hautfarbe sticht heraus, es ist die hellste Farbe des

Gemäldes, sie rückt die junge Frau in den Mittelpunkt. Sie ist nicht etwa nackt, sondern mit langem Rock und einem Brusttuch bekleidet. Das Bild zeigt noch einige andere Siamesen, meist Kinder, sie sind von unterschiedlicher Hautfarbe, einige so rötlich wie der glotzende Europäer.

Ganz offenkundig unterstreicht das Weiß die Schönheit der Frau, sie ist begehrenswert, edel und elegant, anders als der westliche Seefahrer, mit seinem kragenlangen strähnig blonden Haar eine ungepflegte Erscheinung.

Es kreuzen sich mehrere Zuschreibungen in diesem Gemälde. Die weiße Siamesin wirkt wie von vornehmerer Abstammung als der Fremde. Siam, später Thailand, wurde nie formell kolonisiert, konnte vielmehr die Konkurrenz der Kolonialmächte zum eigenen Vorteil nutzen, allerdings um den Preis, Ausländern hohe Beraterposten zuzubilligen. Die weißhäutige Schöne lässt sich als Ausdruck eines thailändlichen Überlegenheitsgefühls deuten; der rotgesichtige Händler betrachtet sie ähnlich ehrfürchtig wie angeblich die Einwohner der Karibik den weißen Kolumbus.

Doch ist das Weiß auch ein Merkmal der Distinktion innerhalb der eigenen Gesellschaft. In Siam wie im heutigen Thailand blickt die hellhäutige Oberschicht von Bangkok auf die etwas dunkleren Bewohner des Nordens herab, die marginalisierten Volksgruppen angehören. Auf einem anderen Gemälde wird einer weißhäutigen Müßiggängerin von einer Marktfrau mit Sonnenhut und dunklerem Teint Obst zum Kauf angeboten. Weißsein markiert hier einen Status, der es erlaubt, nicht im Freien zu arbeiten und sich nicht der Sonne auszusetzen.

Ein drittes Bild dieser Art zeigt auffallend dunkle Siamesen, die dem Vorbeizug eines hellhäutigen Königs beiwohnen, ihre Gesten sind unterwürfige Bitten um Almosen. Nicht nur der König auf seinem Elefanten ist hellhäutig, sondern auch seine zu Fuß marschierende Garde. Weiß ist hier Symbol der Macht, die dunkle Haut repräsentiert Armut und prekäres Leben.

Wie sich die Assoziationen ähneln – in Europa wurde das niedere Volk lange als nicht richtig weiß betrachtet.

#Konflikt und Respekt

Gerade zwischen subjektiv gutwilligen weißen Menschen und von Rassismus Betroffenen entstehen häufig Konflikte. Das ist nur auf den ersten Blick verwunderlich. Ein offen auftretender Rassist vermag keine Enttäuschung zu erzeugen, eher bestätigt er eine Erwartung; er ist der Gegner, der Feind. Die Sensiblen und Bemühten hingegen können verletzen, weil sie den Betroffenen ausreichend nahekommen.

Konflikte, die sich daraus ergeben, sind unvermeidbar.

Gegenüber dem Roman eines Flüchtlings würge ich an einem Einspruch: Als Komposition von Erfahrungen ist das Buch eindringlich, als Literatur scheint es mir indes nicht gelungen. Andererseits: Wann wird je die Eigenperspektive von Flüchtenden zum Ausdruck gebracht? Ich denke an die »Literatur aus der Arbeitswelt« der westdeutschen 1960er-Jahre, Romane von schriftstellerisch tätigen Arbeitern; sie demontierten das Trugbild einer klassen-

losen Wirtschaftswunder-Gesellschaft. Ein Flüchtlings-
roman erfüllt eine ähnlich wichtige Funktion. Aber Empathie sollte nicht dazu verführen, Ansprüche zu senken;
keine leichte Abwägung.

Ein unbewusstes Weißsein bedeutet in diesem Zusammenhang: zu übersehen, dass wir uns nicht auf einem *even
playing field* befinden; es fehlt die Voraussetzung für einen
Disput auf Augenhöhe. Ein Argument, das mir reineweg
sachlich und rational erscheinen mag, ist für mein Gegenüber beladen mit Status.

Für viele Konflikte lautet das Schlüsselwort: Respekt.

Das Wort »Neger« hat im heutigen Wortschatz nichts
mehr zu suchen; das ist schlicht ein Gebot des Anstands.
Erziehung zum Anstand besteht unter anderem darin,
dass Kinder spüren lernen, was ein Mensch dem anderen
nicht zumutet. Dabei wird durchaus zwischen Denken
und Empfinden einerseits und Sprechen andererseits un-
terschieden – über jemanden abfällig zu denken, ist un-
schön; schlimmer ist, ihn abfällig zu behandeln. Und ein
zivilisiertes Miteinander beruht auch darauf, dass manches unterdrückt wird, das unselig im eigenen Inneren ru-
mort.

Was unter Anstand verstanden wird, ändert sich im Lauf
der Zeiten, und diese Veränderung wird üblicherweise
akzeptiert. Nur auf dem N-Wort wollen manche so beharren, als sei dies ein Akt geistiger Freiheit. Tatsächlich ent-
blößt sich dadurch eher Unreife.

Manchmal greife ich aus dem Bücherregal etwas heraus,
was ich lange nicht in der Hand hatte, schlage eine Seite
auf und traue meinen Augen nicht: das N-Wort in seltsa

men Wendungen, die mir bei früherem Lesen nicht aufgefallen sind. Verändertes Lesen spiegelt eine Zunahme an Sensibilität, ähnlich wie gegenüber abfälligen Darstellungen von Frauen, die in früheren Werken so verbreitet sind. Solche Stellen sollten nicht getilgt werden; die Erschütterung beim Auffinden von Rassismen und Sexismen im Kanon großer Dichter und Denker ist heilsam.

Respekt lässt sich nicht rückwirkend verordnen.

Sollten wir in den Titeln von einhundert Jahre alten Gemälden ein »Negermädchen« zum »N****mädchen« machen und einen »Eingeborenen« in noch mehr Sternchen auflösen, wie es in einer Ausstellung der Bremer Kunsthalle geschah, aus Rücksicht auf traumatisierte Opfer von Rassismus? Dieser Logik folgend dürften auch entwürdigende Darstellungen von Juden aus der NS-Zeit nicht mehr gezeigt werden, etwa das berühmte Foto von Menschen in gutbürgerlicher Kleidung, die mit Zahnbürsten das Straßenpflaster reinigen mussten. Natürlich war es ein Täterfoto, und es lässt sich nicht ausschließen, dass sich ein heutiger Antisemit daran ergötzt. Allen anderen Betrachtern vermittelt das Bild Herzensbildung.

Sprache ist die Tür zu allem, zu Selbstermächtigung, zum Erkämpfen von Gleichbehandlung und Respekt. Niemand soll ausgeschlossen werden, niemandem sollen Bezeichnungen übergestülpt werden. Aber auf korrekten Worten zu bestehen, ändert allein die Verhältnisse nicht. Jeder Versuch, postkolonial und nach-rassistisch zu sprechen und zu schreiben kann nur Annäherung an ein fernes Ziel sein: dass Menschen einander ohne Herrschaftsabsichten betrachten können.

#People of Color

Sprache wird einiges aufgebürdet, sie dient der Unterdrückung wie dem Widerstand, und für beides wird ein begrenztes Arsenal von Worten benutzt. Sie werden durch die Art des Gebrauchs und den Kontext in diese oder jene Richtung eingefärbt, und darüber bestehen ungeschriebene Vereinbarungen. Im zurückliegenden Jahrzehnt ist ein Vokabular des Widerstands entstanden, so wird es von denen genannt, die damit im Kampf gegen Rassismus ihre Erfahrungen und Strategien ausdrücken. Der bekannteste Begriff aus diesem Vokabular ist *People of Color*, kurz PoC [piː-ə ʊ-siː]. Er dient dazu, Solidarität zu stärken zwischen Menschen unterschiedlichen Herkommens, die sich als nicht-weiß verstehen und Diskriminierung erleben.

Ursprünglich stammt der Ausdruck aus den karibischen Kolonien Frankreichs, wo die »gens de couleur libres« keine Sklaven, sondern freie Nicht-Weiße waren. Die afroamerikanische Bürgerrechtsbewegung etablierte die Bezeichnung später für alle, die sich gegen Rassismus zur Wehr setzten – oder es tun sollten. Aus den USA gelangte PoC dann in den deutschen Sprachgebrauch, wo es nach Ansicht der Betroffenen kein gleichwertiges unbelastetes Wort gibt.

»Farbige« war abwertend, genauso wie die in Südafrika von Weißen immer noch benutzte Bezeichnung »Coloured« für Menschen, die im Apartheid-Staat über den Schwarzen, aber weit unter den Weißen standen. Ein antirassistisch geschulter Angehöriger dieser Bevölkerungsgruppe bezeichnet sich heute auch in Südafrika als *Person of Color*. Es handelt sich also um ein international gebräuchliches Merkmal der Distinktion.

Aber wer zählt dazu?

Der betagte türkische Gemüseverkäufer in Berlin-Kreuzberg sieht sich nicht als Person of Color, schon weil er kein Englisch spricht. Sein Sohn geht an die Universität, findet Gefallen an antirassistischen Diskursen und nennt sich nun PoC. Als er eine iranische Mitstudentin darin einbeziehen will, weist sie das empört zurück. Sie sei weiß!

Wer Person of Color ist, beruht also letztlich auf individueller Entscheidung. Es handelt sich um eine bestimmte Art und Weise, auf die Mehrheitsgesellschaft und ihre Zumutungen zu reagieren: mit multiethnischen Allianzen des Widerstands und dem Herausstellen der eigenen Differenz, statt sich integrationistisch anzupassen.

Problematisch wird es, wenn aus dem frei gewählten politischen Label PoC ein aus Herkunft abgeleiteter besonderer Status wird oder gar eine Vertretungskompetenz, etwa für die Nachfahren der Kolonisierten zu sprechen. Zumal viele hiesige People of Color zumindest in den ehemaligen Kolonien Afrikas eher als Weiße empfunden würden.

Sind Muslime in Deutschland neuerdings People of Color, weil sie ausgegrenzt werden? Islamfeindlichkeit nimmt Züge von Rassismus an, wenn jedem einzelnen Muslim, jeder Muslima Gruppeneigenschaften angedichtet werden. Auch hat der antiislamische Impuls die Ablehnung jedweder Zugewanderter salonfähig gemacht. Aber die Rassifizierung einer Religionszugehörigkeit lässt sich nicht bekämpfen, indem im Gegenzug Muslimen erneut eine Kategorie übergestülpt wird, die mit Religion nicht das Mindeste zu tun hat.

Eine Muslimin, die wegen ihres Kopftuchs stigmatisiert wird, mag sich in einem PoC-Kreis heimisch fühlen, weil es ein geschützter Raum ist. Aber sich so zu orientieren, beruht erneut auf einer individuellen Entscheidung.

Es sei ganz simpel ein Zeichen von Respekt, Selbstbezeichnungen zu folgen, argumentieren Aktivisten. Tatsächlich gibt es eine lange und verhängnisvolle Tradition kolonialistischer Fremdbezeichnungen. Noch heute nennen manche Myanmar lieber Burma, wie im britischen Empire, ein falscher, an einer einzigen Ethnie orientierter Name für einen Vielvölkerstaat. Selbstbezeichnungen zu achten, ist also in der nachkolonialen Welt unbedingt ein Fortschritt. Doch kann der Terminus PoC, weil er schillernd bleibt, unbefangen eigentlich nur von den Betroffenen selbst benutzt werden. Dann transportiert das Wort die Hoffnung einer politisch bewussten Avantgarde, alle Nicht-Weißen würden einander solidarisch verbunden sein. Ähnlich wie sich früher mit dem Begriff Proletariat die Erwartung verband, die Arbeiterschaft werde sich ihrer progressiven Rolle bewusst. PoC ist der Entwurf eines idealisierten Selbstbildes, vielleicht nötig für die gegenwärtige Etappe und hoffentlich im Kampf für eine egalitäre Gesellschaft irgendwann überflüssig.

#Veredelung

Warum sind in der Konsumwerbung *Models of Color*, oft mit leichter Afroanmutung, neuerdings so verbreitet? Selbst Kompressionsstrümpfe werden mit einer jungen Métisse veredelt. Sind das Missgriffe eines neoliberalen Elitekapitalismus, neue Ressentiments erzeugend bei jenen, die ohnehin schon unter Überfremdungsängsten leiden? Oder imaginieren wir uns auf diese Weise als ein besseres, toleranteres Selbst – so wie wir uns die Illusion von Schönheit und Jugend mit einer Hautcreme kaufen?

Vermutlich ist beides zu weit gedacht. Die Models-of-Color posieren in einem coolen urbanen Umfeld, irgendetwas wie Brooklyn oder ein gentrifiziertes Berlin-Neukölln. Für die Werbeprofis sind sie die Symbole eines Milieus, das Hip-Sein und Kaufkraft signalisiert.

#Wer spricht?

Bin ich die richtige Person, um ein Buch über den Abschied von der weißen Dominanz zu schreiben? Woher die Kompetenz für Beobachtung und Analyse stammt, ist heute umstrittener denn je. Herkunft aus einer nicht-weißen Kultur, auch wenn sie ein oder zwei Generationen zurückliegt, gilt als Kompetenzsockel für Interkulturelles, während Schriften aus weißer Feder für manche günstigstenfalls die liberale Variante weißen Herrschaftswissens darstellen.

Meine Kompetenz beruht darauf, dass ich etwas von der Welt gesehen und das Gesehene in vielen Durchgängen reflektiert habe. Es scheint mir nicht ratsam, weltbürgerliches Wissen und Kosmopolitismus abzuwerten zugunsten eines Antirassismus, der sich vorwiegend aus Betroffenheit speist. Das wäre ein provinzieller Antirassismus.

Zu Recht kann man mir vorhalten, ich hätte nur aufgrund meiner privilegierten Position als europäische Journalistin derart viel von der Welt sehen können. Es scheint mir jedoch entscheidend, was man daraus macht. Privilegien verpflichten. Und die selbsternannte Elite weißer Kosmopoliten wird ohnehin rasant ersetzt durch Kosmopoliten-of-Color. Wenn wir noch etwas sagen wollen, müssen wir uns beeilen.

Auf einer viel persönlicheren und weniger sichtbaren Ebene empfinde ich allerdings das Privileg, eine Bewohnerin der reichen weißen Welt zu sein, mit brennender Schärfe. Meine zwei Krebserkrankungen hätte ich in vielen Ländern nicht überstanden. Als Malierin wäre ich längst tot.

#Risiko Differenz

Kinder fremdeln, und sie überwinden diese Phase. Darf auch ein Erwachsener in der Einwanderungsgesellschaft fremdeln? Und wie lange? Ich bin mir nicht sicher, ob es richtig war, das Wort Fremdenfeindlichkeit außer Dienst zu stellen und gänzlich durch Rassismus zu ersetzen. Auch das Fremdenzimmer und der Fremdenführer sind spurlos verschwunden, obwohl der Fremde hier Kunde war und durchaus begehrt. Fremdsein ist nicht immer negativ konnotiert. Im Orient galt der Fremde traditionell als Gast, der beschützt wurde und sogar Vorrechte genoss. Im nationalsozialistischen Deutschland war der Fremdarbeiter Untermensch, und weil der Begriff derart einschlägig belegt war, musste später der Gastarbeiter erfunden werden, der wiederum anders als der zitierte Gast des Orients keineswegs das größte Stück Fleisch auf den Teller bekam.

Die Feststellung, eine Verhaltensweise sei uns fremd, gilt heute als unproblematisch, solange wir über uns kulturell Ähnliche reden. Etwa das Verhalten eines Mannes während einer Beziehungskrise: Er handelt plötzlich außerhalb des Rahmens, in dem seine Freunde ihn bisher sahen, ist übersteigert eifersüchtig und allen fremd geworden. Das mag sich wieder ändern.

Wenn es hingegen den Startpunkt des Vertrauten nicht gibt, wenn wir nicht von einer vorgestellten (fiktiven) Ähnlichkeit ausgehen, sondern von einer ethnisch-kulturellen Verschiedenheit, gilt es heute als problematisch, von etwas Fremdem zu sprechen. Als sei man in diesem Moment bereits unaufhaltsam auf einer abschüssigen Spur Richtung Intoleranz und Hass.

Wir sollten an dieser Stelle einen Moment innehalten und überlegen, wie es zu dieser Situation gekommen ist. Das Fremdsein in der Massengesellschaft war ein großes Thema der Soziologie und der Literatur des 20. Jahrhunderts: die Vereinzelung des Menschen in einer Masse, die ihn der Konkurrenz aussetzt, ohne dass er irgendeine Beziehung zu den Konkurrenten hätte. Heute ist die Tragik dieses Zustands gleichsam doppelt aufgehoben worden: Das elektronisch rundum vernetzte Ich nimmt seine Einsamkeit nicht mehr wahr – vor allem aber ist das Fremdsein ethnisch überschrieben und ins Völkische gedreht worden. Und die Progressiven haben sich dem unterworfen und das Wort fremd vorauseilend tabuisiert.

Wie also umgehen mit Abstand und mit Nichtverstehen?

Die Historikerin Gesine Krüger, die sich in ihrer Forschung mit dem kolonialen und postkolonialen Afrika befasst, schreibt dazu: »Fremdheit muss immer als relationales Prinzip verstanden werden: Niemand ist an sich fremd, sondern immer nur im Verhältnis zu jemandem oder etwas anderem.« Dennoch, fährt sie fort, gibt es grundlegende Erfahrungen von Fremdheit, und es müsse gelingen, in Worte zu fassen, »dass es woanders tatsächlich anders ist«. Es dürfe nicht aus Angst vor implizitem Rassismus jedes Benennen von Differenz als gefährlich erachtet werden.

Es scheint mir eine falsche Alternative, entweder Kulturen zu benoten und die eigene für toleranter, klüger, höherwertiger zu halten oder aber vorzugeben, wir könnten unterschiedslos alles verstehen. Denn gerade auf das Ertragen von Nicht-Verstandenem käme es an.

Die Mediengesellschaft ist darauf konditioniert, dass die Welt als verstanden präsentiert wird. Und die Grenzen der Toleranz sind oft unmittelbar an die Grenzen des Verstehens gekoppelt. Was sich dem Diktat unmittelbarer Verständlichkeit und kultureller Übersetzbarkeit entzieht (dazu zählt etwa islamische Spiritualität), wird als Affront empfunden oder als Gefahr.

Transparenz, schrieb der karibische Philosoph und Dichter Édouard Glissant, war immer ein kultureller Anspruch des Westens, der von anderen Kulturen verlangte, sie müssten so durchsichtig sein wie er selbst. Glissant setzte dagegen »das Recht auf Opazität«. Den anderen auf die eigene Transparenz zu reduzieren, sei eine Form von Barbarei. »Zu akzeptieren, dass man den anderen nicht vollständig versteht, ist eine Form der Zivilisation.«

Erneut ist kein leichter Ausweg in Sicht, kein Ein-für-allemal. Kulturelle Sensibilität ist keine Eigenschaft, die man wie ein Zertifikat für den Rest des Lebens erwirbt, sondern das vorläufige Ergebnis eines Prozesses, der fortdauern wird, solange wir in einer Zeit leben, die ihre Prägung durch Rassismus nicht verleugnen kann.

Der Fremde bleibt nicht; als zahlender Benutzer des Fremdenzimmers ist er ein zeitweiliger Gast. Wie lange ist zeitweilig? Ein paar Tage, Wochen, höchstens Monate. Wenn ein Mensch angegriffen wird, der seit Jahren an einem Ort lebt, muss man Rassismus diagnostizieren. Denn das Wort Fremdenfeindlichkeit würde in einem solchen Fall die Ursache des Angriffs auf das Opfer verlagern, statt sie in der Einstellung der Täter zu suchen. Offensichtlich erachteten die Täter diesen Menschen als Fremdkörper, sie wollten ihn weghaben, im physischen oder im übertragenen Sinne.

Aber da ist noch etwas anderes. Es hat immer eine Fremdenfeindlichkeit gegeben, die mit Aussehen, Haarfarbe, ethnischer Herkunft nichts zu tun hatte. Eine Feindseligkeit, vor allem im ländlichen Raum, gegen Menschen, die als Außenseiter am Rande der Gemeinschaft lebten; die nicht hineingelassen wurden, weil man sie drinnen nicht haben wollte. Und denen oft Taten angedichtet wurden, Untaten, die dem Mob dann den Vorwand lieferten, zu tun, was man schon länger tun wollte.

Ein solches Anderssein nicht dulden zu können, ein seelisches, charakterliches, habituelles Anderssein, ist mit Rassismus nur indirekt verwandt. Der Rassismus sieht den Einzelnen im Kontext einer Gruppe, die gehasst oder gefürchtet wird. Der Außenseiter wird hingegen gehasst, weil er keine Gruppe braucht. Weil er sich dem Gemeinwesen gegenüber auf Dauer als Fremdling fühlt.

#Du Bois und der Jude

In einem Saal der Berliner Humboldt-Universität wird der hundertfünfzigste Geburtstag von William Edward Burghardt Du Bois begangen: ein früher Denker der modernen Soziologie, ein afroamerikanischer Vorkämpfer für Bürgerrechte. Wie es so ist, haben viele Weiße von W. E. B. Du Bois noch nie gehört; für andere ist er eine große Gestalt. An diesem Nachmittag sind Studenten und Dozenten aus Georgia zu Gast, von der Albany States University, einst ein rein schwarzes College.

Der französisch klingende Name Du Bois verweist auf komplexe schwarze Geschichte: Ein väterlicher Vorfahr war ein Haitianer, der den Namen seines früheren Sklavenhalters trug, eines französischen Hugenotten. Als Du Bois in Massachusetts zur Welt kam, drei Jahre nach dem amerikanischen Bürgerkrieg, war seine Familie seit Generationen bereits frei und ins Bürgertum aufgestiegen. Seine Studien führten den begabten und selbstbewussten jungen Intellektuellen Ende des 19. Jahrhunderts auch nach Berlin, an die spätere Humboldt-Universität, bevor er als erster Schwarzer in Harvard promoviert wurde.

An diesem Nachmittag geht es um sein Erbe, vor allem um den Begriff »double consciousness«, den er 1903 in die Soziologie einführte: Wer rassistisch diskriminiert wird, trägt immer ein doppeltes Bewusstsein mit sich, das des Unterdrückten wie des Unterdrückers. Angehörige einer Minderheit betrachten ihre Erfahrungen nicht nur von innen, durch ihre eigenen Augen, sondern stets auch gleichsam von außen, mit den Augen der Mehrheit. Daraus kann besondere Kompetenz entstehen, aber auch Labilität, Stress und Selbstablehnung. Zugleich Teil des Ganzen zu sein und etwas Separates, Ausgegrenztes, ist ein komplizierter psychischer Vorgang.

Wer nach Du Bois über Befreiung vom Rassismus nachdachte, nahm diesen Gedanken auf, der Psychiater Frantz Fanon ebenso wie der Schriftsteller James Baldwin. Stets geht es um die Wechselseitigkeit der Beziehung, um das Verwobensein des weißen Blicks mit der Selbstwahrnehmung des Betrachteten, und wie dieser Mechanismus beide Seiten in Abhängigkeit hält. Oder, wie Fanon formulierte, in einer neurotischen Beziehung.

Ist es nicht bitter, dass wir heute immer noch mit etwas ringen, was schon 1903 präzise beschrieben wurde? Im Hörsaal reißt mich die enthusiastische Stimme einer afroamerikanischen Studentin aus meiner Melancholie. »Ohne Du Bois wären wir heute nicht das, was wir sind!« Dann zeigt sie in ihrem Vortrag Bilder verbrannter schwarzer Körper, die an Bäumen hängen; es sind Fotos von Lynchmorden, die im Süden der USA noch in den 1930er-Jahren geschahen – zu einem Zeitpunkt, als Du Bois eine Studie veröffentlichte, wie Rasseideologien weiße und schwarze Arbeiter daran hindern, sich als soziale Klasse zu verstehen.

Weiße gingen zu den *lynchings* wie zu einem Picknick, sagt die Studentin, sie nahmen ihre Kinder mit. Familienausflüge, wiederum.

Unter den amerikanischen Gästen dieses Nachmittags ist ein einziger Weißer, Levi Koebel, jüdischer Student an einer vorwiegend schwarzen Universität. Er ist Mitte zwanzig, athletisch, ein Baseballspieler. An der Highschool habe er keinen einzigen Schwarzen in der Klasse gehabt, sagt er, und nun sei er manchmal der einzige Weiße im Seminar.

Seinen Vortrag über Du Bois hält er so engagiert, als sei er ein Aktivist schwarzer Bürgerrechte. »Ich respektiere ihn sehr für seinen Kampf gegen den Rassismus. Ich weiß jetzt, durch welch eine dunkle Zeit die Afroamerikaner gegangen sind.« Mit einem freundlichen Blick in den Saal setzt er hinzu, die dunkle Zeit in Deutschland läge ja nicht so lange zurück. Koebels Urgroßeltern waren deutsche Juden.

#Entscheidungsmacht

Zwei Busfahrer in den flachen, ländlichen Weiten Ost-Brandenburgs, nahe der Grenze zu Polen. Keine Industrie, kaum Infrastruktur, wenig Bevölkerung – aber Flüchtlinge. Es hat sie in diese Einöde verschlagen, weil hier Platz ist, Platz für Unterkünfte, etwa in ehemaligen russischen Kasernen, hinter Baum und Strauch. Mit den Flüchtlingen haben es die beiden Busfahrer zu tun, Männer Ende fünfzig, denen keine Fremdsprache auf der Zunge liegt.

Zur Mittagsstunde besteigen ihre Busse ausschließlich Afrikaner und Araber, ganz so, als sei hier schon die Vision von Thilo Sarrazin Wirklichkeit geworden: die Deutschen abgeschafft.

Der erste Fahrer lässt spüren, wie er diese Situation verabscheut. Vermutlich hat er schon frühmorgens seine Arbeit mit einem gehärteten Ärger in der Magengrube begonnen, weil er wusste, wie sich der Tag entwickeln wird, kaum dass die morgendlichen Pendler verschwunden sind, die letzten Weißen bis zum Abend.

Die Flüchtlinge radebrechen ihre Fahrtziele, sie kommen mit dem komplizierten Umsteigen im ländlichen Raum nicht zurecht, sie wissen nicht, dass man manchmal in die falsche Richtung fahren muss, um schneller ans Ziel zu kommen, und dass für die eine oder andere Verbindung verschiedene Tarife gelten.

Dieser ewige Pulk von unverständlich redenden und gestikulierenden jungen Männern und Kopftuchfrauen bringt den Fahrer auf, sie stauen sich zwischen Bustür und Kasse und halten ihm ihre falschen Fahrscheine hin. Warum sind diese Leute überhaupt unterwegs, sollen sie doch in ihren Heimen bleiben!

Der Fahrer schnauzt alle an, auch mich, die ich mich in dieses Szenario verirrt habe, er hält mich für eine Flüchtlingshelferin und entdeckt, wie ein gesuchtes und gefundenes Fressen, auch in meinem Fahrschein ein Problem.

Im nächsten Bus ein anderer Fahrer, auch er im Ländlichen beheimatet und jeden Tag mit dem gleichen Chaos konfrontiert. Er schnauzt nicht, er schüttelt nur den Kopf, sagt »Kinder, Kinder« zu den Flüchtlingen, als handele es sich um eine übermütige Rasselbande. Mit müder Nachsicht winkt er falsche Fahrscheine durch, und wenn die Fahrgäste absolut nicht verstehen wollen, wo man denn nun Richtung Dahin oder Dorthin umsteigen muss, dann hält er den Bus an, steigt von seinem Sitz herunter und erklärt alles noch mal langsam und deutlich, wie ein Lehrer vor einer Klasse von Begriffsstutzigen.

In diesem Bus kein Hass und kein gehärteter Ärger in der Magengrube. Der Fahrer versteht, warum die Flüchtlinge unterwegs sind: weil sie kostenloses WLAN brauchen, weil sie Verwandte anrufen wollen, weil sie jemanden suchen, der ihre Sprache spricht.

Zwei Männer desselben Alters, aus ähnlichen sozialen Verhältnissen und ohne akademische Bildung, können sich völlig unterschiedlich verhalten. Der eine streckt die Hand aus, der andere pflegt seine Wut. Das ist eine Parabel, geschrieben in der Einöde nahe der polnischen Grenze: Jeder kann sich entscheiden.

#Gefühl & Recht

Gleiche Rechte für jene, die mir persönlich womöglich fremd sind oder nicht sympathisch erscheinen: Das ist die eigentliche Herausforderung von Vielfalt. Der berühmte Satz von Rosa Luxemburg, Freiheit sei immer die Freiheit des Andersdenkenden, findet hier seine Entsprechung. Wer für gleiche Rechte eintritt, muss das, was er gleichbehandelt sehen möchte, nicht lieben, nicht einmal mögen.

Die Unterscheidung zwischen Recht und Gefühl wird beim Thema sexuelle Liberalisierung durchaus gemacht, meist unausgesprochen: Manche mögen nicht hinsehen, wenn sich zwei Männer küssen, unterstützen aber gleichwohl die Ehe für alle. Fortschritt bedeutet nicht, Gefühle umzuerziehen, sondern Rechtsgleichheit zu gewähren ungeachtet nachhinkender Emotionen. Auf einer Demonstration gegen rechts trägt ein junges Mädchen auf einem Pappschild ein Zitat des Psychoanalytikers Erich Fromm: »Es gibt in einem anderen Menschen nichts, was es nicht auch in mir gibt.« Im Original fährt er fort: »Dies ist die einzige Grundlage für das Verstehen der Menschen untereinander.« Die Demonstrantin verwendet den Satz als Plädoyer gegen die Ausgrenzung von vermeintlich Fremden. Doch er ließe sich gleichfalls auf den politischen Gegner beziehen, also auf jenen, der ausgrenzt. Ist von seinen Reinheitsphantasien etwas in jedem von uns?

3

Schwarze Schmach und neuer Feminismus

Es charakterisiert unsere Epoche, dass alles, auch das Gegensätzlichste, gleichzeitig geschieht. Feministinnen haben weltweit an Prestige gewonnen, während sich in immer mehr Konflikten chauvinistische Gewalt entlädt. Frauen lenken Parteien und Staaten, während ein neuer Maskulinismus die Bühne betritt, der Frauen so unverblümt auf Sexualobjekte reduziert, als wäre aller Fortschritt in den Beziehungen der Geschlechter nur Spuk gewesen.

Ist das nur eine Gegenbewegung, nur Reaktion auf frühere Erfolge? Nicht ganz. Die neue Breitbeinigkeit weist über Geschlechterfragen hinaus: Es handelt sich um eine aggressive Respektlosigkeit gegenüber allen, die sich in jüngster Zeit Rechte und Status erkämpft haben. In den USA haben Frauen früh begriffen, was zu tun ist: über religiöse und ethnische Grenzen hinweg Allianzen schmieden. Ein neuer Feminismus jenseits der Hautfarben verhilft Vertreterinnen benachteiligter Communities auf die politische Bühne. Und so gehören in einer eigentümlichen Kreisbewegung gegen das Amerika des wütenden weißen Mannes nun erstmals zwei weibliche *Native American* dem

Kongress an – Nachfahrinnen jener Menschen, denen weiße Einwanderung zur Tragödie wurde.

#Die Giftmappe

Bonn, Herbst 1991. Die FDP-Politikerin Cornelia Schmalz-Jacobsen fragt mich, ob ich einen Blick in ihre Giftmappe werfen möchte. So nennt sie eine Sammlung von Briefen, die sie als Ausländerbeauftragte der Bundesregierung zu ihrem Amtsantritt erhalten hat.

Dies ist eine Geschichte aus einer versunkenen Zeit, mit einer Regierung im kleinen Bonn am Rhein, mit Bürgern, die Briefmarken auf Umschläge kleben, und mit Frauen, die einen Doppelnamen tragen, das Umständliche nicht scheuend. Eine Zeit, in deren Begrifflichkeit die Einwanderungsgesellschaft noch nicht angekommen ist: Ausländer, nicht Migranten.

Nur eines ist ganz ähnlich wie heute. Der Hass, der aus den Zuschriften in der Giftmappe spricht, richtet sich in sexualisierter Form gegen die Adressatin; sie ist nicht Amtsperson, sondern Weib – wörtlich: Kanakerbraut, Türkennutte, Negerhure. Wer sich mit Ausländern einlässt, ist so schlimm wie die Ausländer selbst, womöglich schlimmer. Eine Frau, die ein Bimbo-Kind bekommt, gehört ausgewiesen.

Manche Post stammt aus der eigenen liberalen Partei, andere schreiben »FDP verrecke!«. Der Anklang an Naziformulierungen wird mit Namen und Anschrift versehen, manche Briefe transportieren Gewaltphantasien in Reimform: »Und schert euch schnellstens nach Haus/sonst bricht, das sagen wir euch schon jetzt/hier Mord und Totschlag aus.« Ein Zahnarzt aus Hildesheim schreibt: »Deutsche Jugend, hilf Dir selbst, wehr Dich gegen Deine Feinde!«

Fast drei Jahrzehnte ist das her.

Der Islam kommt in der Giftmappe nicht vor; der Hass bedarf seiner nicht – ein Hinweis darauf, dass er auch später nicht die Ursache von Überfremdungsphobien ist, sondern lediglich eine Zutat.

Cornelia Schmalz-Jacobsen, zu jener Zeit 57 Jahre alt, geht mit der Giftmappe behutsam um. Sie fragt mich, ob der ›Stern‹, für den ich damals arbeite, über die Hasspost berichten würde, und sie kann sich darauf verlassen, dass ich dies in einer angemessenen Weise tue. Für sie ebenso wie für mich ist damals unvorstellbar, dass Frauen in herausgehobenen Positionen ein Vierteljahrhundert später mit Tausenden von Hassmails überzogen werden.

Als wir die Briefe durchsehen, die Post aus sechs Wochen eines deutschen Herbstes, ahnen wir nicht, dass dies nur ein Anfang ist. Seit einem Jahr sind die beiden Deutschlands nominell vereint, es ist eine Zeit nationaler Euphorie, auch nationalistischen Überschwangs. Und vor uns liegen Zeugnisse, von Hand oder mit Maschine geschrieben, wie sich Rassismus mit der Gier verbindet, Frauen zu demütigen und sie zu Objekten der eigenen Vergewaltigungsphantasien zu machen.

Die Giftmappe nimmt vorweg, was kommen wird. Dass nämlich das Ansehen einer Frau und ihr Bekanntheitsgrad keine Hemmschwellen darstellen, sondern ganz im Gegenteil den Hass verstärken. Er richtet sich bereits damals nicht zufällig gegen eine Politikerin, die für Frauenrechte eintritt.

Wir halten den schmierigen Beginn von etwas in der Hand, und wir glauben, dies sei bereits der Gipfel.

Doch steht schon damals fest: Frauen müssen die Scham überwinden, die sich unwillkürlich einstellt, wenn sie mit sexistischen Begriffen beschmutzt werden. Auch wenn sich Scham und Verletzung zunächst zu verstärken scheinen, wenn die Betroffene dies alles einer größeren Öffentlichkeit mitteilt. Dass einmal Hasspost als *hate poetry* auf Bühnen gebracht würde, damit das Lachen der Zuschauer die Wunden heile, das ist natürlich jenseits unseres Vorstellungsvermögens.

So wie wir damals nicht ahnten, dass wir den Anfang von etwas in Händen hielten, mag es auch heute sein. Wir wähnen Hetze und verbale Gewalt schon auf einem Höhepunkt, aber wir könnten uns gefährlich irren.

Ob etwas ein Anfang ist, erschließt sich immer erst später.

Vier Jahre vor unserer Begegnung hatte Cornelia Schmalz-Jacobsen einen Baum für ihre Mutter in der Jerusalemer »Allee der Gerechten« gepflanzt. Dort stand bereits ein Baum für ihren Vater. Die Eltern hatten einer nicht bezifferbaren Zahl von Juden, mehreren Hundert, das Leben gerettet. Die Tochter schrieb darüber später ein Buch, und auch diese Schilderung liest man heute wie neu. Weil uns die Frage, was jeder tun kann, auf neue Weise berührt.

Die Eltern, Donata und Eberhard Helmrich, seien keine Helden gewesen, schreibt die Tochter, sie hätten vielmehr zu jenen ganz normalen Helfern gezählt, deren Wirken die Deutschen später lieber kollektiv verdrängt hätten.

»Der Mythos, es habe zwischen Gehorchen und Tod keinen dritten Weg gegeben, ist durch die Jahrzehnte hindurch wirkungsstark geblieben. (...) Die anderen jedoch, die es gewagt haben zu widerstehen, und zwar in ihrem ganz normalen alltäglichen Leben, stellen eine Anfechtung, sogar eine Kränkung dar für alle jene, die stets behauptet haben, unter dem Terror der NS-Diktatur sei einem gar keine Möglichkeit zur Wahl geblieben.«

Die Helmrichs haben damals, als es einen Anfang gab, den Anfang der gesellschaftlichen Ausgrenzung der Juden, nicht gezögert. Sie ließen sich weiterhin vom jüdischen Arzt behandeln, als der sich nicht mehr Arzt nennen durfte. Sie brachten die Kleidung zum Schneider, der sein Schild vom Laden entfernen musste. Sie gingen später einkaufen für jüdische Bekannte, als die das selbst nicht mehr tun konnten. Eine lange Kette kleiner anständiger Handlungen, an der entlang der Mut der beiden immer mehr gewachsen sein muss.

Aber das Entscheidende war wohl, den Anfang nicht zu verpassen. Den Einstieg in das Mögliche.

#Buntes Blut

Chemnitz, eine Bildbetrachtung.

Bei einem rechtsextremen Aufmarsch wird ein schwarzes Transparent gezeigt, auf dem Kunststoff zwölf Porträts malträtierter, geschundener Frauen. Es sind Bilder von

Opfern häuslicher Gewalt, sie stammen nicht aus Deutschland, wurden im Netz willkürlich zusammengesucht, manche sind Jahre alt. Ich kenne solche Fotos aus Saudi-Arabien, wo sie von einer Betroffenen veröffentlicht wurden, noch aus dem Krankenhaus heraus, um gegen das Verschweigen ehelicher Gewalt aufzubegehren.

Es sind sensitive Bilder; sie erzählen von einem Leid, das Frauen auch im 21. Jahrhundert von jenen angetan wird, die sie lieben. Die Fotos werden als Beweisstücke aufgenommen, um sie vor Gericht gegen einen Täter zu verwenden. Oder als Material, das Frauengruppen für eine öffentliche Anklage benutzen. Gelegentlich werden sie gegen den Willen des Opfers gemacht, weil Männer sich pornografisch an einem Gesicht delektieren, das mit Blut so besudelt ist wie mit Sperma. Das blauschwarz umrandete Auge ist ein Signum männlicher Herrschaft.

In welchem Kontext stehen die Fotos in Chemnitz? Die Opfer haben nicht darin eingewilligt, auf einer deutschen Straße zur Schau gestellt zu werden. Ihre Gesichter wurden schlicht gestohlen. Das wäre bereits entwürdigend ohne jegliche politische Instrumentalisierung. In Chemnitz wird indes der Kontext der Taten ins Gegenteil verkehrt. Aus einem Verbrechen der Nähe, wie häusliche Gewalt genannt wird, begangen durch Ehemann oder Partner, wird ein Verbrechen durch Fremde gemacht – durch Ausländer, Flüchtlinge, Asylbewerber, die ihre Fremdheit, ihre vermeintliche Kulturfremdheit durch eben diese Taten unter Beweis stellen. Sie ehren die Frau nicht, die deutsche weiße Frau; sie beschmutzen sie mit ihrer Gier, schlagen sie, vergewaltigen sie.

Wer die deutsche Frau ehrt und schützt, hat sich neben dem Transparent postiert. Muskulöse, grobschlächtige Typen; einer reckt den Arm zum Hitlergruß, gemächlich, ohne Hast, lächelnd. Eine selbstgewisse physische Präsenz; sie signalisiert wie beiläufig Bereitschaft zur Gewalt.

Auf dem Transparent steht der Slogan: »Deutschland wird bunt bis das Blut spritzt« (im Original ohne Komma). In Verbindung mit den zerschlagenen Gesichtern wird also signalisiert: Das Buntsein Deutschlands, die Einwanderung, hat bereits das Blut dieser Frauen fließen lassen. Aber dies ist nur die eine Hälfte einer zweideutigen Botschaft. Die andere lautet: Wenn es so weitergeht in Deutschland, wird Blut fließen. Wir, die Beschützer der deutschen Frau, werden es fließen lassen.

Seltsamerweise hat mein Verstand diese zweite Botschaft erst später entziffert; mein Gefühl, mein Instinkt hatte sie von Beginn an verstanden. Die zerschlagenen Gesichter sagen: So kann es dir gleichfalls ergehen, wenn du dich jenen, die das Transparent tragen, entgegenstellst.

Einige Zeit später wird das Foto einer bayerischen Grünen-Politikerin kurdischer Herkunft im Netz so entstellt verbreitet, als wäre sie zusammengeschlagen worden; das Gesicht von Hämatomen gezeichnet. »So bunt kannst du es haben«, wird ihr dazu als Nachricht geschickt. Diese Geschichte darf nicht ohne eine heilende Bemerkung enden. Die Bedrohte, Gülseren Demirel, gewann ihren Wahlkreis mit einem überragenden Ergebnis.

Das Transparent von Chemnitz aber bleibt ein ästhetisch-politisches Menetekel, weil es klug gemacht ist und auf durchtriebene Weise brutal. Und dann kommt eine Gewissheit auf, wie ein greller Strahl, von dem man die Augen abwenden möchte: Ein Faschismus des 21. Jahrhunderts wird sich intelligenter Mittel bedienen, wozu auch eine Usurpation von Feminismus gehören könnte.

#Rassifizierung

Rassifizierung: kein schönes Wort. Unglücklicherweise gibt es keinen besseren Ausdruck, um zu beschreiben, wie sich die öffentliche Wahrnehmung von Gewaltdelikten an Frauen verschoben hat.

Die Tabuisierung ehelicher Gewalt unter deutschen Dächern ist ein altes Phänomen. Ich erinnere noch die Zeit, als sogar die Vergewaltigung der Ehefrau rechtens war und diese Rechtslage im Bundestag mit Verweis auf das christliche Familienbild verteidigt wurde. Im Gesetz hat sich nach und nach ein anderes Frauenbild durchgesetzt, flankiert von einem liberalen Verständnis, wer heiraten darf. Parallel zu diesen Reformen ist indes etwas ganz anderes passiert: Die dunkle Seite im Geschlechterverhältnis wurde ausgelagert und dem Fremden, dem Eindringling zugeschoben.

Bei keinem anderen Delikt ist das Missverhältnis zwischen statistisch belegten Tatsachen und öffentlicher Wahrnehmung so ausgeprägt.

Jede vierte Frau in Deutschland wird zum Opfer häuslicher Gewalt durch ihren Partner oder Expartner. Und an jedem zweiten bis dritten Tag wird im statistischen Durchschnitt eine Frau von jenem Mann getötet, mit dem sie ein

Liebesverhältnis verband, mit dem sie womöglich Kinder hat, mit dem sie die Raten für Auto und Fernseher abbezahlt. Keine dunkle Straße ist für Frauen so gefährlich wie die eigene Wohnung. Und bei keinem anderen Gewaltverbrechen ist die Dunkelziffer so hoch wie bei Vergewaltigung.

Vermutlich tendiert jede Gesellschaft dazu, in einer Mischung aus Scham und Komplizenschaft die patriarchale Gewalt zu verbergen, die in ihrem intimsten inneren Zirkel geschieht. Doch scheint es ein Merkmal weißer europäischer Kultur zu sein, die beschämenden Züge des Eigenen ganz einem anderen zuzuschreiben und der Gewalt das Gesicht einer fremden Ethnie zu verleihen, mit fremder Hautfarbe oder fremder Religion.

Das ist nicht so neu, wie ich zunächst dachte. Ich finde bei dem amerikanisch-jüdischen Historiker George L. Mosse den Hinweis, dass sich der Rassismus im 19. Jahrhundert als Beschützer von Ehrbarkeit, Sauberkeit und Wohlanständigkeit präsentierte; eine »erfolgreiche Mittelstandsmoral« war ein wichtiger Teil rassistischer Ideologie. Es sind Anklänge daran, wenn heutzutage Rechtsradikale an den Orten von Verbrechen an Frauen Kundgebungen zum Schutz der deutschen Familie einberufen.

Fälle von Vergewaltigung und Totschlag, begangen durch Flüchtlinge, finden in der Öffentlichkeit eine so überdimensionierte Aufmerksamkeit, dass der Eindruck entsteht, Frauen und Mädchen könnten sich ihretwegen nicht mehr sicher auf deutschen Straßen bewegen. Öffentliche Erregung hält sich nicht an Kriminalstatistik, das gilt ganz unabhängig von der Geschlechterfrage. Aber warum wirkt die Rassifizierung besonders dort, wo es – im weitesten Sinne – um Sexualität geht?

#Dunkles Begehren

Doris Lessing beschreibt in ihrem Erstlingsroman, der im spätkolonialen Rhodesien spielt, wie eine Farmersfrau im Milieu bitterarmer weißer Siedler darüber wahnsinnig wird, ihren schwarzen Bediensteten begehrenswert zu finden.

Es gelingt der Figur Mary Turner nicht mehr, jene Distanz zu wahren, die bei den Kolonisten eine essenzielle Aufgabe der Frau ist. Sie darf den Hausboy, der sich viele Stunden des Tages in ihrer Nähe befindet, keinesfalls als Menschen behandeln, sonst bricht ein Damm, der für die koloniale Hierarchie überlebenswichtig ist: Noch die Ärmsten und Schwächsten unter den Weißen müssen unangefochten über den Schwarzen stehen.

Zermürbt von Schulden, von Einsamkeit und von einer Ehe, die sie anwidert, verfängt sich Mary Turner gegenüber ihrem selbstbewussten schwarzen Bediensteten immer mehr in einem Dickicht aus Angst und Hass, Begehren und Selbsthass.

Die ›Afrikanische Tragödie‹, 1950 erschienen, ist ein hellsichtiges Werk über Rassen- und Klassenbeziehungen, verfasst von einer jungen Frau, als sie Ende zwanzig war. Doris Lessing kennt das Leben armer weißer Siedler aus eigener Anschauung. Ihre Eltern haben sich wie zahlreiche Briten, die in den 1920er-Jahren im Mutterland keine Arbeit fanden, Richtung Kolonien eingeschifft, in der Hoffnung, dort etwas aufbauen zu können. Vom Grund und Boden, den ihnen die Kolonialverwaltung zuweist, ist die schwarze Bevölkerung zuvor vertrieben worden.

Trockenes Buschland, eine strohgedeckte Baracke, die nächsten weißen Nachbarn weit entfernt. Die schwarzen Farmgehilfen kommen nur widerwillig: Sie brauchen den Lohn, um eine Kopfsteuer zu bezahlen, die ihnen auferlegt wurde, um sie zur Arbeit für die Weißen zu zwingen.

In diesen vergifteten Verhältnissen liegt auf der weißen Frau die Last der Grenzziehung; ihr Verhalten muss die letzte Barrikade verteidigen, dahinter droht der Abstieg ins Bodenlose, in die Welt der Schwarzen. Und weil der Abstand zwischen weißer Armut und schwarzer Armut bei Licht betrachtet gar nicht so groß ist, muss er ideologisch und psychologisch umso gewaltiger sein.

Diese eigentümliche Verkettung von Rassismus, Geschlecht und sozialer Frage hat Doris Lessing früh erkannt. Damit war sie ihrer Zeit weit voraus, zumal in der rhodesischen Kolonie, wo das gesellschaftliche Klima vor 1950 noch weitaus stickiger war als im britischen Mutterland. Auf diese Jahre zurückblickend schreibt Lessing später in ihrer Autobiografie, es sei schlicht unmöglich, »die Dummheit und Idiotie glaubhaft wiederzugeben, mit der sich die weißen Durchschnittsbürger über die Schwarzen äußerten«. Es war damals weit verbreitet, den afrikanischen Mann als ein hypersexuelles Wesen zu betrachten, eine Kulisse ständiger Bedrohung für die weiße Frau.

Im Roman ist Mary Turner indes Täterin ebenso wie Opfer; die Ambivalenz der Beziehung wird nicht verdrängt.

Das tabuisierte Begehren weist in zwei Richtungen und eben nicht nur in eine, wie in der klassisch-kolonialen Darstellung vom lüsternen Wilden.

Männliche Sexualität und Nationalismus stehen in einer alten Verbindung, nicht nur in der weißen Kultur. Die Frau ist in dieser Logik ein Synonym für Reinheit, Heimat, Nation und das eigene Territorium. Im Kontext ethnischer Konflikte stellt sie selbst eine Art sexuell umkämpftes Gelände dar.

Diese uralten Schemata wirken bis in die Turbulenzen der heutigen Einwanderungsgesellschaft hinein. Und sie helfen zu verstehen, warum sexuelle Delikte von Flüchtlingen (tatsächliche und vermeintliche) ein so wirksames Propagandathema der Rechten sind, gerade im Bewusstsein von Menschen, die selbst unter Benachteiligung und Abstiegsängsten leiden.

Eine ideologische Gratifikation als Ersatz für tatsächliche soziale Chancen: Max Weber benutzte dafür den Begriff »ethnische Ehre«, die unabhängig vom sozialen Status allen zugänglich sei, die sich einer als höherwertig erachteten Abstammungsgemeinschaft zugehörig fühlten. Der afroamerikanische Soziologe Du Bois sprach im gleichen Zusammenhang vom »psychologischen Lohn« für arme weiße Arbeiter. In der deutschen Sozialdemokratie des Kaiserreichs, dem Kolonialismus überwiegend zugetan, nahm man diesen Zuschlag anscheinend für bare Münze. (Und scheitert die Partei nicht bis heute daran, das Soziale in einer Gesellschaft der Vielfalt überzeugend zu deklinieren?)

Die eigenen Frauen beschützen zu können und die des

Feindes zu rauben und zu vergewaltigen, damit haben sich Männer Jahrhunderte hindurch ihre Potenz bewiesen. Was stets ein Merkmal von Kriegen war, im klassischen Eroberungsfeldzug wie in Bürgerkriegen, überträgt die rechte Ideologie auf soziale Beziehungen in Friedenszeiten. Flüchtlinge können sich an deutschen Frauen vergehen, weil deutsche Männer nicht wehrhaft genug sind, nicht »mannhaft«, wie es im Vokabular der Rechten heißt. Jedes Delikt dieser Art gegen eine Frau ist ein Angriff auf die deutsche Männlichkeit wie auf die Nation als Ganzes.

Die Sexualdelikte werden zu einem allgegenwärtigen Phänomen stilisiert, um so die Atmosphäre eines bereits begonnenen Krieges zu simulieren, zu dessen Realität die Deutschen, wie es im Jargon heißt, endlich erwachen müssten.

Die geraubte oder durch den Feind verführte Frau erscheint in der politischen Bildergeschichte des 20. Jahrhunderts in den verschiedensten Kontexten. Ein US-amerikanisches Plakat von 1917 mobilisiert mit rassistischen Anklängen gegen den deutschen Militarismus, der als schwarzer Gorilla mit Pickelhaube und blutverschmierter Keule auftritt. Im behaarten Arm hält er eine schneeweiße Frau mit entblößtem Busen; es ist Columbia, die Personifizierung der Vereinigten Staaten. Sie bedeckt mit einer Hand die Augen, das Kommende in Horror vergegenwärtigend.

Wenig später, Deutschland hat den Ersten Weltkrieg verloren, beginnt eine umgekehrte Kampagne viel größeren Ausmaßes. Diesmal wird dem Gegner die schwarze Hautfarbe nicht angedichtet, sondern er hat sie tatsächlich. Frankreich hatte für seine Streitkräfte zweihunderttausend Soldaten aus den afrikanischen Kolonien mobilisiert; ein Teil von ihnen wird im besetzten Rheinland stationiert. Nun treten Männer, wie sie vor Kurzem noch in Menschenzoos ausgestellt wurden, als Vertreter der Siegermacht auf.

Dass schwarze Soldaten den unterlegenen weißen Kriegsgegner kontrollieren, wird als profunde Demütigung empfunden, zumal Deutschland seine eigenen Kolonien gerade verloren hat: Gegen die »fremdrassigen Truppen im Herzen des weißen Europas« mobilisiert eine Kampagne namens »Schwarze Schande« mit einer Flut von Zeitungsartikeln, Broschüren, Postkarten, Karikaturen, sogar Theaterstücken. Im Mittelpunkt stehen die vermeintlich ungezügelten Triebe des schwarzen Soldaten: Erneut tritt der lüsterne Wilde auf, der angeblich von einer Vergewaltigung zur nächsten taumelt.

Doch sind schwarze Schande und schwarze Schmach durchaus doppeldeutige Begriffe. Denn damit sind gleichfalls die Kinder gemeint, die aus Beziehungen deutscher Frauen mit Besatzungssoldaten hervorgehen. Die weiße Frau ist nicht nur Opfer, sie versagt wie in Doris Lessings ›Afrikanischer Tragödie‹ darin, die Grenze zu verteidigen.

Ein Motiv der Kampagne zeigt eine nackte, erschöpfte Frau, die hinterrücks wie an einen mächtigen Baumstamm an einen überdimensionalen Penis gefesselt ist. Der Penis trägt einen Stahlhelm. Der Bildhauer, der die Kupfermedaille von 1920 gestaltete, hatte Ambition und kreierte eine Szene, die zwischen Kunst, Pornografie und Propaganda changiert; im Stil der Zeit fügte er noch ein vieldeutiges Auge Gottes hinzu.

Nach 1945, nach dem nächsten verlorenen Krieg, wird das Thema schwarze Schande noch einmal aufgelegt, wenngleich im Ton moderater. Diesmal sind es die Kinder von deutschen Frauen und schwarzen GIs, die afrodeutschen Kinder der Besatzung, denen der Weg ins Deutschsein verwehrt oder zumindest erschwert wird. Kinder wie Rudi Richardson.

#Arabische Triebe

Der Platz des triebgesteuerten Wilden wird heute vom muslimischen Mann eingenommen. Übrigens weniger vom schwarzen muslimischen Mann, denn alles Afrikanische ist aus weißer Sicht so dominant, so alles überlagernd, dass es die Religionszugehörigkeit dieses Menschen in den Hintergrund drängt.

Der Prototyp des Triebgesteuerten ist der Araber.

Ich erteile dazu einem leitenden Feuilleton-Redakteur der ›Welt‹ das Wort: In der »omnipräsenten Maskulinität« der Araber drücke sich die »zivilisatorische Besonderheit der islamischen Welt von heute« aus, schreibt unser Gewährsmann. »Eine Maskulinität, die von den europäischen Gesellschaften mit Angst und auch mit Abscheu wahrgenommen wird.«

Es ist zwar nur jeder fünfte Muslim ein Araber, aber es macht sich gut, die in der Tat oft patriarchale arabische Familienkultur zum Synonym für den Islam zu machen. Das wiederum hat mit Geopolitik zu tun: Der ölreiche Nahe Osten ist seit mehr als einem Jahrhundert Schauplatz westlicher Einmischung und wohl die einzige Region der Welt, die Europäer stets als so richtig muslimisch wahrgenommen haben. Und die Sexualität dieser Orientalen hatte es ihnen schon lange angetan. Christliche Kommentatoren des Mittelalters prangerten deren ausschweifende Sinnlichkeit an, und während im Westen noch Prüderie vorherrschte, malte männliche Phantasie an schwülen Haremsszenen.

Die Muslimin war unter dem Schleier stets nackt.

Im 21. Jahrhundert hat sich die Idee orientalischer Hypersexualität modern transformiert: in den Vorwurf der Unterdrückung. So wie der Islam an sich in einen Gegensatz zur europäischen Aufgeklärtheit gesetzt wird, so blickt nun der charmante und die Frau rundum respektierende Europäer auf einen muslimischen Mann, dem ständig der Hosenstall offensteht.

Und die Muslimin? Sie ist in diesem Bild eine abgeleitete Größe. Die muslimische Weiblichkeit wird komplementär zu einer primitiven Männlichkeit konstruiert. Unterdrückt, rechtlos – und eigentlich nicht von Belang.

#Umkämpfte Ehre

Zwei syrische Schüler verweigern ihrer Schweizer Lehrerin den Handschlag, und Europa echauffiert sich. Der Frau wird Respekt verweigert! Dies ist die nächstliegende Erklärung, denn alles, was mit Islam zu tun hat, wird reflexartig mit Frauenfeindlichkeit in Verbindung gebracht. Und häufig zieht es Frauen in solchen Konflikten aus Sorge um ihre Selbstachtung auf eine Seite der Front, die ich als die falsche betrachte.

Das Beispiel des verweigerten Handschlags ist dafür besonders interessant: Weil hier nur das Verhalten muslimischer Männer wahrgenommen wird, obwohl auch ein Teil der muslimischen Frauen den Handschlag ablehnt. Und weil es ausschließlich um ein Problem des Islam zu gehen scheint, obwohl sich Islam und Judentum in dieser Hinsicht nicht unähnlich sind. Religiöse Jüdinnen und Juden sprechen von »Schomer Negia«, wörtlich »Achtsamkeit bezüglich Berührung oder Kontakt« im Umgang mit dem anderen Geschlecht, und ob der Handschlag zu unterlassen ist, darüber streiten die Gelehrten.

So viel anders ist es im Islam nicht. Obwohl sich ein generelles Berührungsverbot zwischen Unverheirateten aus einigen Propheten-Worten ableiten lässt, geben Millionen muslimischer Männer und Frauen auf der Welt einander jeden Tag die Hand. Die Bandbreite von Verhalten ist dabei enorm, wie bei vielem in muslimischen Ländern.

Manch ein Geistlicher streckt mir die Hand entgegen; ein frommer Bauer tut das eher nicht. Ein Unternehmer, der mir seine Firma zeigen wollte, schüttelte mir draußen die Hand und riet mir dabei, sie drinnen niemandem zu geben; er wusste, dass seine Angestellten weniger flexibel waren. In einem iranischen Regierungsbüro machte man sich hingegen kollektiv lustig über einen Beamten, der seine Hand ostentativ auf dem Rücken versteckte.

Nicht die Art des Grüßens, sondern eine dahinterstehende Idee mag man als typisch islamisch ansehen: alles zu unterlassen, was den Eindruck einer Anzüglichkeit erweckt. Die Tür meines Hotelzimmers bleibt stets offen, wenn ein Mann dort etwas repariert, während ich im Raum bin. Und wenn ein Aufzug sehr eng ist, dann warten ein Mann oder eine Frau lieber etwas länger im Flur, als sich neben eine Person des anderen Geschlechts zu drängen. Das mag man als Prüderie empfinden, könnte es aber auch Rücksichtnahme nennen.

Konflikte lauern überall dort, wo sich zwei Seiten begegnen, deren kulturelle Bildung sich auf das je eigene Milieu beschränkt. Also ein syrischer Junge, der nur die Sitten seiner konservativen Familie kennt, und eine europäische Lehrerin, die nicht weiß, dass sich ein beachtlicher Teil der Welt mit der rechten Hand auf dem Herzen grüßt, eine Geste der Wärme und des Respekts.

Verweigert aber eine Muslimin einem nicht-muslimischen Mann den Händedruck, wird er das mit ihrer Schüchternheit und ihrer Unterdrückung erklären. Denn sie ist per Definition ein zurückhaltendes Wesen, ein Geschöpf, das hinnimmt und vermutlich leidet – jedenfalls setzt sie keine Regeln. Der Muslima wird also der verweigerte Handschlag verziehen, weil sie am Kreuzungspunkt von Islam- und Frauenfeindlichkeit lebt: Sie ist nur Objekt. Sie entscheidet nicht. Kein Mann wird durch sie um seine Ehre gebracht.

Die Verachtung der muslimischen Frau erweist sich einmal mehr als Grundproblem unseres Umgangs mit dem Islam. Würden wir die Handlungsweisen von Musliminnen mehr achten, dann wäre allen gedient – und manche nicht-muslimische Frau könnte mit größerer Gelassenheit auf Phänomene reagieren, die ihr fremd sind.

#Kränkungsbereitschaft

Konservativer zu werden, wie es häufig bei Älteren vorkommt, hat bei Frauen eine besondere Note. Das trifft nicht auf jede zu, aber nach meiner Beobachtung entwickelt ein beträchtlicher Teil von Frauen ab einem gewissen Alter eine Kränkbarkeit, die auf geschlechtsspezifische biografische Ursachen zurückgeht.

Ressentiments entstehen häufig aus der Erinnerung an Verletzungen, auf welche die Frauen nicht unmittelbar reagierten, als sie ihnen zugefügt wurden: sei es aus Schwäche, aus Vorsicht oder aufgrund einer Berechnung (im Alter nicht allein sein), die sich später als obsolet erweist.

Solche Narben im Selbstwertgefühl haben ihren Anteil, wenn manche Frauen meiner Generation auffallend aggressiv auf Facetten der Einwanderungsgesellschaft reagieren, die sie als Zumutung empfinden, etwa Kopftücher. Die Angst, die eigene Lebensleistung im Kampf für Emanzipation könne vergebens gewesen sein, entfacht dann Leidenschaften, die ich lieber gegen andere Gegner gerichtet sähe.

#Sprechfähigkeit

Während den Musliminnen Passivität und Unterwürfigkeit nachgesagt wird, erfahren gerade jene von ihnen, die ganz das Gegenteil verkörpern, die stark und laut sind, besonders viel Hass.

So ergeht es Kübra Gümüşay, die zu den bekanntesten jungen Feministinnen Deutschlands zählt und Kopftuch trägt. Allein die Tatsache, dass sie emanzipiert und Muslimin sei, errege Aggressionen. »Ich muss mir dann klarmachen, dass ich kaum etwas tun kann, was diesen Hass verhindert. In einer Phase, in der ich mich sehr zurückgezogen hatte, nicht in der Öffentlichkeit stand, erhielt ich aus dem Nichts eine Morddrohung. Es geht diesen Menschen und den ideologischen Brandstiftern nicht darum, was ich sage oder worüber ich spreche. Die Tatsache, dass ich spreche, ist ihr Problem.«

Ein ganzer anderer, aber in der Konsequenz ähnlicher Fall ist Nariman Reinke: in Hannover geborene Tochter marokkanischer Einwanderer, bei der Bundeswehr im Bataillon Elektronische Kampfführung tätig. Sie hat Einsätze in Afghanistan absolviert und ist Vizevorsitzende des Vereins »Deutscher Soldat e. V.«, in dem sich Bundeswehrangehörige mit Migrationshintergrund organisieren. Reinke wird mit Hassmails überschüttet, weil sie sich deutlich gegen Islamfeindlichkeit ausspricht. Frau Reinke wird nicht trotz ihrer Superintegriertheit gehasst, sondern deswegen. Eine Muslimin in Uniform, die sich nicht unterwirft.

#Umkämpfter Islam

Die Gleichzeitigkeit des Gegensätzlichen: Sie prägt auch die muslimische Welt, wenn es um das Fortkommen der Frauen geht. Ein rückwärtsgewandter und buchstabengläubiger Islam hat an Einfluss gewonnen, zugleich sind Zivilgesellschaften herangewachsen, in denen Vereinigungen von Frauen oftmals in der ersten Reihe stehen.

Reduziert man die beiden großen Tendenzen im Islam auf ihre jeweils extremste Ausprägung, dann bildet der gewalttätige Machismus der Terrorgruppen den einen Pol und die feministische Neuinterpretation islamischer Quellen den anderen. Als Weltreligion ist der Islam also von innen her immens umkämpft.

Anders als früher stehen Frauen in großer Zahl als öffentlich Handelnde auf der Bühne ihrer Gesellschaften. Denn nie zuvor hat es zwischen Jakarta und Sarajevo so viele berufstätige und akademisch gebildete Musliminnen gegeben wie heute.

Schlägt sich das in mehr Rechten nieder? Die Antwort fällt schwer, denn die Verhältnisse in einem Lebensraum von 1,8 Milliarden Menschen lassen sich kaum auf einen Nenner bringen. Groß sind die Unterschiede zwischen einzelnen Ländern – Iran hat keine einzige Richterin, während ägyptische Juristinnen sogar in den obersten Staatsgerichtshof drängen –, aber auch die Diskrepanzen innerhalb eines einzigen Landes. Pakistan hatte mit Benazir Bhutto 1988 die erste muslimische Regierungschefin der Welt, doch noch heute ist jede zweite Pakistani Analphabetin.

Und was hat eine Bäuerin in Niger, die mit der Hacke aufs Feld zieht, gemein mit der Unternehmerin in Kuwait, in deren klimatisierter Küche ein halbes Dutzend (ausländische) Gehilfinnen am Werk sind? Die Kuwaiterin kann sich Freiheiten so verschaffen wie die weibliche Ober- und

Mittelschicht anderswo. Die Emanzipation eines Teils der weltweiten Muslima wird mit der Arbeitsmigration eines anderen Teils erkauft.

Doch hat ein Faktor überall große verändernde Kraft: Bildung. Vielerorts haben muslimische Mädchen bessere Schulnoten als Jungen; sie erobern die Universitäten, und zwar in einem solchen Ausmaß, dass Oman eine Männerquote für Studienplätze eingeführt hat und Malaysias Regierung sich sorgt, wie derart viele Akademikerinnen noch Ehemänner finden sollen.

Indonesien, die bevölkerungsreichste muslimische Nation, hat mehr Studentinnen als Studenten; jede vierte junge Frau geht dort zur Uni oder in eine andere tertiäre Ausbildung, das ist eine Verzehnfachung im Vergleich zur Generation der Mütter und Großmütter. Musliminnen haben weniger Vorbehalte gegen sogenannte Männerberufe als westliche Frauen, ihre Traumfächer sind oft technischer und naturwissenschaftlicher Art.

In vielen Ländern steigt das faktische Heiratsalter der Frauen, unabhängig vom rechtlichen Mindestalter, und sie bekommen weniger Kinder. In Iran ist die Geburtenrate so niedrig wie in Frankreich.

Sexualität außerhalb der Ehe ist beiden Geschlechtern religiös untersagt, doch messen in der Praxis viele Gesellschaften mit zweierlei Maß. Junge Männer dürfen vor der Ehe Erfahrungen sammeln, für die Mädchen ist Jungfräulichkeit ein hohes Gut, diese Ansicht vertreten oft auch ihre Mütter.

Die westliche Annahme, eine Trennung von Staat und Religion nütze automatisch den Frauen, hält der Realität nicht stand: Das größte Hemmnis für Gleichberechtigung ist überall eine patriarchale Kultur, die sich religiös nur verbrämt. Die Vorstellung, die Muslimin sei zu Hause stark und in der Öffentlichkeit schwach, mag für traditionelle Gesellschaften gegolten haben – im modernen Leben ist es oft umgekehrt: Frauen können Staatspräsidentin sein, Direktorin der Zentralbank, Universitätspräsidentin, Chefärztin und im Einzelfall sogar Generalin, doch selten sind sie Haushaltsvorstand. Über Familiäres zu bestimmen scheint das letzte Refugium männlicher Allmacht.

Auf einer unzweideutigen Aussage im Koran fußt weibliche Benachteiligung nur bei einem einzigen Thema: dem Erbrecht. Dem Sohn stehe ein Anteil wie zwei Töchtern zu, heißt es in Sure 4:11. Das war im siebten Jahrhundert fortschrittlich, hatten doch die Frauen der vorislamischen Ära keinerlei Recht auf ein Erbe. Heute ist der Umstand, dass die Erbregelung im Koran so konkret formuliert ist wie nur weniges andere, eine robuste Hürde für Gleichbehandlung. Sie soll zumindest in Tunesien fallen, dort wurde auch bereits die Polygamie verboten.

Während ich an diesen Zeilen schreibe, sprengt sich in Tunis eine Selbstmordattentäterin auf der Avenue Bourguiba in die Luft, einem Boulevard, wo ich oft auf der Terrasse des Grand Café du Théatre gesessen habe. Tunis wird zu diesem Zeitpunkt von einer Bürgermeisterin regiert, der ersten Frau an der Spitze einer arabischen Großstadt. Die verwirrende Gleichzeitigkeit: Sie zeigt hier zwei weibliche Gesichter.

#Glaubensbasierter Einspruch

Zu einer neuen Globalisierung jenseits von westlicher Dominanz zählen internationale Netzwerke von muslimischen Theologinnen und Frauenrechtlerinnen. Bereits seit einer Reihe von Jahren wird an neuen Interpretationen der islamischen Quellen gearbeitet, dazu gehört neben dem Koran vor allem die Sunna, die überlieferten Aussagen und Handlungen des Propheten Mohammed. Das Konvolut von Rechtsprechung, Exegese und Kommentar, das daraus über Jahrhunderte entstanden ist, stammt fast ausschließlich von Männern, und sie waren als Gelehrte natürlich den Normen und Patriarchalismen ihrer Zeit verhaftet.

An dieser Stelle rückt unweigerlich in den Blick, dass alle religiöse Interpretation menschengemacht ist und keine Unantastbarkeit beanspruchen kann – ein zentraler Punkt für jedwede Identitätssuche von modernen Menschen, die glauben möchten, und ganz besonders für Frauen.

Trotz der Dominanz patriarchaler Theologie hat es auch in früheren Zeiten geachtete weibliche Gelehrte gegeben, und sie werden heute der Vergessenheit entrissen. Ähnlich wie wir es aus der westlichen Kunstgeschichte kennen, hat im Islam eine männliche Geschichtsschreibung viel von weiblicher Leistung und weiblichem Genie aus dem Bewusstsein späterer Generationen getilgt. Dass sich Musliminnen damit heute nicht mehr abfinden, ist ein epochaler Bruch.

Nur geschieht all dies in einer Atmosphäre verschärften

Kulturkampfes. Welch ein Widerspruch: Nie zuvor gab es so viele Theologinnen, so viel weibliche Neuaneignung des Islam, und zugleich drängt eine islamophobe Öffentlichkeit gerade die gebildeten und emanzipierten Musliminnen in die Rolle von Kronzeuginnen gegen ihren Glauben. Sich dieser Rolle selbstbewusst zu verweigern, ist eine Voraussetzung, um sich als muslimische Feministin verstehen zu können.

Die Palästinenserin Lana Sirri, Juniorprofessorin an der Universität Maastricht, zeigt in ihrem Buch ›Einführung in islamische Feminismen‹ – der Plural ist wichtig –, wie divers die Lebensentwürfe sind, mit denen Musliminnen Rückkoppelung zu ihrer Religion suchen, queer und transgender inbegriffen. Lana Sirri verwendet den Ausdruck »glaubensbasierter Einspruch«, um den Umgang mit Koran-Versen zu beschreiben, die herabsetzend gegenüber Frauen klingen. Solche Passagen sollten nicht beschönigt oder übergangen werden, heißt das, aber sie setzen zugleich nicht die Grundannahme der Feministin außer Kraft, dass der Islam insgesamt auf Gerechtigkeit ziele, auf Gerechtigkeit für beide Geschlechter.

Man könnte sagen, »glaubensbasierter Einspruch« sei das Gegenteil von dem, was Musliminnen üblicherweise abverlangt wird: wegen solcher Stellen ihren Glauben zu verwerfen oder ihn auf einen Talkshow-tauglichen Restposten abzuschmelzen.

Eine muslimische Feministin hat Gegner und Gegnerinnen aus allen erdenklichen Richtungen: die Rechtspopulisten ebenso wie die Salafisten, also die muslimische Rechte; eine religionsferne deutsche Linke, die in Gläubigen keine Subjekte emanzipatorischer Politik zu sehen vermag, und schließlich noch eine von gestern übriggebliebene und ideologisch arg weiße Spielart des Feminismus.

#Würde und Freiheit

Es erscheint mir unwirklich, dass seit mehr als zwei Jahrzehnten über das Kopftuch debattiert wird. Wie rasant hat sich in dieser Zeit die Welt verändert, und im Hintergrund wie eine Blümchentapete, die immer mehr vergilbt, der Kopftuchstreit. Motiviert von meinen Erfahrungen außerhalb Europas habe ich von Beginn an dafür plädiert, die Frage der Selbstbestimmung in den Mittelpunkt zu rücken. Dies halte ich weiterhin für die einzig sinnvolle feministische Position in dieser Angelegenheit. Denn es wird über den Charakter des Tuchs niemals ein anderes Einverständnis geben können als dieses: Wer es tragen möchte, soll es tragen dürfen, wo auch immer. Alles andere wird umstritten bleiben, auch innermuslimisch.

Das Tuch als religiöse Verpflichtung zu sehen, scheint mir durch die entsprechenden Texte nicht ausreichend gedeckt, gleichwohl sind Millionen Frauen weltweit dieser Ansicht. Religion ist eben keine Frage von Logik. Die Verschleierung ist vielmehr Ausdruck einer weiblich-muslimischen Globalisierung geworden, eines grenzüberschreitenden Lebensgefühls. So wird es noch mindestens ein Jahrzehnt bleiben, und dann – wer weiß?

Es ist immer auch der Kontext, der die Bedeutung eines

Kleidungsstückes bestimmt. An der Wende zum 20. Jahrhundert war der Gesichtsschleier auf dem Balkan unter Frauen der oberen Gesellschaftsschichten verbreitet, ob sie nun christlich-orthodox, jüdisch, katholisch oder muslimisch waren. Muslimische Pionierinnen der Freiheit haben sich in verschiedensten historischen Momenten das Tuch demonstrativ vom Kopf gerissen. Aber noch öfter war die Bekämpfung des Schleiers ein Instrument weißer kolonialer Herrschaft und männlicher Doppelmoral.

In Ägypten verlangte der britische Generalkonsul Lord Cromer, die Musliminnen durch Entschleierung zu befreien, während er in seiner Heimat eine Liga gegen das Frauenwahlrecht anführte. Im kolonialen Algerien galt der Schleier den Franzosen als Beweis, dass die rückschrittliche algerische Gesellschaft einer zivilisatorischen Mission bedürfe; alsdann gingen sie gegen die antikoloniale Befreiungsbewegung mit größter Brutalität vor, natürlich auch gegen die Algerierinnen. Bis in die jüngste Zeit wurden Invasionen, etwa in Afghanistan, mit der Lage der Frauen begründet.

Gayatri Spivak, eine indische Feministin und einflussreiche postkoloniale Intellektuelle, brachte diese Mechanismen vor dreißig Jahren auf die Formel: *White men are saving brown women from brown men.* Musliminnen münzen diesen Satz auch auf die Verhältnisse innerhalb von Einwanderungsgesellschaften, wenn nicht-muslimische Männer ungefragt zu ihrer Rettung ansetzen.

Nacktheit gilt heute als Ausdruck westlicher Freiheit. Aber seit wann ist das so? Anfang der 1970er-Jahre wurde ich auf dem Gymnasium des Klassenzimmers verwiesen, weil ich an einem heißen Mittag nur eine Weste trug, ohne die dazugehörige Bluse. Ich ertrage Ihren Anblick nicht, sagte meine Lehrerin. Es war eine Mädchenschule.

Noch in den ersten beiden Jahrzehnten des 20. Jahrhunderts hatte Entblößung etwas mit gesellschaftlichen Utopien zu tun; Freikörperkultur war Bestandteil einer Bewegung der Lebensreform, und das Licht, das auf den nackten Körper fiel, hatte seine spirituelle Bedeutung noch nicht verloren.

Längst haben sich westliche Frauen daran gewöhnt, ihren Körper, ihre Schenkel, ihre Lippen an jeder Straßenecke im Großformat ausgestellt zu sehen, und vielen ist nicht bewusst, dass es Länder ohne sexualisierte Werbung gibt. Kritik an der kapitalistischen Verwertung unserer Nacktheit ist kaum mehr vernehmbar. Warum stört eine Vermarktung, die den weiblichen Körper zur Ware degradiert, so viel weniger als eine Verhüllung, zu der eine Frau sich eigenmächtig entschließt?

Wenn westliche Frauen auf andere Kulturen blicken, vermissen sie dort weibliche Freiheiten. Wer aus einer anderen Kultur auf unser Leben schaut, vermisst oft die Würde. Der feste Grund, auf dem die Frauen Europas und Nordamerikas zu stehen glaubten, erweist sich als schwankend, seitdem das Ausmaß sexueller Belästigung und sexueller Gewalt ans Licht tritt. Der bisherige Weg der westlichen Frau ist ein wichtiger Bestandteil weiblicher Welterfahrung, aber kein universelles Modell.

#Kosmopolitische Visionen

Es fehlt uns ein zukunftstaugliches Bild der befreiten Frau; das gilt bereits für den begrenzten Rahmen unserer eigenen Einwanderungsgesellschaft. Es fehlt eine Vision von Emanzipation, die über die Grenzen von Religion, Hautfarbe und Lebensstil hinweg verbindend sein könnte. Wir sind noch fern davon, uns auf eine Vorstellung von Selbstbestimmung einigen zu können, die auf unterschiedliche Weise praktiziert werden kann, ohne dass wir den Respekt der jeweils anderen verlieren.

Die Juristin Tuba Isik, eine der Vorsitzenden des »Aktionsbündnisses muslimischer Frauen«, schreibt: »Der westliche Feminismus ist Ausdruck einer europäischen Moderne, die andere Kulturen generell als rückständige Vorstufen der eigenen deutet.« Da sei Einspruch erlaubt: Es gab immer auch Frauenrechtlerinnen, die eine Idee von globaler Gerechtigkeit hatten, und manche, wie etwa Simone de Beauvoir, waren dezidierte Antikolonialistinnen. Gleichwohl trifft die Kritik: Den säkularen weißen Mittelschichtfrauen der westlichen und nördlichen Welt steht kein Besitzanspruch auf Emanzipation zu.

Differenz und Gemeinsamkeiten müssen neu beleuchtet, neu bewertet werden. Ist häusliche Gewalt in muslimischen und in nicht-muslimischen Familien substanziell verschieden? Warum opfern sich hier wie dort fast ausschließlich Frauen für die Pflege der Alten auf? Vor allem aber: Gehen uns die Kümmernisse der anderen etwas an oder sind sie nur Wasser auf die Mühlen der Abgrenzung?

Wer ohnehin gegen Moscheen ist, wird sich nicht mit Frauen solidarisieren mögen, die für akzeptable Gebetsräume streiten. Und solange Musliminnen nur Missbilligung spüren, werden sie ihre Benachteiligung lieber kaschieren.

Feminismus kann in der globalisierten Welt nur kosmopolitisch gedacht werden; dabei stehen wir noch am Anfang. Und den weißen Feministinnen wird »Decolonize!« zugerufen, ob sie es hören wollen oder nicht.

#Die andere weiße Heldin

Iran, ein Hotelzimmer. Im Fernsehen läuft ein Spielfilm, dem ich mit bescheidensten Persischkenntnissen mühelos folgen kann, denn das Muster der Handlung wirkt seltsam vertraut: eine weiße Frau in Afrika, Fotografin, gutaussehend, wagemutig, unermüdlich und obendrein ethisch hoch motiviert. Sie reist mit einer medizinischen Hilfsorganisation durch ein Bürgerkriegsszenario, es könnte Somalia sein. In entscheidenden Momenten macht sie nicht nur Bilder, sondern tröstet auch noch Kindersoldaten.

Alles wie in einem westlichen Film dieses Genres. Bloß trägt die Heldin Kopftuch. Die schöne Fotografin ist eine Iranerin, sie bewegt sich in einem Bürgerkrieg, der von sunnitischen Extremisten geführt wird, finanziert – da muss man nicht lange raten – aus Saudi-Arabien.

Die Attribute von schwarz und iranisch-weiß sind eindeutig verteilt. Apathische afrikanische Dörfer, ultrabrutale schwarze Milizen, Mütter mit so vielen Kindern, dass sie auch mal eines zurücklassen müssen. Vor dieser Kulisse aus Trägheit und Rückständigkeit agiert das weiße Medizinerteam effizient und zutiefst humanistisch, es wird ständig operiert, und zwischendurch werden noch Schuhe und Babynahrung verteilt. Eine schwarze Krankenschwester ist lieb, aber lahm.

Im dramaturgischen Mittelpunkt stets die weiße Fotografin, sie ist die gefährdete toughe Heldin. Nur nachts, wenn sie mit ihrem Mann skypt, darf sie erschöpft sein.

Einmal rettet ihr Lieblingskindersoldat ihr das Leben, leider muss er dafür jemanden erschießen und ist dann traumatisiert. Die Fotografin befindet sich eine Nacht lang in einem großen inneren Konflikt, danach macht sie weiter.

Am Ende ist das halbe Team tot, die Heldin hat überlebt und dabei noch ein schwarzes Baby gerettet. In der Schlusseinstellung, ein paar Jahre später, sehen wir ein gut gekleidetes kleines schwarzes Mädchen in einem Teheraner Apartment.

#Hottentotten_2

Am 24. Mai 1810 bringt im südlichen Afrika ein Arzt der britischen Marine eine junge Frau auf ein Schiff nach Europa. Sarah Baartman, von Missionaren auf diesen Namen getauft, ist gerade zwanzig Jahre alt; sie stammt aus der Volksgruppe der Khoikhoi, die von den weißen Siedlern verachtlich Hottentotten genannt werden. Auf einer

Farm der Weißen war sie Magd und hat sich leicht für die Aussicht auf ein besseres Leben im fernen Europa gewinnen lassen.

Das Interesse des britischen Arztes ist auf die junge Frau gefallen, weil sie über ein besonders ausladendes Gesäß verfügt. Das macht sie geeignet, in Europa als Kuriosität präsentiert zu werden, ein einträgliches Geschäft in der damaligen Zeit. Und so kommt es: Unmittelbar nach ihrer Ankunft in London, im September 1810, wird Sarah Baartman spärlich bekleidet im Stadtteil Piccadilly ausgestellt. Der Andrang von Publikum ist so gewaltig, dass die Polizei eingreifen muss, um Tumulte zu verhindern.

Später wird die junge Frau von einem Verleiher zum nächsten gereicht: Sie kommt nach Paris, wird auf einem Jahrmarkt inmitten von Tieren ausgestellt. Erneut strömen Besucher aller Schichten zusammen, Sarah wird begafft, angefasst, man sticht mit Regenschirmen und Spazierstöcken in ihr Gesäß, um seine Echtheit zu prüfen. Vermögendes Bürgertum mietet sie für private Salons, wo handverlesene Gäste den Körper der jungen Frau bei einem Glas Wein aus nächster Nähe studieren können.

Als »Hottentotten-Venus« auf Plakaten und in Werbetexten vermarktet, ist Sarah gleichermaßen Projektionsfläche für sexuelle Phantasien wie für rassistische Verachtung. Nicht nur ihr Gesäß, auch ihre Schamlippen sollen angeblich außergewöhnlich groß sein; sie ist die perfekte Wilde, erregend, monströs und komisch. Und Sarah spielt bis zu einem gewissen Grad mit in diesem entwürdigenden Spiel, dreht auf Kommando ihren Leib, schwenkt sich im Tanz. Zwar machen andere das Geschäft mit ihr, doch kleine Gagen halten ihre Hoffnung auf eine bessere Zukunft am Leben – während führende Wissenschaftler der Zeit ihre Anatomie untersuchen und Sarah zum Beleg für eine Rasse heranziehen, die zwischen Mensch und Affe angesiedelt sei.

Ich hatte mich früher gefragt, wieso das Wort Hottentotten, das ich aus meiner Kindheit kannte, im deutschen Sprachgebrauch so verbreitet war – hier liegt die Antwort. Noch heute finden sich im Netz viele der damals populären Nacktdarstellungen der »Venus«; mit ihr etablierte sich im Europa des frühen 19. Jahrhunderts ein volkstümlicher Rassismus als Massenunterhaltung, noch bevor die großen Völkerschauen begannen, die Menschenzoos. Und es lassen sich im Fall dieser Afrikanerin Muster erkennen, die bis heute im weißen Blick auffindbar sind, wenn es um die schwarze Frau geht. Ein Wesen mit einer animalischen Sexualität, in einem Körper, der vom Normalmaß abweicht, denn Normalität definiert sich durch die Konturen des europäischen Frauenkörpers.

Sarah Baartman hat das Spiel, in dem sie glaubte mitspielen zu können, verloren. Körperlich und seelisch erschöpft stirbt sie im Alter von sechsundzwanzig an einem Lungenleiden, sechs Jahre nach der Ankunft in Europa. Die Zurschaustellung ist damit keineswegs zu Ende. Ihr Körper wird in Paris seziert, Gehirn und Genitalien in Einmachgläsern konserviert. Das Skelett und ein bräunlich bemalter lebensgroßer Gipsabdruck des Körpers stehen zunächst in einer Glasvitrine im Naturhistorischen Museum und ab 1938 dann im neuen Musée de l'Homme am Trocadéro-Platz. Erst im Jahr 1974 wird die nackte afrikanische Gipsfrau mit dem großen Gesäß aus der öffentlichen Sammlung entfernt.

Was die Einmachgläser betrifft, so heißt es später vage, sie seien in den 1980er-Jahren einem einstürzenden Regal zum Opfer gefallen. Gehirn und Genitalien der Afrikanerin wurden wohl beim Putzen entsorgt. Sie selbst und ihre Gebeine wurden insgesamt hundertsechsundsechzig Jahre lang dem Blick des europäischen Publikums dargeboten.

Und erneut ist die Geschichte nicht zu Ende, nun beginnt die Auferstehung. 1994 dreht der südafrikanische Regisseur Zola Maseko einen Film über die missbrauchte Venus. In Südafrika ist gerade die Apartheid zu Ende gegangen, nun soll die nationale Geschichte aus dem Käfig weißer Weltanschauung befreit werden. Nach der Ausstrahlung des Films fordern die Nachfahren aus Sarah Baartmans Volksgruppe die Rückführung der Gebeine. Es folgen lange Verhandlungen, Frankreich fürchtet einen Präzedenzfall, schließlich erlaubt ein neues Gesetz die Restitution.

Als im Mai 2002 endlich der Sarg mit dem wenigen, was von der irdischen Sarah Baartman geblieben ist, in Johannesburg eintrifft, wird er mit der Nationalflagge bedeckt und erhält ein feierliches Geleit bis zu Sarahs Geburtsort in der östlichen Kapprovinz. Am Grab wartet ein Kinderchor, und Staatspräsident Thabo Mbeki spricht: »Dies ist die Geschichte vom Verlust unserer früheren Freiheit. Die Geschichte vom Verlust unseres Landes, die Geschichte unserer Reduktion zu Objekten, die man besitzen, benutzen und zu eigenem Gutdünken handhaben kann.«

Sarah Baartman ist nun eine Ikone schwarzen Leidens

und schwarzer Selbstermächtigung; sie inspiriert die afrikanische Kunstszene und die internationale Diaspora zu Theaterstücken, Gedichten, Videoinstallationen, weiteren Filmen. Zwei Jahrhunderte überspannt die Erzählung von einer kleinen Magd mit großen Träumen. Ein globalisiertes Epos; Sarah ist unsterblich, während der Name des britischen Arztes, der sie einst auf ein Schiff nach Europa lockte, längst dem Vergessen anheimgefallen ist.

#May Ayim

Warum bin ich ihr nie begegnet? May Ayim starb früh, mit sechsunddreißig Jahren, sie nahm sich das Leben. Das war 1996. Womöglich wäre ich, wenn sich die Gelegenheit geboten hätte, einem Zusammentreffen sogar ausgewichen. Es gibt Phasen von Verstehen, von Verstehen-Können, und zu jener Zeit war ich noch nicht so weit. Es erschien mir lange seltsam, dass sich Menschen mit nur einem schwarzen Elternteil als Schwarze bezeichnen.

Dann las ich, was May Ayim über ihre Kindheit schrieb. Sie war die Tochter eines ghanaischen Studenten, von der deutschen Mutter weggegeben zu Pflegeeltern – ähnlich wie einige Jahre zuvor Rudi Richardson, der sich noch als Erwachsener in seinen Albträumen als schmutziges Baby sah.

May Ayim versucht, Seife zu essen, um weiß zu werden. Wir sind in der zweiten Hälfte der 1960er-Jahre, eine Zeit des Aufbruchs, könnte man meinen, in Deutschland beginnt die Studentenbewegung, auf dem afrikanischen

Kontinent befreien sich zahlreiche Länder von der Kolonialherrschaft. Und in Hamburg isst ein kleines Mädchen Seife. Vorher hat das Kind die Pflegemutter angefleht, sie so lange zu schrubben, bis die Haut weiß werde.

Wie fühlt sich das an, fremd im eigenen Land zu sein, wegen eines Vaters, den man kaum kennt? Als er aus Ghana zu Besuch kommt, muss das Mädchen den Impuls unterdrücken davonzulaufen, wie es die anderen Kinder tun. Wer hat Angst vorm schwarzen Mann? Der Vater ist Mediziner, wird später Professor, ein geachteter Experte zwischen Accra, Nairobi und Khartum. Er hatte May mitnehmen wollen, als die Mutter das Baby weggab; die deutschen Gesetze ließen das nicht zu.

In der Grundschule, sie ist das einzige schwarze Kind, bekommt sie in einem Theaterstück die Rolle des Teufelchens; Engel müssen blond sein. Später, viel später, als May Ayim zum ersten Mal nach Ghana reist, wird sie auch dort die schwarzen Engel, von denen sie träumte, nicht finden. Bestürzt stellt sie fest, wie weiß dort das Christentum geprägt ist, noch in der Ikonografie die Verbundenheit von Missionierung und Kolonisierung beweisend.

Zu diesem Zeitpunkt, mit Mitte 20, gelingt der Begabten, Hochsensiblen und eher Introvertierten allmählich die Entpuppung. In ihren eigenen Worten »der Moment, als ich zu mir ›ja‹ sagen konnte, ohne den geheimen Wunsch nach Verwandlung«. Auch ihre Schönheit bemerkt sie erst jetzt. Sie studiert, wird Pädagogin, Logopädin, veröffentlicht Gedichte. Vor allem gräbt sie in der Geschichte von Kolonialismus und Rassismus, was zu dieser Zeit, Mitte der 1980er-Jahre, nur die wenigsten tun. Ihre

Diplomarbeit wird zur ersten wissenschaftlichen Erforschung des Lebens schwarzer Deutscher. Sie wälzt Akten, sucht Zeitzeugen, entdeckt, dass in der NS-Zeit schwarze deutsche Frauen zwangssterilisiert wurden.

Mit ihrer Arbeit wird May Ayim zum Mittelpunkt einer Bewegung schwarzer Selbstfindung, angeführt von Frauen. Sie beginnt, wie jedes Empowerment einer Minderheit beginnt: Vereinzelung überwinden und des eigenen Ortes in der Geschichte gewahr werden. Bis heute lässt sich über die Zahl schwarzer Deutscher wenig Präzises sagen, Volkszählungen gehen nicht nach Hautfarbe. Schätzungen sprechen von mehreren Hunderttausend. Manchmal kamen die Vorfahren während der Kolonialzeit, manchmal früher. Historische Dokumente belegen schwarzes Leben in Deutschland seit dem 18. Jahrhundert. In der Weimarer Republik organisierten sich schwarze Studenten und Arbeiter in Vereinen, verbunden durch die Erfahrung von Diskriminierung.

Von all dem ist in einem Buch mit dem Titel ›Farbe bekennen‹ die Rede; es entstand damals unter starker Mitwirkung von May Ayim und gilt heute als Dokument der Zeitgeschichte. Doch die verstörenden Dinge, die Ayim ausgrub und von denen ältere Zeitzeuginnen erzählen, sind einer breiteren Öffentlichkeit immer noch unbekannt. Das Gruppenfoto auf dem Cover des Buchs zeigt zwei ältere Damen in Pelzmänteln, es sind Schwestern, als Töchter eines Kameruners und einer Ostpreußin in der Weimarer Republik geboren. Sie überlebten die NS-Zeit, weil sie in Filmen mitspielten, die die Kolonialzeit verherrlichen.

May Ayim und ihre Mitstreiterinnen führten damals

nach afroamerikanischem Vorbild die Bezeichnung afro-deutsch ein, manche nannten sich gleich afroeuropäisch, und sie griffen politische Ideen auf, die von ihren selbst-bewussteren Schwestern jenseits des Atlantiks kamen: ein neuer schwarzer Feminismus.

In der damaligen Frauenbewegung empfanden sich Schwarze oft nur als geduldet, wenn nicht gar missachtet von weißen Feministinnen. Über Jahrhunderte hatte sich die weiße Frau dem weißen Mann viel näher gefühlt als der schwarzen Frau, ob in den Kolonien oder auf den Skla-venplantagen des amerikanischen Südens. Die Afrikanerin galt als übersexualisiertes, primitives Wesen, von dem sich die weiße Frau als Hüterin von Zivilisation und sittlicher Familienordnung absetzen konnte, ungeachtet ihrer eige-nen Unfreiheit. In den USA war diese Sichtweise im letzten Viertel des 20. Jahrhunderts weiterhin verbreitet. Afroame-rikanische Feministinnen sahen sich deshalb vor die Auf-gabe gestellt, einen doppelten Kampf um Emanzipation zu entwerfen.

1977 verband das Manifest des »Combahee River Collec-tive« erstmals Forderungen aus der schwarzen Bürger-rechtsbewegung und der weißen Frauenbewegung, die Geburtsurkunde eines schwarzen Feminismus. Die Auto-rinnen nahmen das männerzentrierte Weltbild ihrer afro-amerikanischen *brothers* ebenso aufs Korn wie den Um-stand, dass sich Feministinnen an den Bedürfnissen weißer Mittelschichtfrauen orientierten. In der Bewegung herr-sche »Rassismus und Elitismus«.

Wenig später entstand im Kontext von schwarzem Fe-minismus eine Idee, die viel später erst in Europa Karriere machen würde: Intersektionalität. Der Begriff geht auf die afroamerikanische Juristin Kimberlé Crenshaw zurück, mittlerweile Professorin an der Columbia University, und ist dem Bild der Straßenkreuzung (englisch: *intersection*) entlehnt, wo sich Wege von Macht und von Diskriminierungen kreuzen und überlagern. Ethnische Herkunft, Geschlecht und sozialer Status können zu einer Verwobenheit von Benachteiligungen führen. Wer sie bekämpfen will, muss mehrdimensional denken. Heute teilt sich an dieser Frage die Frauenbewegung in Deutschland in einen neuen multikulturellen Feminismus und eine alte, eher weiße Bewegung.

May Ayim war mit diesen Denkfiguren bereits vor mehr als zwei Jahrzehnten vertraut. Ein Jahr vor ihrem Tod schrieb sie über subtilen Rassismus als Stressfaktor, der gesundheitliche Folgen haben könne: Etwa wenn von den Betroffenen immer aufs Neue verlangt werde, mit Geduld und diplomatischem Geschick zu erklären, warum bestimmte Formulierungen respektlos seien.

Schon lange unter Psychosen leidend und zusätzlich an Multipler Sklerose erkrankt, sprang May Ayim von einem Hochhaus in den Tod.

In Berlin-Kreuzberg trägt eine Uferpromenade ihren Namen. Vielleicht gelang die Umbenennung, weil die Straße kurz ist und nur wenige Anwohner hat. Die kleine Promenade an der Spree hieß mehr als ein Jahrhundert lang nach einem Kolonialpionier, Otto Friedrich von der Groeben. Der Major ließ die Festung Groß-Friedrichsburg an der Küste des heutigen Ghana bauen; sie diente an der Wende vom 17. zum 18. Jahrhundert nicht nur dem Handel mit

Waren, sondern auch mit versklavten Menschen. Ob unter ihnen Vorfahren von May Ayims Vater waren?

Die veränderte Namensgebung kehrt die Perspektive der Erinnerung um, der Respekt wird nun einer Frau zuteil, die sich daran machte, verdrängte Verbrechen aufzudecken, zu einer Zeit, als sie damit noch sehr allein war. Mit welchen Schmerzen dies einherging, lässt sich aus den Zeilen eines Gedichts erahnen, die auf einer Glastafel am May-Ayim-Ufer zu lesen sind.

> *gelassen*
> *wie ein spiegel*
> *zeigen was ist*
> *ohne angst zerschlagen zu werden*
> *von dem was sichtbar wird*
> *bevor etwas sichtbar wird*

4

Weiße Blicke auf Mobilität und Gewalt

Unsere Vorstellungen, was eigen und was fremd ist, werden nicht allein in nationalen Grenzen geprägt. Dahinter stehen gleichermaßen Phantasien über unseren Platz auf dieser Erde, ob bewusst oder unbewusst.

Unser Weltbild und unser Bild von uns selbst stehen in einem direkten Zusammenhang – und im Heimischen wie im Äußeren deutet alles auf Verunsicherung und Veränderung. Im globalen Maßstab ist der Machtverlust des Westens bereits so fortgeschritten, dass sich das Gefühl ausbreitet, die Welt sei aus den Fugen geraten. Die Redensart verrät die alte Gewohnheit, uns für das Zentrum des Geschehens zu halten. Tatsächlich ist jene Ordnung aus den Fugen geraten, wie die Alteingesessenen der globalen Einflussnahme sie kannten. Und von denen, die heute im Westen die internationale Lage analysieren, sind die meisten in der Ära des Kalten Krieges aufgewachsen, als die Welt so bipolar geordnet war wie in keiner geschichtlichen Phase zuvor.

In dem Zeitalter, das nun angebrochen ist, mag vieles nur als gewaltige Nicht-Ordnung erscheinen. Sicher ist indes, dass ein gravierendes Ungleichgewicht in eine bessere

Balance gebracht wird: fünfhundertzehn Millionen EU-Europäer und dreihundertfünfundzwanzig Millionen US-Amerikaner dominieren nicht mehr die Geschicke einer Menschheit von demnächst acht Milliarden.

Europa ist dabei, zum Abendland in einer veränderten Bedeutung des Wortes zu werden: ein Ort von Müdigkeit, nachlassender Lebenskraft und purpurnen Sonnenuntergängen, wie der kamerunische Philosoph Achille Mbembe formuliert.

Die Zukunft ist nicht weiß – und so wenig wir heute zu sagen vermögen, wie die Deutschen in drei oder vier Jahrzehnten aussehen werden, so wenig kennen wir unsere künftige Stellung in der sich herausbildenden multipolaren Welt. Sind wir auf diese Ungewissheiten vorbereitet?

#Die Farbe der Maßstäbe

Ich stehe mit einem afrikanischen Gast, einem vormaligen Botschafter, in der Gedenkstätte für die Berliner Mauer. Mein Gast betrachtet interessiert den Aufbau der früheren Grenzanlage, und als ich ihm die Zahl der Mauertoten nenne, es waren etwa hundertvierzig, fragt er, ohne die Stimme zu heben: pro Jahr?

Meine Gedanken fliegen in diesem Moment zurück in einen Gerichtssaal, es sind die 1990er-Jahre, Egon Krenz, letzter Staatschef der DDR, ist angeklagt wegen der Toten an der Mauer. Unter den Beobachtern, mehrheitlich aus dem Westen, herrscht an manchen Tagen eine Atmosphäre, als sei dies ein zweiter Nürnberger Prozess, ein weltgeschichtliches Ereignis aufgrund eines großen Staatsverbrechens.

Pro Jahr? Als ich dem afrikanischen Gast antworte, dies seien die Opfer aus den siebenundzwanzig Jahren, in denen die Mauer bestand, sagt er nichts.

In seiner Heimat Mali zählen manche Landstriche in drei, vier Jahren mehr Meerestote, als wir je Mauertote hatten. Ist es erlaubt, das zu vergleichen? Das Sterben beim Versuch, ein anderes Land zu erreichen, und das Sterben beim Versuch, ein Land zu verlassen? Damit ist die Frage aufgeworfen, ob es ein Recht auf universelle Freizügigkeit gibt; wir werden darauf zurückkommen.

Und woher rühren die Maßstäbe, wie wir Tote bewerten? Aus welchen Richtungen blicken wir auf ihre Zahl? Ist es womöglich so, dass die hohe Zahl der im Meer Verunglückten ihr Sterben eher entwertet – obwohl wir gewiss nicht absichtlich so reagieren, sondern eher stumme Zeugen unserer eigenen Abstumpfung sind?

Die Menschheit ist heute mobil in einem Maße, wie es nie zuvor der Fall war, doch gab es auch nie zuvor eine solch dramatische Kluft zwischen jenen, denen die Welt offensteht, dank billiger Flüge und weil sie im Besitz des richtigen Passes sind, und den anderen, die sich nur unter Lebensgefahr Reisefreiheit verschaffen können.

Ich nenne dies eine weiße und eine schwarze Mobilität, wobei damit am wenigsten die Hautfarbe gemeint ist, denn unter den vier Milliarden Fluggästen jährlich ist zum Beispiel ein steigender Anteil Asiaten. Sondern es handelt sich um einen Unterschied in der Blickrichtung, der Legitimität, der Bewertung und der Worte. Die weiße Mobilität wird mit Reisen, Tourismus, Business übersetzt, die schwarze Mobilität mit Migration, Flucht, Illegalität. Es zählt zur weißen legitimen Mobilität, für einen City-Urlaub am Wochenende den CO_2-Ausstoß zu erhöhen; es ist schwarze illegitime Mobilität, wenn ein Mensch ohne Visum ein schwankendes Boot besteigt. Die weiße Mobilität ist auf der Seite jener, die Status haben und ihn bewahren wollen. Schwarze Mobilität bedeutet, Status zu begehren und ihn erringen zu wollen.

Die globale Mobilität wirft also extrem komplexe Fragen auf: nach Werten und Maßstäben, nach Aneignung und Neuverteilung und nach der Definition von Menschenrechten. Wer sich den möglichen Antworten zu nähern versucht, hat es zunächst mit einem anderen, jedoch verwandten Thema zu tun: Was ist Gewalt? Und für wen? Und macht das Erlebnis von Gewalt beispielsweise aus einer illegalen Migration eine legitime Mobilität?

Der Abbau des Lithiums, das wir für die saubere Mobilität von Elektroautos brauchen, zerstört in Chile die Lebensgrundlage von Bauern, die nichts mehr anbauen können, weil die Lithiumgewinnung alles verfügbare Wasser verschlingt. Ist das Gewalt? Und gibt es womöglich eine schwarze und eine weiße Gewalt, ähnlich wie es eine schwarze und eine weiße Mobilität gibt?

#Vom Wert weißen Lebens

Es gibt kein unwertes Leben; das sagt sich leicht. Doch wird der Wert eines Lebens unterschiedlich bemessen, und das zeigt sich spätestens dann, wenn es um den Wert eines Toten geht.

Im alten Siam war dieser Wert präzise bezifferbar. Die Richter beurteilten einen Mord ebenso wie eine Körperverletzung nach einer Tabelle von Würdepunkten: Das Leben eines Rikschafahrers war weniger wert als der kleine Finger eines Prinzen.

In islamischen Ländern können die Angehörigen eines Mordopfers von der Täterseite eine Entschädigung verlangen, das sogenannte Blutgeld, und es ist für eine tote Frau häufig geringer bemessen als für einen Mann.

All dies erscheint uns natürlich monströs.

Bei uns bestimmen die Nachrichten den Wert der Toten. Jeder Neuling im Mediengewerbe lernt irgendwann folgende Regel: Ein Toter in Köln ist wie zehn Tote in England oder hundert Tote in Brasilien oder tausend Tote in Afrika. Die Regel hat Varianten: bei Indern möglicherweise eine Null mehr als bei Brasilianern, und was Afrika betrifft, können nur Höchstzahlen die Gleichgültigkeit erschüttern.

Es mag Menschen eigen sein, dass sie nahes Leid mehr berührt als fernes. Im nächsten Schritt bringen wir eher Empathie auf für jene, die uns nahe scheinen, weil wir sie für uns ähnlich halten. Etwa weil sie weiß sind oder christlich. Oder weil sie an Orten leben, die wir eben noch für touristisch besuchbar hielten. Die Grenze zum Rassismus ist fließend. Es handelt sich um jenen Rassismus, der den allermeisten Europäern innewohnt, selbst wenn sich ihr Verstand einer eurozentrischen Weltbetrachtung widersetzt.

Entfernung, kulturelle Zugehörigkeit, Hautfarbe, das sind in unserer Wahrnehmung vom Wert des Lebens und der Toten die stillen, beständigen Kriterien; als Standardmöblierung unseres Haushalts der *compassion* nehmen wir sie kaum wahr. Offensichtlicher ist das saisonal Wechselnde: die politischen Interessen des Westens. Sie bestimmen, wie viel uns das Leid der anderen tatsächlich angeht und wie viel Tote nötig sind, um sie als Aufforderung zum Handeln zu begreifen.

Selbst die Toten in ein und derselben Region sind von ganz unterschiedlicher Wertigkeit – je nachdem, welches Verhältnis der Westen zu den Mördern hat. Die langen Jahre des Krieges in Syrien waren dafür ein Beispiel. Die Opfer der Terrormiliz Islamischer Staat waren an Zahl gering im Vergleich zu den Opfern des säkularen Präsidenten Bashar Assad; dennoch galt der IS als das Böse pur.

Die Verbrechen Assads lassen sich so gut belegen, sagen Experten des internationalen Rechts, wie zuletzt die von Größen des Nationalsozialismus im Nürnberger Prozess. Dennoch galt Assad aus westlicher Sicht als das kleinere Übel. Je nachdem, ob ein Übeltäter als muslimisch oder als säkular markiert ist, kennt die Ökonomie der öffentlichen Erregung verschiedene Maßeinheiten.

Den Terror säkularer Regime zu verharmlosen, war im Westen vor Beginn der arabischen Revolten des Jahres

2011 gängige Praxis. Nach dem Sturz der Herrscher Mubarak und Ben Ali schien sich das zu ändern, doch war es ein Wandel von kurzer Dauer. Ähnliche oder gar schlimmere Regime sind heute erneut enge Partner des Westens. Einer der Gründe, warum säkulare Repression so chronisch unterbewertet wird, ist der Mangel an Empathie für ihre Opfer: Sie werden zuvorderst als Muslime betrachtet, folglich als nicht von unserer Art.

Das 21. Jahrhundert kennt also durchaus ein Äquivalent zu jener Tabelle von Würdepunkten, nach denen die Richter im feudalen Siam verfuhren. Der Tod von Hunderttausenden kann ein geringes Gewicht auf der Waagschale sein; der Tod von drei Amerikanern kann schwer wiegen, wenn durch ihre provokativ choreografierte Hinrichtung die kollektive Würde des Westens berührt wird. Sie sind, im siamesischen Bildnis, die Prinzen. Und die sterbenden syrischen Kinder glichen dem kleinen Finger des Rikschafahrers.

Manche im Westen beschämt das. Doch ist unser öffentlicher Echoraum so konstruiert, dass weißes westliches Leben im Regelfall als höherwertig erscheint; seine gewaltsame Beendigung ist tendenziell ein globales Ereignis. Das ganze Ausmaß der Ebola-Epidemie in Westafrika wurde erst zur Kenntnis genommen, nachdem ein weißer Arzt dem Virus erlag. Als sei die Seuche erst in diesem Moment eine unabweisbare Realität geworden. Als seien sterbende schwarze Körper nicht sichtbar.

#Was ist Gewalt?

Was ist Gewalt – und für wen? Eine Antwort darauf zu suchen, ist für ein emanzipatorisches Denken essenziell. Und Emanzipation heißt in diesem Zusammenhang: sich vom Eurozentrismus zu befreien.

Wir haben uns abgewöhnt, die strukturelle Gewalt als eine solche anzuerkennen, etwa die brutale Gewalt der Armut, die eine malische Frau bei einer geringfügigen Komplikation der Geburt zum Tode verurteilt. Wenn von »blinder Gewalt« die Rede ist, dann ist ein Täter gemeint, der um sich schlägt und willkürlich einige Unschuldige zu Opfern macht. Die Malierin, die im 21. Jahrhundert im Kindbett stirbt, wird jedoch von der blinden Gewalt ungerechter Verhältnisse getroffen.

Die tatsächliche Dimension struktureller Gewalt dringt selten in unsere Alltagswahrnehmung vor. Zu weit entfernt die brennenden Dächer südasiatischer Sweatshops, unter denen die Näherinnen begraben werden, die für uns Billigtextilien fertigen. Der betagte Schweizer Autor und Internationalist Jean Ziegler, der nicht müde wird, die blanken Zahlen des »Imperiums der Schande« zu benennen, die tägliche Zahl der Verhungernden, wirkt wie ein verrückter Sehender, irre in seinem Unbeirrtsein.

Framing, ursprünglich ein Begriff aus der Medienwissenschaft, prägt unsere Sicht von Gewalt: Wir blicken durch einen zu kleinen Rahmen. In diesem Ausschnitt wirkt in Europa eine radikale Auflehnung gegen das große institutionalisierte Unrecht immer falsch, weil der eigentliche

Gegner nicht sichtbar ist. So erging es den Demonstranten gegen einen Gipfel der G-20-Staatschefs in Hamburg; ihre Gewalttätigkeiten wurden weithin als unangemessen verurteilt. Als in Frankreich bei den Sozialprotesten der Gelbwesten-Bewegung Polizeiwagen und Rathäuser brannten, äußerten französische Intellektuelle hingegen Verständnis für die Wut ihrer Landsleute: eine Politik, die zur Verarmung führe, sei gleichfalls Gewalt, und wer das nicht verstünde, so der Schriftsteller Édouard Louis, wisse eben nicht, was soziales Elend bedeutet.

Was würde geschehen, wenn Europa diese Maßstäbe an das globale Gerechtigkeitsgefälle anlegen würde?

In Wirklichkeit existiert weder ethisch noch philosophisch eine klare Grenze zwischen legitimer und illegitimer Gewalt. Welche Regierungen und Regime unter Einsatz von Gewalt bekämpft werden dürfen, von innen oder von außen, das unterliegt den wechselnden Kriterien politischer Opportunität. Und ob ein Protagonist als Oppositioneller, Krawallmacher, Gewalttäter oder Terrorist bezeichnet wird, hängt davon ab, wie seine Motive bewertet werden.

Der Begriff Gewalttäter, sprachlich scheinbar so neutral, ist ideologisch aufgeladen. Selten finden sich derart Bezeichnete in der gutbürgerlichen Mitte der Gesellschaft. Hässlichster Missbrauch von Schutzbefohlenen bei den Regensburger Domspatzen, aber weit und breit kein Gewalttäter. Das Wort zieht eine Grenze, es meint immer die da draußen, dunkel in Vermummung oder Teint. Der Gewalttäter ist das Böse außerhalb unserer selbst.

Vielleicht ist unser Verhältnis zur Gewalt nur psychiatrisch zu verstehen. Wir sind süchtig nach ihr, wir konsumieren Gewalt durch Nachrichten und Unterhaltungsmedien in einem zuvor nie gekannten Ausmaß – und wir tabuisieren sie zugleich. In jedem Fernsehkrimi geschändete Mädchen, abgeschnittene Finger, verweste Leichen. Obligatorisch die Szene beim Rechtsmediziner, damit der Zuschauer die Leiche noch mal in Naheinstellung haben kann, bläuliches Fleisch, gewendet nach allen Seiten. Was macht das mit uns?

Westliche Nationen haben eine lange Geschichte der gewaltförmigen Einflussnahmen in die Geschicke anderer Länder, etwa die Inszenierung von Putschen und Staatsstreichen, über die wahrheitsgemäß meist erst mit großer Verspätung berichtet wird, und dann in einem Tonfall, als sei Derartiges in der Gegenwart ganz und gar unmöglich. Schmutzige Gewalt war immer gestern.

Dieser Tage sah ich auf einer historischen Aufnahme eine öffentliche Reihenhinrichtung indischer Kolonialsoldaten durch britische Offiziere im Ersten Weltkrieg. Die Inder waren Muslime und hatten sich geweigert, gegen das Osmanische Reich zu kämpfen. Kollektive Exekutionen zur Einschüchterung oder als Mittel der Propaganda sind keine Erfindung islamistischer Milizen. Dennoch blicken wir auf die Gewalt der Gegenwart so schockiert und fasziniert, als sei sie neu in die Welt getreten, als sei sie etwas Fremdes, nie Dagewesenes. Ein Eindringling.

Unsere Vorstellung davon, was Gewalt überhaupt ist, illegitime, Leben vernichtende Gewalt, klammert sich meistens an spektakuläre Taten einzelner schlimmer Menschen oder Banden. Ihr Gegenüber ist die staatliche, die legitime Gewalt. Sie verfolgt und tötet legitim, jedenfalls auf unserer Seite der Welt.

Die Trennung zwischen der schlimmen und der guten Gewalt mag anderswo porös sein, schon bei der Polizeigewalt in den USA kann man sich nicht sicher sein, aber bei uns darf sie nicht infrage gestellt werden.

Wenn Europa also durch sein Grenzregime tötet, handelt es sich um legitime, gute Gewalt. Die Schlepper gehören hingegen auf die Seite des Illegitimen, des Bösen. Sie erschießen sogar aus purer Profitgier einzelne Flüchtlinge, die sich ihren Anweisungen nicht fügen. Und was sich manchmal unter den Flüchtlingen auf den Booten abspiele, meinte einmal ein Freund zu mir, sei doch genauso schlimm wie das Grenzregime. Eine Verwechselung von Ursache und Wirkung. Es geschieht auf einem Kreuzfahrtschiff eher selten, dass jemand das Baby eines Mitreisenden über Bord wirft, weil er das Schreien nicht mehr ertragen kann.

Gewalt, die aus unserer Mitte hervorgeht, löst selten Erschrecken aus. Tausende Angriffe auf Unterkünfte von Geflüchteten verschwinden in einem seltsamen Aufmerksamkeitsschatten, als fehle ihnen alle Farbe. Zwischen 1990 und 2018 fanden in Deutschland einhundertneunundsechzig Menschen den Tod durch rechtsextreme Gewalt; das sind mehr, als in den Jahrzenten zuvor an der Mauer starben, in einem annähernd gleich langen Zeitraum. Wir schieben die Gewalt weg von uns. Das zivilisierte Europa schätzt und respektiert das Leben. Wir haben unseren Spiegel blank gewischt, es gibt darauf keine dunklen Flecken.

Gelegentlich kriecht eine alte, runzlige Gewalt aus der Vergangenheit ans Licht, etwa als ein Prozess gegen betagte Diensthabende aus dem KZ Stutthof beginnt. Dort trafen im Sommer 1944 binnen vier Monaten sechsundzwanzig Deportationszüge ein; fast sämtliche dieser Unglücklichen, meist Juden, wurden zügig durch Genickschuss oder Gas getötet.

Ein Blutrausch, an den nichts, was in unseren Tagen geschieht, heranreicht. Vielleicht denken wir einmal an den Sommer von Stutthof, wenn ein afghanischer Junge eine Axt erhebt oder ein Amokfahrer über eine Promenade von Nizza rast.

#Wer ist Opfer?

Über den Terror von Islamisten gibt es eine weithin geteilte Annahme: Sie führen einen Krieg gegen den Westen, weil sie dessen Lebensstil und Freiheitsliebe hassen. Die Opferzahlen sprechen eine andere Sprache: Wo immer Terror wütet, sterben vor allem Muslime. Es handelt sich um einen Krieg, der am meisten innerhalb der muslimischen Welt ausgetragen wird und nicht gegen den Westen.

Die Epoche, während derer sich ein politischer Islam am Westen abarbeitete und gegen ihn eine muslimische Identität zu konstruieren suchte, geht ihrem Ende zu, wenn sie nicht schon vorbei ist. Denn es war die Furcht vor einem übermächtig wirkenden Europa, aus der im 19. Jahrhundert der politische Islam entstand: ein Europa, das industriell revolutionär, wirtschaftlich expansiv und kolonial aggressiv war – und den muslimischen Osten »spurlos verschwinden lassen« könnte. Das waren die Worte von Jamal al-Din al-Afghani, 1838 in Iran geboren, ein reisender Denker, der als Erster Islam und Westen als Gegensatz verstand.

So bedeutend sind wir heute nicht mehr.

Doch es fällt der hiesigen Öffentlichkeit schwer, sich mit einer Realität vertraut zu machen, wo der Westen nicht mehr im Mittelpunkt steht, nicht einmal als Zielscheibe.

Die übergroße Zahl der Opfer des Terrors sind nicht nur allgemein Muslime, sondern es sind Nicht-Weiße. Und als solche Opfer im Schatten. Als in Paris die Karikaturisten der Zeitschrift ›Charlie Hebdo‹ ermordet wurden, starben zeitgleich einhundertachtundvierzig kenianische Studenten, exekutiert von Islamisten. Während sich in Paris etliche Staatschefs zu einem Gruppenfoto der Trauernden aufstellten, fand die Tragödie von Kenia kaum Beachtung. Tragischerweise eilte auch mancher afrikanische Staatschef lieber nach Paris, als in Nairobi zu kondolieren. Über diese so ungleichen Reaktionen spottete die afroamerikanische Bürgerrechtsaktivistin Margaret Kimberley: Wer in den sozialen Medien seine Anteilnahme mit einem »Ich bin Charlie«-Bekenntnis ausdrückte, hätte genauso gut »Ich bin weiß« schreiben können.

Eine zweite geläufige Annahme über den Terror lautet: Wir sind die Guten. Die Gewalt, die der Westen in seinem *War on Terror* einsetzt, sei berechtigt und jedenfalls kein Verbrechen. Erneut ein Blick auf die Opfer. Die amerikanisch-britische Invasion im Irak hatte mindestens hundertfünfzigtausend meist zivile Tote zur Folge, »wahrscheinlich viel mehr«: Zu diesem Befund kam eine britische Kommission unter Vorsitz eines altgedienten Beamten, Sir John Chilcot. Sieben Jahre lang wurden Zeugen befragt und Dokumente ausgewertet; der Abschlussbericht umfasst zwölf Bände.

Andere Studien kamen auf höhere Opferzahlen, auf bis zu eine Million Tote. Aber selbst die vorsichtige Schätzung der Chilcot-Kommission verschiebt die moralischen Gewichte. Durch den Krieg des Westens sind zigfach mehr Menschen gestorben als durch jene, die man zu bekämpfen gedachte.

Es fällt uns immer noch schwer, die Tragweite eines solchen Satzes in unser Bewusstsein vordringen zu lassen.

Die Verantwortlichen für die Invasion, George W. Bush und Tony Blair, sind nie für Kriegsverbrechen belangt worden. Eine blanke Stelle, sie steht in eigentümlichem Kontrast zur Verurteilung eines malischen Lehrers in Den Haag zu einer langen Gefängnisstrafe. Er hatte sich aus islamistischen Motiven an der Zerstörung von Lehm-Mausoleen beteiligt.

Auch in die Region des Lehrers wurde der Krieg gegen den Terror getragen, und wie anderswo wurde alles schlimmer als zuvor.

Nach zwei Jahrzehnten *War on Terror* erkennt der Westen zwar noch immer nicht seine Verantwortung an, wohl aber seine Niederlage; der Rückzug aus den Ruinenlandschaften falscher Strategien hat begonnen. Künftige Historiker werden beschreiben, wie der Westen auf diesen Feldern sein politisches Ende beschleunigte und zum Opfer seiner selbst wurde.

#Ikone und Gedächtnis

Ob es uns berührt, wenn Menschen in einem entfernten Winkel der Erde drangsaliert werden, das hängt von zwei Faktoren ab. Nehmen sich die Medien, soziale Netzwerke inbegriffen, des Geschehens an, verkürzen sie für uns die geografische und kulturelle Distanz? Und: Gibt es eine Ikone des Leids oder des Kampfes, ein Objekt der Identifikation, in dem sich Drama und Unrecht auf eine Weise spiegeln, die uns – mit unserer westlichen Sozialisation – ergreift?

Myanmar ist wie ein Schaukasten für die Wirkungsweise dieser Mechanismen und ihre seltsamen Resultate. Niemand verkörperte in der Vergangenheit die Ikone so perfekt wie Aung San Suu Kyi, die Lady mit der Blume im Haar. Fast schien es, als hätte der Begriff mit ihr überhaupt erst politisches Leben gewonnen, so sehr hat sich die Silhouette der Graziösen dem politischen Bildgedächtnis eingeprägt.

Als ich Suu Kyi in Yangon begegnete, vor eineinhalb Jahrzehnten, war sie noch in der Opposition; ihr Hausarrest war gerade ausgesetzt, weil sie unter strikter Geheimhaltung einen Dialog mit den Generälen führte. Im Hauptquartier ihrer Partei gab es als Dekoration nur zwei Wandgemälde, das eine zeigte lebensgroß Suu Kyi und das andere ihren Vater, den Nationalhelden Aung San.

Und dann stand sie plötzlich da, im Haar die obligatorische Blume, doch die Ausstrahlung herrisch und kühl. Im Gespräch dozierte sie von oben herab in ihrem akzentuierten Oxford-Englisch; jede meiner Fragen, auch die aller-höflichste, wurde zunächst mit einer Zurechtweisung be-antwortet. Manche in der Partei sagten bereits damals, sie sei eine Diktatorin.

Suu Kyi, die als Baby von Generälen auf den Armen ge-schaukelt wurde, blieb auch im Hausarrest eine Angehö-rige der Oberschicht. Mit den Schattenmenschen der mus-limischen Rohingya, entrechtet und staatenlos, verband sie wenig. Wer Suu Kyi kannte, war kaum überrascht, dass sie später schwieg, als sie Einfluss besaß und die Muslime außer Landes getrieben wurden.

Für die Vereinten Nationen zählen die Rohingya zu den heftigst verfolgten Minderheiten der Welt. Sie haben keine Ikone, ihr Leid kann nicht andocken an einer größeren Erzählung, jedenfalls nicht bei uns, denn die große west-liche Erzählung handelt von Muslimen als Tätern, nicht als Opfern. Buddhistische Hassprediger, davon hört man auf der Yogamatte nicht gern.

Amnesty International hat Suu Kyi mittlerweile den Eh-rentitel »Botschafterin des Gewissens« entzogen. Aber da ist noch etwas. Der Rakhine-Staat in Myanmar, aus dem die Rohingya vertrieben wurden, war einst unter dem Na-men Arakan ein eigenes Königreich. Von den Briten wurde es gegen den Willen seiner Bewohner dem kolonialen Burma zugeschlagen. Die heutige Tragödie der Rohingya hat eine Vorgeschichte, die von kolonialen Interventionen und Grenzziehungen handelt.

#Visionen von Bewegung

So wie die Gewalt unsere Räume nicht als Eindringling betritt, sondern stets in unserer Mitte war, als Teil von uns selbst und des europäischen Handelns, so ist auch das Wanderungsgeschehen nichts, was außerhalb von uns selbst existiert.

Und wie sich gegenwärtige Gewalt auf manchen Bühnen abspielt, die früher von europäischer Politik gezimmert wurden, so können wir auch heutige Migrationen als Folge früherer Bewegungen sehen. Jedenfalls versuchsweise könnten wir das tun, und zwar keineswegs unter dem Aspekt von Schuld, sondern um eine neue Blickrichtung zu erproben.

Was geschieht, wenn wir den Sklavenhandel als erzwungene Migration betrachten?

Ich muss gestehen, dass ich darauf lange nicht gekommen bin. Auch nicht, als ich auf der Insel Gorée stand, einem felsigen Eiland, zwanzig Fährminuten von der Küste Senegals entfernt. Die Natur hat hier in den Wellen des Atlantiks einen sicheren Ankerplatz geschaffen, und der Mensch hat daraus ein Zwischenlager beim Handel mit versklavten Mitmenschen gemacht. Portugiesen, später Niederländer, Engländer, Franzosen, alle waren einmal auf Gorée. Am Hafen stehen noch einige Häuser von Händlern, flache hübsche Villen. Von einem der Keller können Besucher bis zu einer Pforte aus Felsgestein gehen, von hier wurden die Gefangenen auf Schiffe gestoßen.

Ich blickte durch diese »Tür ohne Wiederkehr«, wie die

steinerne Pforte genannt wird, auf das offene Meer hinaus, der Atlantik war grau an diesem Tag, und ich konnte mir nichts vorstellen. Großverbrechen bergen die Gefahr, dass sie einen nicht berühren, weil man innerlich auf etwas wartet, das sich nicht einstellt. Ähnlich mag es Jugendlichen gehen, die zwischen den Betonmeilern des Berliner Holocaust-Mahnmals Verstecken spielen.

Später hat mich etwas berührt. Es hatte mit Technik zu tun und mit Vorstellungsvermögen. Beim US-amerikanischen Online-Magazin ›Slate‹ fand ich eine interaktive Darstellung der Routen des transatlantischen Sklavenhandels. Die Schiffe sind schwarze Punkte, die über das Meer von Ost nach West rasen, von der afrikanischen Atlantikküste hinüber zum nordamerikanischen Festland und in größerer Zahl in die Karibik und nach Brasilien.

In zwei Minuten Animation rauschen dreihundertfünfzehn Jahre Sklavenhandel vorbei, zwischen dem 16. und dem 19. Jahrhundert, mit zwanzigtausendfünfhundertachtundzwanzig Schiffen, auf denen sich zwölf Millionen Menschen befanden. Man kann den Fluss der Bewegung anhalten und einzelne Schiffe anklicken, um Namen, Zielhafen und anderes zu erfahren. Was wir Sklavenhandel nennen, zerfällt auf diese Weise in das, was es einmal war: Reisen. Bewegung. Eine der größten erzwungenen Bewegungen von Menschen in der Geschichte.

Die Datenbasis für die Animation wurde in Jahrzehnten von Forschern zusammengetragen, unterstützt unter anderem vom W. E. B. Du Bois Institute for African and American Research in Harvard, benannt nach dem schwarzen Soziologen. Und am Ende tauften die Forscher ihr Projekt tatsächlich *slavevoyages.org* – Reisen, nicht Handel. Für die europäischen Händler jener Zeit waren die Versklavten eine Ware wie Weizen oder Zucker. Weizen wird transportiert, aber Menschen machen Reisen. Von erzwungenen Reisen, erzwungener Mobilität zu sprechen, holt die Opfer aus dem Laderaum. Und macht Verbindungen sichtbar.

Die erzwungene Auswanderung von mindestens zwölf Millionen Afrikanern (manche Schätzungen liegen noch weit höher) bei einer viel kleineren Bevölkerung als heute bedeutete eine Verlagerung von Entwicklung: weg von Afrika, hin zu den überseeischen weißen Besitzungen. Gibt es womöglich ein Recht auf Wiedergutmachung durch Migrationen unserer Tage, könnte man sie als ein Zurückholen gestohlener Chancen betrachten?

Mobilität wurde auch auf andere Weise erzwungen: Durch koloniale Grenzziehung, Zwangssteuern und Plantagenwirtschaft veränderten sich Siedlungsstrukturen; noch heute sind sie beispielsweise im Sahel daran sichtbar, wo sich Bevölkerung ballt und wo sich leere Räume erstrecken.

In Anbetracht des Ausmaßes von früher erzwungenen Migrationen stellt sich noch eine ganz andere Frage: Ist das, was Europa heute an Zuwanderung erlebt, überhaupt groß? Und zu welcher Gewalt würden unsere Gesellschaften im Gestus der Legitimität greifen, wenn wirklich einmal die große Migration der Benachteiligten begänne?

So wie es uns heute unvorstellbar erscheint, dass zwölf Millionen Afrikaner einmal in Schiffe gepfercht wurden, um sie am anderen Ende des Atlantiks, sofern sie die Überfahrt überlebten, an Land zu stoßen, so wenig vermag unsere Phantasie zu bebildern, was künftig Massenwanderung bedeutet. Diesmal nicht erzwungen, sondern motiviert von der Überzeugung, dass solche Bewegungen ein Recht sind, das nicht dadurch verwirkt wird, dass viele es in Anspruch nehmen.

Und so wie Versklavung und Entrechtung das Merkmal früherer Jahrhunderte waren, mag die nähere Zukunft vom Nehmen von Rechten geprägt sein. Von Aneignung.

Ein Vorzeichen war, wie Honduraner zu Tausenden durch mehrere Staaten bis zur US-Grenze marschierten. Nachrichtensendungen zeigten über Wochen mit einer Grafik, welche Route bereits hinter den Marschierenden lag, und lösten beim Zuschauer den Eindruck aus, etwas Neuem, noch nicht Dagewesenem beizuwohnen.

Gegen diese Männer, Frauen und Kinder Militär aufziehen zu lassen, wurde von vielen als unangemessen empfunden. Der Marsch, eine Mischform aus Wanderung und Demonstration, hatte das Tor zu einem anderen Rechtsempfinden geöffnet, bei den Teilnehmenden ebenso wie bei manchen Beobachtern.

Migration wird von einem individuellen Akt, der immer auch ein Überlebenskampf, ein Jeder-gegen-jeden ist, zu einer kollektiven Handlung, in der es Organisation, Absprachen und eine gewisse Fürsorge gibt und wo auf vereinte Stärke gesetzt wird. Ähnlich wie beim Sturm auf den Grenzzaun, der Marokko von der spanischen Enklave Melilla trennt: Afrikanische Migranten und Migrantinnen – ja, auch Frauen! – schließen sich dafür in immer größeren Gruppen zusammen, zu Hunderten, bald schon Tausenden.

Dies sind bedeutsame Momente. Weil sie Visionen von Künftigem ermöglichen. Und weil sie zeigen, wie fließend die Maßstäbe für Gewalt und für Legitimität sind. Ein Recht, das Tausende sich nehmen, ist schwerer zu verwehren, als wenn es Einzelne tun.

#Universelle Freizügigkeit

Gibt es ein universelles Kriterium, wer wohin gehen darf?

Artikel 13 der Allgemeinen Erklärung der Menschenrechte verleiht jedem Menschen das Recht, sich innerhalb seines Landes frei zu bewegen und jedes Land, einschließlich des eigenen, zu verlassen. Es gibt also ein Recht auf Auswanderung, aber obwohl ein Auswanderer logischerweise in einem anderen Land ankommt, gibt es kein korrespondierendes Recht auf Einwanderung.

Darüber wird in der politischen Philosophie kontrovers diskutiert. Der Schweizer Philosoph Andreas Cassee hat sich als Befürworter eines universellen Rechts auf Freizügigkeit einen Namen gemacht.

Der gegenwärtige Zustand, argumentiert Cassee, garantiere den Bewohnern des reichen Nordens faktisch viel mehr Freizügigkeit als allen anderen und widerspreche deshalb der ansonsten breit akzeptierten Annahme von der Gleichheit aller Menschen. Die Staatsbürgerschaft in einem wohlhabenden Land sei das »moderne Äquivalent feudaler Privilegien«: ein per Geburt zugeschriebener Status, der eine bestimmte Gruppe bevorteilt. Und dies sei unvereinbar mit Artikel 1 der Menschenrechtscharta: »Alle

Menschen sind frei und gleich an Würde und Rechten geboren.«

Einwanderungsbeschränkungen, fährt Cassee fort, tragen wesentlich dazu bei, eine ungleiche Verteilung ökonomischer Chancen aufrechtzuerhalten. Denn der Ort, an dem eine Person ihr Einkommen erzielt, ist heute der wichtigste Indikator für die Höhe dieses Einkommens. Wer bei der Geburtslotterie ein günstiges Los zieht, hat einfach eine bessere Lebensperspektive.

Mit dem größten Eifer verfechten deshalb natürlich nicht die global Unterprivilegierten, sondern die wohlhabenden Länder Einwanderungsbeschränkungen – Grenzen dienten vor allem dazu, die Privilegien des Nordens zu schützen. Cassee rät zu einem Gedankenexperiment: Stellen wir uns vor, wir wüssten nicht, in welchem Land wir dereinst geboren würden – vielleicht wäre es Niger oder die Zentralafrikanische Republik. Für welchen Grad an Bewegungsfreiheit würden wir optieren?

Auf den Einwand, universelle Freizügigkeit würde zum Zusammenbruch der beliebten Einwanderungsländer führen, antwortet der Philosoph: Viele Grundrechte können Probleme verursachen, wenn sie gleichzeitig durch große Mengen von Menschen wahrgenommen werden. Deshalb gilt kein Grundrecht absolut. Auch innerstaatliche Bewegungsfreiheit darf vorübergehend eingeschränkt werden, wenn dies im Einzelfall notwendig ist, um andere Grundrechte zu schützen. Gleiches würde für die globale Freizügigkeit gelten. Es bestünde also grundsätzlich das gute Recht jedes Menschen, sich auf der Erde frei zu bewegen, und Ausnahmen davon bedürften der Rechtfertigung.

Dabei müsse nach dem Grundsatz der Verhältnismäßigkeit abgewogen werden. »Wäre es beispielsweise verhältnismäßig, viele weitere Todesfälle im Mittelmeer in Kauf zu nehmen, um eine marginale Verschlechterung der Gesundheitsversorgung in der Schweiz zu verhindern? Wohl kaum. Wenn tatsächlich der völlige Zusammenbruch der öffentlichen Ordnung bevorstünde, wäre die Situation eine andere. Aber von diesem Punkt ist Europa weit entfernt.«

Der wesentliche Grund, weshalb der nationalstaatlich organisierte Sozialstaat unter Druck gerate, sei nicht die Mobilität des Menschen, sondern die des Kapitals und der damit einhergehende Steuerwettbewerb. Zahlen geben dem Philosophen recht. Die Europäische Union verliert durch die Steuerflucht von Unternehmen und Superreichen jährlich geschätzt eine Billion Euro. Damit ließen sich albtraumgroße Mengen an Flüchtlingen versorgen.

Die Idee einer universellen Freizügigkeit ist keineswegs ein Produkt neuerer Debatten über Migration; nur wird sie heute genauer durchdacht. Immanuel Kant entwarf in seiner Philosophie der Gastlichkeit den Gedanken, die gemeinsame Zugehörigkeit zur menschlichen Gattung erlaube keine Hierarchisierung in der Zuweisung eines Ortes. In seiner Schrift ›Zum ewigen Frieden‹ von 1795 sprach Kant von der »Hospitalität« als einem Recht, das »allen Menschen zusteht [...] vermöge des Rechts des gemeinschaftlichen Besitzes der Oberfläche der Erde, auf der als Kugelfläche sie sich nicht ins Unendliche zerstreuen können, sondern endlich sich doch neben einander dulden müssen, ursprünglich aber niemand an einem Orte der Erde zu sein mehr Recht hat, als der Andere«.

Der gemeinschaftliche Besitz der Erde und die Zugehörigkeit zum Menschsein gibt allen also das gleiche Recht, hier oder dort zu sein. Eine planetarische Vision, erdacht vor mehr als zweihundert Jahren.

Kant war tief im Rassedenken verhaftet, er sah »die Menschheit in ihrer größten Vollkommenheit in der Rasse der Weißen«. Gleichwohl ist es mit Achille Mbembe heute ein afrikanischer Philosoph, der sich positiv auf Kant bezieht und dessen Gedanken, wir alle seien nur Gäste, um eine ökologische Dimension erweitert. Mbembe nennt dies eine »Ethik des Passanten«, und er hat dabei eine Welt vor Augen, »in der nicht nur wenige, sondern wir alle uns frei bewegen können und die fortbesteht«.

»Ich möchte mit meiner ›Ethik des Passanten‹ das Denken in Gegensätzen durch ein Denken in Beziehungen ersetzen. Wir sollten nach den Fähigkeiten suchen, die das Existierende in etwas Neues, Unbekanntes verwandeln können. In der afrikanischen Kosmologie hat die Idee der Beziehung große Bedeutung: Im vollen Sinne ein Mensch wird man erst, wenn die Beziehung zum Anderen einen verwandelt.«

#Afrotopia

Wenn sich die gegenwärtigen Annahmen bewahrheiten, dann werden im Jahr 2050 in Afrika 2,2 Milliarden Menschen leben. Die Vorstellung, dass sich die Zahl der Afrikaner verdoppeln könnte, löst apokalyptische Visionen aus: schwarze Gefahr über Europa.

Man kann vom Künftigen auch so sprechen: Ein knappes Viertel der Menschheit wird auf einem Kontinent leben, der ein Viertel der globalen Landmasse ausmacht und ein Drittel der weltweiten Bodenschätze besitzt, zudem einen Großteil des landwirtschaftlich noch ungenutzten Bodens. Ist das so unangemessen, so zwangsläufig katastrophal?

Zur Mitte des 17. Jahrhunderts machten die Afrikaner gleichfalls ein Viertel der damaligen Menschheit aus. Danach wuchs die Bevölkerung Afrikas bis zur Mitte des 20. Jahrhunderts nur sehr langsam, manche Forscher meinen sogar, sie sei geschrumpft, nicht zuletzt wegen des gewaltigen Verlusts durch die Versklavungen. Jedenfalls sank der afrikanische Anteil an der Weltbevölkerung auf unter zehn Prozent. Anstatt sich zu wundern, warum die Afrikaner so zahlreich sind, läge eher die Frage nahe, warum ein so großer Erdteil lange so wenig Bewohner hatte.

Nun illustriert das Wachstum, um wie viel besser und sicherer das Leben geworden ist. Entsprechend gibt der senegalesische Ökonom und Schriftsteller Felwine Sarr der Aussicht auf 2050 in seinem Buch ›Afrotopia‹ einen optimistischen Ton. Afrika, schreibt Sarr, »wird die Lebenskraft der Menschheit verkörpern, denn es wird den höchsten Anteil an Einwohnern im Alter zwischen fünfzehn und fünfundvierzig Jahren aufweisen. Dieses demografische Gewicht und diese Vitalität werden das gesellschaftliche, politische, wirtschaftliche und kulturelle Gleichgewicht des Planeten verschieben.«

Es sagt etwas über uns, dass wir kaum begreifen, wovon Sarr spricht, nämlich wie sich die Welt durch afrikanischen Einfluss ändern wird. Weil wir uns Afrika nicht als einen integrativen Teil des globalisierten Lebens vorstellen, sondern nur als etwas Separates, das schnell zur Bedrohung wird, sobald es seinen angestammten Platz in einer Enklave der Unsichtbarkeit verlässt. Vor einem Jahrhundert begann Europa, eine »gelbe Gefahr« zu sehen; daraus wurde heute Chinas wirtschaftliche Potenz. Die schwarze Gefahr hingegen ist der pure Mensch, seine Anwesenheit, sein Körper, seine Sexualität.

Seit 1960 hat sich die Zahl der Afrikaner, die außerhalb Afrikas leben, vervierfacht, parallel zum Wachstum der Bevölkerung. Der Anteil jener, die es nach Übersee zog, blieb mit drei Prozent stets gleich. Wird es künftig so anders? Eine Studie der Europäischen Union antwortet darauf ohne den Alarmismus europäischer Politiker: vermutlich kein Massenexodus aus Afrika, aber ein Anstieg der Migration, auch weil wirtschaftliche Verbesserungen mehr jungen Leuten das Reisen ermöglichen.

Die größte Migrantennation Afrikas ist übrigens Ägypten, und die Ägypter zieht es mitnichten nach Europa. Sie arbeiten vor allem in den Golfstaaten und schicken jährlich die phantastische Summe von zwanzig Milliarden Euro an ihre Familien. Wie sehr sie währenddessen die Heimat vermissen, drückt sich in einer ägyptischen Redensart aus: In der Fremde lebe es sich wie auf einem Friedhof.

Wenn sich also im Rhythmus des Bevölkerungswachstums der Zuzug nach Europa verdoppelte, würden unter den fünfhundertzehn Millionen EU-Europäern mit und ohne Migrationshintergrund zwanzig Millionen Afrikaner leben, die meisten nur zeitweise. Aber ja: Stellen wir uns darauf ein, dass möglicherweise mehr kommen.

Bisher war ihre Zahl gering, aber groß war bereits der Schaden, den wir uns selbst mit ihrer Bekämpfung zufügt haben.

Europa war einst eine Region der Auswanderung, die im 19. Jahrhundert jeder Fünfte verließ; das verhalf den Gehenden wie den Bleibenden zu Prosperität. Nun beschneidet Europa anderen nicht nur die Freizügigkeit, sondern sogar das Grundrecht, das eigene Land verlassen zu dürfen. Marokkos Küstenwache schießt mit von uns bezahlten Waffen auf marokkanische Bootsinsassen, ganz ähnlich wie DDR-Grenztruppen früher auf Menschen schossen, die ihren Träumen folgten. In Niger, einem Land, das so arm ist, wie wir es uns gar nicht vorstellen können, werden auf europäischen Druck Fahrzeuge konfisziert, weil sich potenzielle Migranten hineinsetzen könnten. Auf unseren Wunsch werden aus Erwerbstätigkeiten Straftaten, und Straftaten werden geahndet, bevor sie begangen wurden.

Europa verlangt das Recht zu entscheiden, welcher Afrikaner sich zu welchen Bedingungen in seinem eigenen Land, auf seinem eigenen Kontinent bewegen darf. Aber die Vorstellung, Afrika immobil zu machen, ist lächerlich, denn dieser Kontinent war zu allen Zeiten in Bewegung, sogar in seiner Literatur tauchen andauernd Wege, Straßen und Kreuzungen auf. Im kolonialen Afrika war der Wanderarbeiter eine allgegenwärtige Gestalt; er verließ sein Dorf ohne Familie, die Rückkehr ein heißer Wunsch, der sich nicht immer erfüllte. In manchen Gegenden war ein Drittel der Männer ständig unterwegs.

Anstatt heute die Grenzen undurchlässiger zu machen, um Migration zu erschweren, ist für Afrika selbst und seine Wirtschaft das Gegenteil nötig: Grenzen öffnen, Mobilität erlauben und entbürokratisieren. Die Vision der Panafrikanisten, aus dem Kontinent ein Vereinigtes Afrika zu machen, ist aktueller denn je. Abschied von der weißen Dominanz bedeutet, die kolonialen Grenzziehungen, anders als in den 1960er-Jahren, nicht mehr für unantastbar zu halten. Freizügigkeit für jeden Afrikaner könnte der erste Schritt in Richtung auf einen offenen Binnenraum sein. Für eine gemeinsame Währung, den Afro, haben Künstler bereits Scheine gedruckt.

Europa irrt, wenn es glaubt, sich gegen die Mobilität anderer abschotten zu können, sei sie von Leid getrieben oder von Träumen. Migration handelt von der Neuverteilung von Chancen; sich als privilegierter Teil der Welt dagegen zu stemmen, hat keine Zukunft.

Der Weg sei das Ziel, sagen jene, die nicht gehen müssen. Für Millionen Menschen ist der Weg nicht das Ziel; ihr Ziel ist Sicherheit, Arbeit, Einkommen, Erfolg und Ehre, und dafür nehmen sie Wege auf sich, die wir für unbegehbar halten.

Vermutlich haben in Europa nur die wenigsten die Tragweite dessen, was auf dem Mittelmeer und in der Sahara geschieht, wirklich begriffen, in seiner ethischen und seiner historischen Dimension.

Die Migranten passen sich an die veränderten Bedingungen an, wie es Afrikaner und Afrikanerinnen zu allen Zeiten getan haben. Sie bezahlen dafür einen sehr hohen Preis, und wir sollten begreifen, welche Lektion für uns darin liegt: Die Zeit, in der wir das Verhalten anderer Menschen steuern konnten, ist vorbei.

5

Europa als Provinz denken

Glitzernde Eisblumen wurden in Tropenhitze auf Schaufensterscheiben appliziert, vor den Shopping-Malls standen Schlitten ohne Schnee, und Santa-Claus-Gestalten mit asiatischen Gesichtszügen verteilten Werbezettel für den *season sale*. Mein erstes Weihnachten in einem überwiegend nicht-christlichen Land, es war Malaysia, löste in mir ein Gefühl der Beschämung aus.

Es laufen in einem solchen Moment eine Reihe psychologischer Mechanismen ab. Seit je hatte mich gestört, wie Weihnachten von Konsumismus überwuchert wird. Aber was mich hier nun ansah, machte meine Kritik irgendwie obsolet; als würde mir, was ich für meine Kultur hielt, als Fratze begegnen. Oder war diese ästhetisch globalisierte und von jedem Mysterium befreite Variante vielleicht nur ihr schonungsloses Abbild?

Und warum fühlte ich mich überhaupt dafür zuständig?

Es gibt ein Gefühl, Europäerin, Europäer zu sein, das einen hinterrücks überfällt, wenn man fern von Europa ist. Es handelt sich dann nicht um einen Anfall jener beflissenen Selbstbeschwörung, die in heimischen Debatten auftritt, wenn jemand beteuern will, kein Nationalist zu sein. Die Perspektive ist eine andere. Aus nationaler Binnensicht ist Europa heute für viele ein anonymes, bürokratisches Etwas, und die autoritäre Rechte muss diese Sicht nur milde zuspitzen, damit die Europäische Union als Zerstörerin kultureller Identitäten erscheint. Wenn man draußen ist, empfindet man, dass es ein historisches Europäer-Sein gibt und eine Prägung, der man im Guten wie im Schlechten schwer entrinnen kann.

#Zentralperspektive

Auf den Landkarten, wie sie üblicherweise benutzt werden, erscheint Europa größer, als es ist. Sobald die Erdkugel zweidimensional verflacht wird, entstehen Verzerrungen, und je näher es dem Äquator zugeht, desto mehr weicht die dargestellte Fläche eines Landes vom tatsächlichen Maßstab ab. Mit Europa, eigentlich eher ein Vorgebirge der asiatischen Landmasse, beginnen seit dem 16. Jahrhundert die Atlanten, und da es üblich wurde, die Weltsicht zu norden, ist Europa auf den von ihm selbst entworfenen Karten bestens im Blick, ein Kontinent von zentraler Bedeutung.

Von dieser geistigen Geografie sind wir geprägt. Unsere Größe zu überschätzen ist essenzieller Teil des europäischen Lebensgefühls und untrennbar verbunden mit der kolonialen Vergangenheit. Ende des 19. Jahrhunderts befand sich ein wesentlicher Teil der Erde unter der Herrschaft der einen oder anderen europäischen Macht. Allein die Briten beherrschten auf dem Höhepunkt ihres Empires ein Viertel der Menschheit, so seltsam das bei einem Blick auf den gegenwärtigen Zustand ihrer Insel erscheinen mag. Englisch hat sich als Weltsprache britischem Besitztum längst entwunden, doch markiert das Kolonialreich zweifellos den Ursprung der sprachlichen Globalisierung.

Die meisten Menschen, denen man heute auf der Erde begegnen kann, waren in der Geschichte ihrer Gesellschaften auf die eine oder andere Art mit europäischer Vorherrschaft konfrontiert. Zeugnisse davon finden sich in den Überresten kolonialer Altstädte in tropischer Kulisse, und ich kenne sehr wohl das spontane Gefühl von Zuhause-Sein, das unsereinen an diesen Orten überkommt. Es ist leicht, derartige Hinterlassenschaften für den Ausweis kultureller Größe zu halten und dabei zu übersehen, mit wie viel Gewalt im Geleitzug europäische Architektur und Stadtplanung verbreitet wurde.

Noch etwas ganz anderes ist aus dem Blick geraten: wie groß die Bevölkerungen Europas einmal waren, im Vergleich mit anderen Erdteilen. Inmitten heutiger Ängste vor Einwanderung ist kaum mehr vorstellbar, dass 1850 in Europa doppelt so viele Menschen lebten wie in Afrika; die Relation war zweihundertsechsundsiebzig Millionen zu etwa hundertzehn Millionen. Und ein Jahrhundert später, 1950, gab es immer noch zwei Mal mehr Europäer. Durch die beschleunigte Alterung im wohlhabenden Norden hat sich die Demografie heute zugunsten des Südens umgekehrt. Im 19. Jahrhundert aber, als das Zeitalter der Industrialisierung aufkam, wurden Teile der Bevölkerung Europas als ökonomisch überschüssig betrachtet; die Auswanderung und die Kolonisierung entlegener Gebiete halfen, sich ihrer auf kontrollierte Weise zu entledigen.

Einige Jahrhunderte lang fühlte sich Europa berechtigt, mit einer gottgleichen Geste Bevölkerungen auf dem Planeten umzuschichten: Einerseits wurden mindestens zwölf Millionen Afrikaner in die überseeischen Besitzungen gezwungen, andererseits der für überflüssig befundene einheimische Mensch als tendenziell gewaltbereiter Siedlungskolonist in die Ferne geschickt.

Was war die Quelle dieser Selbstermächtigung? Welches Selbstbild trieb die immense Expansion voran? Hören wir einen der angesehensten Repräsentanten der europäischen Idee: Paul Valéry, geboren 1871, französischer Dichterfürst, Intellektueller und alles andere als ein Nationalist. Nach dem Ersten Weltkrieg, als er Europas Kultur von innen her bedroht sieht, meißelt er noch einmal ihre Sonderstellung heraus. »Die anderen Weltteile hatten wohl bewundernswerte Kulturen«, schreibt Valéry in seinem Essay ›Die Krise des Geistes‹. »Aber kein anderer Teil der Erde besaß diese seltsame physische Eigenschaft: intensivste Ausstrahlungskraft, verbunden mit intensivstem Absorptionsvermögen. Alles kam nach Europa und alles kam von Europa. Oder doch fast alles.«

Natürliche Reichtümer seien zu gering, um die Vormachtstellung zu erklären, es müsse also an der Art der Menschen liegen. »Ich kann diese Art nicht im Einzelnen analysieren; aber ein rascher Überblick ergibt, dass unersättlicher Tätigkeitsdrang, glühende und rein sachliche Neugier, die glückliche Verbindung von Phantasie und logischer Strenge, Skepsis ohne Pessimismus, Mystik ohne

Resignation die spezifisch wirksamen Kräfte der europäischen Psyche sind.«

Selbst in diesem dunkelsten Moment, nach den Gräueln des großen Krieges, nach Giftgas in Schützengräben und blutigen Massakern im Ringen um die Kolonien, hat der Glaube an die eigene Singularität überlebt. Valéry war kein Rassist im engeren Sinne, er warb für die Aussöhnung der Kriegsgegner, gehörte einer Kommission des Völkerbundes an. Für ihn waren die Europäer nur schlicht überlegen. Europa war das Gravitationszentrum der Welt. Hier entsprang die Zentralperspektive, hier lag der natürliche Mittelpunkt aller Betrachtung.

Davon ist noch viel in uns Heutigen, in jedem und jeder Einzelnen, gerade in den liberalen intellektuellen Kreisen. Dieser spezielle Zentrismus, in dem wir uns als Weiße und Europäer neutral und voraussetzungslos fühlen, am Nullpunkt des Koordinatensystems, von wo aus unser Blick freundlich interessiert alle anderen streift, die nun einmal da sind, ohne dass wir sie brauchen würden für die Interpretation der Welt.

»Dezentrierung« wird in der Psychologie die vorsichtige Ablösung von dem Verankerungspunkt genannt, den jeder unbewusst für die Erdachse hält, obwohl es sich nur um den eigenen emotionalen und geistigen Ankerplatz handelt. Dezentrierung verunsichert, das trifft für die Angehörigen aller Kulturen zu, aber die Verunsicherung des weißen Blicks auf die Welt ist eine besondere Herausforderung. Das muss man wollen, es lässt sich nicht erzwingen. Ich betrachte die Befreiung des eigenen Blicks als ein Geschenk, aber nicht jeder empfindet so. Im Gegenteil.

Rechtspopulismus und autoritäre Revolte in Europa lassen sich als große Verweigerung jeglicher Dezentrierung verstehen, als starrköpfiger Versuch, den eigenen Stammespfahl gerade jetzt besonders tief in einen Boden zu rammen, der dafür längst zu porös ist. Denn gleichgültig, wie sich Europäer subjektiv und kollektiv verorten: Sie sind Objekt einer großen unaufhaltsamen Dezentrierung. Europa ist aus dem Zentrum vertrieben worden, jegliche Zentralperspektive ist dahin. Und wenn wir an einer Position festhalten, von der alle anderen sehen, dass sie nicht mehr existiert, sind wir lächerlich oder gefährlich.

Es besteht also ein eigentümliches, kompliziertes und widersprüchliches Verhältnis zwischen den beiden Varianten von Europäer-Gefühl. Auf der nationalen Bühne tritt »der Europäer« kühl und fortschrittlich auf, als Gegner dumpfer Ressentiments. Im selben Augenblick kann diese Gestalt mit ihrem geschliffenen Selbstbild durchaus weiße Dominanzkultur verkörpern. Es handelt sich dann um monochrome Kosmopoliten, ihr Europa, genauer gesagt Westeuropa, ist immer noch die Verkörperung von Vernunft und Freiheit, und sie sind Repräsentanten einer Kultur, zu der sich der Rest der Welt komplementär verhält.

#Chinafrique

China in Afrika und die Europäische Union in Afrika, das sind zwei verschiedene Entwürfe von Welt.

Um Chinas Rolle auf dem Kontinent zu verstehen, unternehmen wir eine kleine Zeitreise, zurück in das Jahr

1955. In Bandung, auf der indonesischen Großinsel Java, tagt die Konferenz der Blockfreien: neunundzwanzig Staaten aus Asien, Afrika und Lateinamerika sowie dreißig Unabhängigkeitsbewegungen. Gemeinsam repräsentieren sie die Hälfte der damaligen Weltbevölkerung – China ist unter ihnen. In Bandung, wo so charismatische Gestalten wie Nehru und Nasser auftreten, wird das Ende der Kolonialzeit ausgerufen und zum ersten Mal die Selbstbezeichnung »Dritte Welt« benutzt, eine Abgrenzung gegenüber der ersten Welt, dem Westen, und der zweiten, dem Ostblock.

Bandung ist der Aufbruch in eine geradezu planetarische Hoffnung, die schon bald im Kalten Krieg zerschellen wird; die Hoffnung auf eine tatsächliche nachkoloniale Eigenständigkeit, in der die Länder des Südens und des Ostens einander zur Seite stehen würden, ohne Hegemon. Aus dieser Konstellation, dieser vergangenen Zukunft, stammen Chinas Beziehungen zu Afrika.

In Mali schreiben Kinder in den frühen 1960er-Jahren auf das dünne Papier chinesischer Schulhefte. Ihre Mütter tragen die Wäsche in weißen Blechschüsseln mit chinesischem Blumenmuster zum Fluss. Zwei Generationen später existiert diese Szene noch immer, die Frauen, der Fluss, die chinesischen Schüsseln. Aber China ist in dieser Zeit wie ein sich beschleunigender Film an den Augen der Malier und Malierinnen vorbeigezogen.

In Bamako, der Hauptstadt, führt nun eine dritte Brücke über den Niger. Die erste baute die französische Kolonialmacht, die zweite Saudi-Arabien, die dritte China, so geht der Takt der Zeit und der Interessen. Am Fuß der chinesischen Freundschaftsbrücke steht ein großes chinesisches Krankenhaus. Man muss nur einen Moment auf diese gewaltigen Präsente blicken, um zu begreifen, wie eitel und nichtig die Bemühungen der Europäischen Union sind, mit ihren Projekten hier und dort die Migration aus Afrika zu stoppen. Die Spielregeln haben sich geändert, und für China ist die demografische Entwicklung Markt, nicht Bedrohung.

Absatzmärkte für seine Produkte, Rohstoffe für seine Industrien, landwirtschaftliche Flächen zur Ernährung der Chinesen, all das ist in Afrika zu finden. Und so ist China zum größten Investor auf dem Kontinent geworden. Nicht allein durch Staatsbetriebe, sondern auch durch Tausende kleiner privater Firmen.

Geschätzt eine Million Chinesen, womöglich gar zwei, haben sich auf dem Kontinent niedergelassen. Viele kommen mit nichts außer den Telefonnummern von Landsleuten; sie arbeiten hart und leidensbereit und nennen das »chi ku«, bitter essen. Eine Losung, die den Weißen in Afrika fremd war. Und Chinesen tun Dinge, zu denen sich Europäer niemals herablassen würden. Sie stehen auf Dorfmärkten in Sambia und verkaufen Geflügel, sie hocken in Kamerun am Straßenrand und brutzeln Ölgebackenes; Letzteres eine Tätigkeit von Frauen, was den chinesischen Mann nicht schreckt, solange er ihre Preise unterbieten kann.

Der Wille und die Bereitschaft, in afrikanisches Leben viel tiefer einzudringen, als Europäer es je taten, deuten keineswegs auf die Abwesenheit von Rassismus. Der ›New York Times‹-Reporter Howard W. French erzählt in seinem

Buch ›China's Second Continent‹, warum es in einem kleinen chinesischen Hotel auf den Zimmern keine Handtücher gab. Der Besitzer sagte ihm, die chinesischen Hotelgäste würden niemals ein Tuch benutzen, das vorher an einen schwarzen Körper gekommen sein könnte.

China will das 21. Jahrhundert gestalten, will Vorbild sein und Normen setzen, und Einfluss in Afrika ist Teil dieses globalen Projekts. Chinesische Medien beschäftigen auf dem Kontinent Tausende von Mitarbeitern; China Radio International sendet von Nairobi aus außer auf Englisch in Suaheli, Haussa und anderen einheimischen Sprachen. Peking verbreitet so nicht nur seine Sicht vom Weltgeschehen, sondern gleichfalls nicht-westliche Darstellungen nationaler afrikanischer Politik.

An fünf Dutzend Konfuzius-Instituten – morgen werden es bereits mehr sein – studieren Afrikanerinnen und Afrikaner chinesische Sprache und Kultur. Die Institute sind Joint Ventures mit örtlichen Universitäten, die sich so chinesischem Einfluss öffnen. Zahlreiche afrikanische Länder bieten bereits Chinesisch an öffentlichen Schulen an, und Afrikaner stellen mittlerweile jeden vierten ausländischen Studenten in China.

Das britische ›Journal of Southern African Studies‹ schlussfolgerte, als Folge des Chinesischstudiums würde die Relevanz einer früher westlich etikettierten Bildung verblassen. Diese jungen Frauen und Männer orientierten sich auf eine Zukunft, die östlich und asiatisch geprägt sei.

Offiziell stellt sich China den afrikanischen Völkern als Modell und Motor einer alternativen Modernisierung dar. Weil Europa seinen neokolonialen Einfluss in Afrika wahren wollte, habe es dessen Industrialisierung verhindert, schreibt Wang Yiwei, Direktor des Instituts für Internationale Beziehungen an der Renmin Universität in Peking. Dabei unterhält China zu willfährigen afrikanischen Regierungen gewiss ebenso korrupte Beziehungen wie vorher der Westen, inklusive Stipendien für die Söhne und Töchter der Präsidenten, nur eben in Shanghai oder Peking statt in Paris. Aber der wechselseitige Blick aufeinander ist ein anderer, weil die Geschichte anders war. Und dazu gehört, dass im kollektiven chinesischen Gedächtnis imperiale Demütigungen durch Europa wie durch Japan noch gegenwärtig sind.

Der Anblick von Weißen erinnere Afrikaner zwangsläufig an die koloniale Vergangenheit und an die mannigfachen Belehrungen über Entwicklung, Menschenrechte, Demokratie und Gesundheit, mit denen der Westen sie überschüttet habe, schreibt Stephen Smith, der in den USA African Studies lehrt. »Wenn Afrikaner dagegen einem Chinesen begegnen, werden sie ihn – egal ob es sich um einen Schurken oder einen guten Menschen handelt – als Vorbild wahrnehmen. Als Bürger eines Landes, das einmal arm war, heute aber dem Westen ebenbürtig oder sogar überlegen ist. Mit anderen Worten: Afrikaner sehen in den Chinesen ihre eigene Zukunft verkörpert.«

Ob ihm die äthiopischen Näherinnen beipflichten, die im Auftrag chinesischer Unternehmen täglich Berge von T-Shirts für den Export produzieren, kaum anders als Näherinnen in Pakistan und Bangladesh für westliche Firmen? Die Farben der Ausbeutung verschwimmen.

In der südchinesischen Metropole Guangzhou, wo zahllose Fabriken für die globalen Märkte alles nur Erdenkliche auswerfen, haben sich Abertausende afrikanische Händler niedergelassen. Für eben jene Summe, die ihre Landsleute an Schlepper für die Passage nach Europa zahlen, bauen sie sich hier eine kleine Existenz auf. Wenn ihnen das Glück erhoffter Prosperität winkt, werden sie ihre Heimat mit noch mehr chinesischen Waren überfluten, zum Nachteil lokaler Produktion. Doch die Händler investieren auch in ihre Länder, sie kehren irgendwann zurück, mit Status und Guthaben.

Das alles klingt nicht sonderlich verheißungsvoll, wenn man es an der Vision eines Afrikas in Freiheit und Selbstbestimmung misst, aber es fügt sich auch nicht in die alten Raster von Abhängigkeit. Und Europäer, die in Afrika chinesischen Kolonialismus kritisieren, machen keine gute Figur.

Als sich ein deutscher Politiker bei einem Besuch in Namibia besorgt über die große Zahl von Chinesen und ihren bedenklichen Einfluss äußerte, antwortete der namibische Präsident: *Mind your own business!* Die Chinesen hätten in seinem Land keinen Völkermord begangen.

#Europa provinzialisieren

Was bleibt von Europa, von seinem geistigen Erbe? Diese Frage hat sich der indische Historiker Dipesh Chakrabarty bereits vor geraumer Zeit gestellt; außereuropäische Intellektuelle sehen manches, was mit uns zu tun hat, früher und klarer. Der Titel seines Buchs ›Europa als Provinz‹ (im

Original akzentuierter: ›Provincializing Europe‹) deutet die Richtung an.

Der Historiker zählt sich zu der Generation, die Salman Rushdie die »Mitternachtskinder« getauft hat: am Vorabend der indischen Unabhängigkeitserklärung von 1947 geboren. Tatsächlich kam Chakrabarty in Kolkata ein Jahr danach zur Welt, aber sein Lebensgefühl sei eben das der Mitternachtskinder, die Jugendjahre geprägt von der begeisterten Suche nach einem neuen Indien. Später initiierte er als marxistischer Intellektueller mit einigen Landsleuten die »Subaltern Studies«, eine neue Betrachtung der Welt, in der die Subalternen, also die Armen und Unterdrückten, Akteure der Geschichte sind und nicht in deren Wartessaal abgeschoben werden. Die Subaltern Studies fanden von Indien bald den Weg an die Universitäten des Westens. Chakrabarty wurde Professor in Chicago und ein Vordenker auf dem Feld der Globalgeschichte.

Europas intellektuelle Gestalt nennt er janusköpfig: Das Europa der frühen Neuzeit und der Aufklärung habe der übrigen Welt wichtige politische Ideen der Moderne geschenkt, aber mit ihnen gleichzeitig die Unterdrückung anderer gerechtfertigt. Ein Intellektueller wie er befände sich deshalb in einem »postkolonialen Dilemma«: »Die Gedankenwelt, die während des Zeitalters der europäischen Expansion und Kolonialherrschaft entstand, erscheint zur Beschreibung und Analyse unserer eigenen, nichtwestlichen Gesellschaften ebenso unverzichtbar wie ungenügend.«

Unverzichtbar sei das europäische Gedankengut weniger aufgrund analytischer Schärfe als wegen seiner emanzipatorischen Entwürfe, seinen Visionen von Gerechtigkeit und Freiheit. Ihretwegen hätten sich antikoloniale Kämpfer des Südens auf das europäische Erbe berufen, sozusagen gegen die realen Europäer, und daraus Inspiration für ihre Utopien gezogen.

Wie komplex die Auseinandersetzung mit Europa war und ist, zeigt ein Vergleich mit den USA, die als Supermacht nach dem Zweiten Weltkrieg ebenso wie zeitweilig die Sowjetunion eine beherrschende Position innehatten. Doch nur Europa, schreibt Chakrabarty, habe den Abhängigen und Unterworfenen zugleich Begriffe vermittelt, mit denen sich seine Macht angreifen ließ: die Waffen der Kritik, darunter Marxismus und Liberalismus. »Wenn wir das europäische Denken ablehnen, würden wir einen Teil unserer selbst zurückweisen.«

Mit der Janusköpfigkeit hatte sich eine Generation vor ihm bereits ein anderer postkolonialer Denker befasst: der Philosoph und Psychiater Frantz Fanon, 1924 auf Martinique geboren (damals französische Kolonie) und später algerischer Staatsbürger. Fanon wollte den aus der Aufklärung kommenden abstrakten Humanismus vor den Europäern in Sicherheit bringen und plädierte für einen Neuanfang europäischen Denkens außerhalb Europas.

Chakrabarty entwickelt Fanon gleichsam weiter und erklärt Europa zum »Bestandteil von jedermanns Erbe«. Allerdings unter der Prämisse, dass dieses Gedankengut sowohl im Geist wie in der praktischen Anwendung zugleich universalistisch und provinziell ist. Denn das Instrumentarium der europäischen Sozial- und Kulturwissenschaften machte die Geschichte Europas zum Modell universaler Entwicklung: Mit vermeintlich neutralen Begriffen wie Nation, Revolution oder Fortschritt beanspruchten europäische Erfahrungen Weltgeltung und zwangen historische Verläufe andernorts in ihr Deutungsmuster.

So entstand eine Erzählung von Modernität, die das Moderne fast überall mit einem bestimmten Europa identifizierte. Dieses Europa mag imaginär gewesen sein, aber das schmälerte nicht seine Anziehungskraft. »Europas Aneignung des Adjektivs ›modern‹ ist ein Stück globale Geschichte.« Allerdings sei diese Usurpation nicht allein das Werk von Europäern gewesen. Nationalisten der Dritten Welt leisteten dabei ungewollte Hilfsdienste, als sie die europäische Idee der Nation in ihren Ländern als Erfüllung von Fortschritt und Moderne propagierten.

Europa provinzialisieren, das bedeutet dem indischen Historiker zufolge: Modernität ist heute ein Terrain von Auseinandersetzungen, in denen sich Gesellschaften und Kulturen auf Augenhöhe begegnen.

Kritik am eurozentrischen Narrativ kommt allmählich auch aus dem Inneren des hiesigen Wissenschaftsbetriebs, wenngleich ohne die Radikalität der postkolonialen Denkschule. So ist auf die periodische Einteilung historischer Zyklen, wie sie aus der europäischen Erfahrung entstand, der Schatten des Zweifels gefallen. Der Mittelalterhistoriker Michael Borgolte, emeritierter Professor der Berliner Humboldt-Universität, plädiert beispielsweise dafür, den Begriff Mittelalter abzuschaffen. »Alle Epochen werden zu gleichwertigen Untersuchungsobjekten, zwischen denen allenfalls Wandel, aber keine ›Entwicklung‹ auf eine höhere Stufe erkannt werden kann.« Mittelalter sei ein willkürlich abgeteiltes Zeitsegment; künftig müssten Nordafrika, Europa sowie das mittlere und südliche Asien als »Eufrasien« gemeinsam erforscht werden, denn muslimische Völker und ihre Herrscher hätten in dieser Epoche den kulturellen und materiellen Austausch beherrscht (übrigens inklusive weißer Sklaven). Dem müsse sich die Mediävistik stellen, oder sie werde untergehen.

Die europäische Erzählung von der Welt kann nicht mehr alle anderen Erzählungen überschreiben. Schulbücher, Geschichtsbücher, Wörterbücher werden sich ändern, und mittelalterlich als Synonym für finster wird als »veraltet, eurochristlich« markiert.

#Das Ende der weißen Periode

Es wurde bereits die Frage aufgeworfen, warum ich mich an einem malaysischen Weihnachtstag innerlich für das Christentum haftbar machte. Die kürzeste Antwort: weil Gefühle dem Verstand hinterherhinken. Und weil ihnen zu lange eingeflüstert wurde, das Christentum sei eine zum europäischen Menschen gehörende Religion. Eine Vorstellung, die allösterlich ins Bild gesetzt wird, wenn der Papst von der Loggia des Petersdoms den Segen »Urbi et Orbi« erteilt, der Stadt und dem Erdkreis. Die Wendung entstammt der imperialen Sicht des Römischen Reiches, und für einen Moment, wenn die blasse Hand des Papstes in weitem Bogen die Luft bestreicht, scheint der Petersplatz den berühmten Nullpunkt des Koordinatensystems einzunehmen.

Tempi passati. Im Christentum dominiert der globale Süden, auch hier stülpen sich die Verhältnisse um. Vor hundert Jahren lebten mehr als achtzig Prozent aller Christen in Europa und Nordamerika. Rückblickend könnte man dies als die weiße Periode bezeichnen: Eine ursprünglich nahöstliche Religion hat in der euroamerikanischen Kultur eine lange Phase der Prägung hinterlassen, um dann ihre Zentren erneut zu verlagern. Von 2,3 Milliarden Christen weltweit leben nun zwei Drittel in Asien, Afrika und Lateinamerika, und der afrikanische Kontinent wird bald den größten Block innerhalb der globalen Christenheit stellen.

Auf dem Globus werden nun annähernd vierunddreißigtausend Varianten von Christsein gezählt. Die Konfessionen, die sich im Süden durchsetzen, mögen Europäern nicht behagen, weil sie für hiesige Begriffe zu emphatisch sind, zu bibeltreu oder zu autoritätsgläubig. Werden evangelikale und pfingstkirchliche Strömungen aus dem Süden bald antreten, die Weißen zu missionieren? Das hat schon begonnen. Ich traf einmal einen Mann aus dem Kongo, der auf dem Berliner Alexanderplatz predigte; hochgewachsen stand er dort im dunklen Mantel, trotzte Kälte und Nieselregen, um an diesem glaubensfernen Ort das Wort Gottes zu verbreiten. Ralf Ngunga war 43, er lebte seit Langem in Deutschland und war gleich beim Du; das war kein Ausländer-Du, sondern Egalitarismus: Vor Gott sind alle gleich.

Abwehr zog einen Bannkreis um den Missionar. Nicht jeder mag sich auf dem Alexanderplatz von einem Schwarzen duzen lassen. Als der Prediger mit fuchtelndem Zeigefinger rief: »Verlasse die Seite des Satans, komm auf die Seite Jesu«, hopste vor ihm ein Spötter von einem Bein auf das andere, huhu, Satan, Jesus, Satan, Jesus. Die Umstehenden grölten. Mitleid, sagte Ralf Ngunga, du musst Mitleid mit ihnen haben, denn sie haben keine Kenntnis.

Später fragte ich ihn, was der Unterschied sei zwischen ihm und jenen weißen Missionaren, die einst in den Kongo kamen. Er lächelte mich an und sagte: »Die weißen Missionare hatten den Auftrag, die Bevölkerung zu verblenden, damit unsere Bodenschätze gestohlen werden konnten. Wir kommen nicht, um eure Bodenschätze zu holen. Wir kommen, um euch zu helfen.«

#Wie sprechen jenseits des Westens?

Wenn wir uns tatsächlich berühren lassen von den großen Veränderungen im Angesicht der Welt und der Menschheit, dann senkt sich Zweifel in alles Sprechen. Worte haben ihre Tauglichkeit verloren, Begriffe gleiten uns wie leere Hüllen aus der Hand. Was muss neu definiert werden? Was in Gänze verworfen?

Was etwa tun mit dem Absolutheitsanspruch von »Geschichte«: Schreitet sie wirklich auf einem linearen Zeitstrahl voran? Nicht für alle. Und dann die »Entwicklung« ganzer Länder und Gesellschaften: Wer diesen Begriff akzeptiere und sich der ihm innewohnenden Bekehrungsmission unterwerfe, sei bereits verloren, notierte einmal der kamerunische Jesuit Fabien Eboussi Boulaga.

Und schließlich »der Westen«. Wie gegen meinen Willen

unterläuft mir das Wort beim Schreiben, aus Mangel an Phantasie für Besseres oder aus Furcht, andernfalls nicht verstanden zu werden. Und damit ist man mittendrin: Diese Begriffe sind ideologische Vereinbarungen, die ganze Epochen und komplexe Erfahrungen auf einfache Grundmuster kondensieren und in massenhafter Komplizität für gültig erachtet werden. Es handelt sich um das unausgesprochen Gemeinsame, um das gefühlte Wo-Sein in der Welt.

Wer die Vereinbarungen verlässt, verlässt den Mainstream des Sprechens und Verstandenwerdens. Und kein Sprechen war je so hegemonial wie das Westliche. Gegenwärtig stehen wir wie an einer Bruchkante, die Hegemonie verfällt, aber das Sprechen jenseits davon hat noch keine Ausdrucksform gefunden.

Womöglich entdecken wir Anhaltspunkte, wenn wir zurückschauen, woher er überhaupt kam, dieser Westen.

Haben wirklich bereits die Griechen ihre Kriege mit dem Persischen Reich als einen West-Ost-Konflikt betrachtet? Unser Bild vom frühen Persien, dem alten Iran, war jedenfalls lange von Vorurteilen bestimmt, die aus griechischen Quellen in unseren Bildungskanon migrierten. Im 20. Jahrhundert wurde Iran dann zum Beweis, wie transportabel der Westen geworden war: unter dem Schah ein westlicher Vorposten, der Polizist Amerikas am Golf, war Iran nach 1979 dann die Inkarnation antiwestlicher Politik. Zweifelsfrei nur, dass Iran im Nahen Osten liegt? Aber wer spricht? Im Persischen ist der Nahe Osten der Mittlere Westen, *Khawar Mianeh*, das ist nicht nur aus iranischer Sicht logisch. Aus Sicht des Kontinents, zu dem der ver-

meintliche Nahe Osten gehört, handelt es sich um West-
asien.

Der indisch-britische Intellektuelle Pankaj Mishra lässt
in seinem Buch ›Aus den Ruinen des Empires‹ den Wiederaufstieg Asiens im 20. Jahrhundert mit einem emblema-
tischen Ereignis beginnen: Japans Sieg über die russische
Flotte im Jahr 1905 – aus asiatischer Sicht der Erfolg einer
östlichen Gesellschaft über den Westen. Das Zarenreich, in
der späteren Gestalt der Sowjetunion unser politischer
Osten par excellence, galt zum Zeitpunkt der Niederlage
gegen Japan als westlich und als weiß. Japans Sieg habe
eine geistige Entkolonisierung beschleunigt, schreibt Mishra: »Die Weißen, Eroberer der Welt, waren nicht länger
unbesiegbar.« Das Ereignis inspirierte das Denken vieler
fortschrittlicher Asiaten, unter ihnen war ein junger indischer Anwalt in Südafrika namens Gandhi.

Westlich und weiß: Wie beides verknüpft ist, wird heute
kaum mehr ausgesprochen, und tatsächlich markiert eine
allmähliche Abwendung vom unbekümmert rassischen
Sprechen die Entstehung des West-Begriffs. »Man kann
die Idee vom Westen nicht verstehen, wenn man sie isoliert
betrachtet von anderen Formen, die Menschheit aufzutei-
len«, schreibt Alastair Bonnett, Geograf an der britischen
Newcastle University, in seiner Studie ›The Idea of the
West‹. »Was dem Weißsein zustieß, erzählt uns viel darüber, warum der Westen eine so populäre und einflussreiche
Idee wurde.«

In Großbritannien verbreitete sich Bonnets Forschun-
gen zufolge in den 1920er- und 1930er-Jahren das unbe-
hagliche Gefühl, die weiße Rasse gehe ihrem Niedergang

entgegen, während zugleich in der Öffentlichkeit, etwa im Boulevardblatt ›Daily Mail‹, noch immer ein vulgärer Stolz auf die eigene Überlegenheit beschworen wurde. »Weißsein war eine Identität unter Stress«, schreibt Bonnet. In dieser Situation gewann die Idee vom Westen an Attraktivität: als »eine weniger rassistische, aber nicht minder exklusive Vision von Gemeinschaft«. Weiß und westlich waren nie ganz synonym; westlich war als Begriff flexibler, damit ließen sich sowohl kosmopolitische wie ethnozentrische Prinzipien verknüpfen.

Eine Himmelsrichtung, in der aus asiatischer Sicht die Weltmächte saßen und deren kränkelnde Hautfarbenidentität – diesen beiden ideellen Wurzelgründen des politischen Westens ließen sich weitere hinzufügen. Doch wurde alles nach 1945 überschrieben mit dem dicken Tintenstrich der Systemkonkurrenz. Der freie Westen war antisozialistisch und prokapitalistisch, und er durfte seine eigene Geschichte und seine Leistungsbilanz so hemmungslos schönen, dass die Klarheit unseres Bewusstseins davon bis heute getrübt ist.

1989 wurden die DDR-Deutschen dann vom Osten in den Westen katapultiert, ohne ihr Wohnzimmer verlassen zu müssen. Nach dem Ende der Sowjetunion fand der verlorengegangene östliche Feind bald Ersatz im Islam, nun der Gegenpol zur westlich apostrophierten Freiheit. Mittlerweile kehrte in Gestalt von Russland (und künftig China) ein klassisch östlicher Gegner zurück, während der Islam als Bedrohung des Abendlands gar nicht mehr wegzudenken ist.

Und doch wird es nun still. Die Ideologiefabriken rattern noch vor sich hin, weil sie nicht anders können, doch ihr Produkt wird jeden Tag fahler. Der alte Westen, das euroamerikanische Bündnis, ist tot und die westliche Weltordnung Vergangenheit. Was bleibt, ist ein Selbstbild, eine leicht ranzig gewordene Selbstgefälligkeit, die nicht davon lassen will, dass Freiheit und Menschenrecht, Kunst, Intellektualität und Geschmack bei uns ihre Heimstatt haben.

Wie also sprechen?

Während der Westen anderen einen Werterelativismus vorwarf, hat er moralische Maßstäbe und völkerrechtliche Grundsätze mit geradezu opulenter Widersprüchlichkeit gehandhabt. Ob eine Staatsgründung erlaubt ist, ein Referendum Gültigkeit beanspruchen kann, ein Putsch legitim ist, eine Intervention gerechtfertigt, eine Bombardierung geboten, all dies ist schlicht eine Frage von Interessen. Und nicht einmal der *War on Terror* gehört uns mehr allein. Geradezu epidemisch erklären Regierungen ihre jeweiligen Gegner jetzt zu Terroristen.

Die globale Macht des westlichen Narrativs ist gebrochen, aber wir wissen noch nicht, wie die Welt anders von sich erzählen kann. Wie können polyzentrische Erzählungen für die jeweils anderen verständlich sein, wie können sie sich aufeinander beziehen? Die Alternative zur westlichen Hegemonie muss nicht die Kakophonie der Propaganda sein. Es wird jetzt wieder vermehrt vom globalen Norden und globalen Süden gesprochen, in dieser Tonlage schwingt die ungleiche Verteilung des Reichtums mit. Doch das Künftige liegt, noch nicht sichtbar, hinter diesen Großvokabeln. Um die Erzählungen der anderen und ihr Wo-Sein in der Welt zu verstehen, sind wir Bewohner der

Exhegemonialsphäre vermutlich am schlechtesten gerüstet.

So wie Menschen, die stets in einem Überfluss an elektrischer Beleuchtung leben, die Ersten sind, die im Dämmerlicht nichts mehr erkennen können.

#Rechte gegen wen?

In der westlichen Vorstellung von Menschenrechten, so schreibt ein junger kenianischer Jurist, werde stets das Individuum von der ausufernden Macht des Staates bedroht. Im globalen Süden machten sich hingegen transnationale Konzerne den Staat untertan und verletzten die Würde der Menschen nicht minder. Maxwel Miyawa, von dem dieser Gedanke stammt, befasst sich in seiner Doktorarbeit mit der Frage, wie international tätige, nicht-staatliche Akteure zur Rechenschaft gezogen werden können. Der Kenianer findet Inspirationen dafür in einer Tradition südlicher Rechtskritik, die bereits auf die Konferenz der Blockfreien in Bandung 1955 zurückgeht. Auf der Insel Java verband sich das postulierte Ende der Kolonialzeit erstmals mit intellektuellem Widerstand gegen die westliche Hegemonie im internationalen Recht. »Third World Approaches to International Law«, das Netzwerk dieses Namens besteht bis heute fort.

In den Jahrzehnten nach der Bandung-Konferenz ist das Verständnis dessen, wer gegen wen geschützt werden soll, weiter auseinandergedriftet. In Europa und den USA hat sich eine Identitätspolitik mit zahlreichen zu schützenden

Kategorien von Individuen entwickelt; postmoderner Individualismus und neoliberale Lebensweise triumphieren, während die Stimmen des Südens soziale Rechte und den Schutz kollektiver Ressourcen verlangen. In Deutschland werden drei Varianten von Geschlecht anerkannt, gewiss ein Fortschritt. Aber was sagt das dem Kleinbauern in Lateinamerika, dessen Existenz gerade durch Monsanto vernichtet wird, einem Agrarchemiekonzern, der nun zur Bayer AG gehört, also zu jenem Deutschland mit den drei Geschlechtern?

Zwei Milliarden Menschen auf der Welt sind Kleinbauern und -bäuerinnen, ein beachtlicher Anteil der Weltbevölkerung und doch bar jeder Lobby, denn eine so marktferne Wirtschaftsweise passt nicht ins Kalkül des globalen Kapitalismus. Vielerorts werden Bauern von ihrem Land vertrieben, Saatgutkonzerne entreißen ihnen die Kontrolle über ihre Getreide, Pharmaunternehmen kleben Patente auf traditionelle Arzneipflanzen. Die einflussreichen Staaten, wo die Konzernzentralen beheimatet sind, stehen selten an der Seite der Opfer. Eine UN-Charta über die Rechte der Bauern auf ihr Land und die dort befindlichen Wasserquellen hat die Europäische Union immer wieder abzuschwächen versucht.

Im Fall Monsanto/Bayer beweist sich erneut, wie unterschiedlich der Wert von Leben bemessen wird. Einem an Krebs verstorbenen Amerikaner beziehungsweise seinen Angehörigen wurden gerichtlich neunundsiebzig Millionen Dollar Schadenersatz zugesprochen. Er hatte seine Erkrankung auf das Monsanto-Pestizid Glyphosat zurückgeführt. Das Urteil aus Kalifornien ließ den Aktienkurs von

Bayer erzittern, doch die wirklichen Schauplätze, wo Entschädigungen massenhaft zu zahlen wären, liegen fern von kalifornischen Parks und Gärten. Jährlich stirbt fast eine Viertelmillion Menschen, weil sie sich bei der Feldarbeit durch Pestizide vergiften, die allermeisten im Süden, wo den Angehörigen nur eine lautlose Gebärde der Verzweiflung zur Verfügung steht.

Der Diskurs über Menschenrechte sei von neokolonialen Interessen gesteuert, um freie Märkte durchzusetzen, sagt der indische Jurist Upendra Baxi, ehemals Vizekanzler der Universität Delhi. Herausgekommen seien kastrierte, kapitalkonforme Rechte. Tatsächlich ist dies die große ethische Herausforderung der Gegenwart: Entlang der globalisierten Lieferketten schaffen Unternehmen Arbeitsbedingungen, die Abertausend Menschen krank machen, verletzen oder ihnen sogar den Tod bringen, ohne dass dafür jemand verantwortlich sein will. Meistens kommen die Unternehmen straffrei davon. Ihre Interessen werden durch Freihandels- und Investitionsschutzabkommen gewahrt, während für den Schutz der Beschäftigten nur freiwillige Verfahren und freundliche Empfehlungen gelten.

Verbindlichere Normen auszuhandeln, wird von Europa eher behindert. Im Rahmen der UN hatte Ecuador einen Internationalen Gerichtshof und ein Sanktionsregime für global tätige Unternehmen vorgeschlagen; die Europäische Union stellte sich dagegen.

Imperiale Lebensweise wird es neuerdings genannt, wenn wir auf Kosten anderer leben, meist derer im Süden. Im Mikroformat begegnet mir die imperiale Lebensweise öfters in der Straßenbahn: zufrieden dreinblickende Menschen, an jeder Hand drei große Tüten, voll mit Klamotten. Weil sie so spottbillig waren, kauften die Tütenträger viel mehr, als sie je anziehen können oder wollen. Dass an den Billigklamotten Blut klebt, wissen sie. Jeder kann das heute wissen.

#Sinnproduktion

Europa, schreibt der senegalesische Ökonom Felwine Sarr, sehe nur, »was der Welt fehlt, um Europa zu sein«. Vorangetrieben von der mechanistischen Vernunft der Europäer bedeute Kolonialismus auch, allen anderen zu sagen: »Eure Sinnproduktion hat keine Gültigkeit.«

Die Art von Arbeit, von der ein Großteil der Afrikanerinnen und Afrikaner lebt, als »informelle Wirtschaft« zu bezeichnen, ist dafür ein Beispiel. Es scheint sich um eine irreguläre, nicht normgerechte Wirtschaft zu handeln, der es am Wesentlichen mangelt. Tatsächlich ist es eine Werte schaffende Arbeitsweise, die sich nicht über einen kapitalistischen Markt vollzieht.

Felwine Sarr möchte Afrika als Labor einer Zukunft sehen, einer »poetischen Zivilisation«, welche die westliche Kosmologie, das Dreigestirn von Fortschritt, Wachstum, Ordnung hinter sich lasse und den Stärken der eigenen Kultur vertraue, den einheimischen Sprachen, einem aktualisierten indigenen Wissen und einer an Gemeinschaftlichkeit orientierten sozialen Ethik. Eine Befreiung, für die als Erstes eine Selbstbeschreibung jenseits der zivilisatorischen Anordnungen anderer nötig sei. Afrika, plädiert Sarr, möge sich zu »seiner eigenen Schönheit und Rätselhaftigkeit« bekennen.

#Klima postkolonial

Es gehört zum europäischen Lebensgefühl, jene Sicherheiten zu genießen, die eine gemäßigte Klimazone bietet. Wie wir Pläne machen und auf den Rhythmus kalkulierbarer Intervalle des Jahres vertrauen, hat zum Selbstbild einer Kultur beigetragen, die sich als rational und leistungsfähig begreift. Die Landschaft und die Abfolge der Jahreszeiten habe Europa einen Sinn für Maß und Messen eingegeben, schrieb der karibische Philosoph und Dichter Édouard Glissant, was sich im Streben nach Kontrolle und Prognose fortsetze – fundamental verschieden von seiner Heimat Martinique, wo das Denken von Felsvorsprung zu Felsvorsprung springe, ein intuitives, »archipelisches Denken«, dem Glissant mehr Zukunft geben wollte, weil es dem Unvorhergesehenen besser gerecht werde als das systematische Denken.

Die Gewissheit von Kontrolle und Prognose ging verloren in jenem endlos langen, heißen und trockenen Sommer, als erstmals eine bis dahin unbekannte Angst aufkam. Es war die Angst, die Grundlagen unseres Lebens könnten sich auf eine Weise ändern, die wir bisher nicht in Betracht gezogen hatten, jedenfalls nicht für die nähere Zukunft. Mit stummer Gewalt hatte der Klimawandel unsere Vorgärten betreten, ein ungebetener Gast, der sich durch einen Tritt gegen den Gartenzaun das Recht auf dauerhaften Aufenthalt nahm.

Dieser Sommer hielt eine Botschaft bereit, nicht nur in Gestalt eines ökologischen Alarmsignals, sondern als Hilfe zur Selbsterkenntnis. Zur Erkenntnis, was wir sind und haben, und wie wir sein müssten, um es zu bewahren.

Niemand hungert in diesem Land, wenn tonnenweise toter Fisch aus Gewässern geschaufelt wird. Niemanden dürstet, wenn Seen in sich zusammensacken, und keine Familie wird auseinandergerissen, wenn Wälder brennen. Wirklich knapp wurden nur die Plätze in Freibädern, und deswegen lagen bei manchen bereits die Nerven blank. Polizei wurde gerufen, um etwas zu bekämpfen, was wir vielleicht später, wenn es richtig ernst wird, Hitze-*Riots* nennen werden.

In einem überfüllten Bus, dessen Lüftung nicht funktionierte, waren die erregt Schwitzenden kaum mehr bereit, gegenüber den Schwächsten Rücksicht walten zu lassen; jeder war sich nur noch selbst der Nächste. Die Szene enthielt einen mikroskopischen Teil der Botschaft dieses Sommers. (Und man muss dafür gar nicht so derb sein und den Bus der fehlenden Rücksichtnahme mit einem Schlauchboot voller Flüchtlinge auf hoher See vergleichen.)

Es bedarf nur weniger Grade permanenter Erwärmung, und alles, was wir als haltbar und belastbar erachten, kann im Nu zerfließen – auch der zivilisatorische Grund, auf dem wir zu stehen glauben. Wer sich in jenem Sommer von der Angst um die Grundlagen unseres Lebens berühren ließ, mag fortan besser nachvollziehen können, wie es passiert, dass Menschen zu Flüchtlingen werden, ohne die Kategorien nördlicher Weltbetrachtung passgenau erfüllen zu können. Klimawandel kann ein Grund zur Flucht sein, obwohl die Geflüchteten keinen Nachweis erbringen können, von der Sonne individuell verfolgt zu werden.

Zwischen dem sogenannten Wirtschaftsflüchtling einerseits und dem klassischen politisch Verfolgten andererseits klafft etwas großes Namenloses: all jene Sorten Schicksal, die aus globalem Unrecht, auch dem ökologischen, resultieren.

Die Erderwärmung ist ein Gerechtigkeitsthema, denn es handelt sich bisher vor allem um weiße Täterschaft. Der Hinweis, was sich durch Chinas Aufstieg geändert hat, kann nicht davon ablenken, dass für das bereits Geschehene die alten Industriestaaten eine ungleich größere Verantwortung tragen. Wenn alle Menschen so leben würden wie die Deutschen, bräuchten wir drei Planeten. Beim Lebensstil der US-Amerikaner wären es fünf.

Die afrikanischen Länder produzieren nur etwa vier Prozent der Treibhausgase, sie tragen zur Erwärmung am wenigsten bei, werden aber am meisten darunter leiden. Dürren, Starkregen oder Überschwemmungen gehören bereits vielerorts zum Alltag. Die Vereinten Nationen warnen, in den kommenden Jahren könnten bis zu zweihundertfünfzig Millionen Afrikaner wegen der steigenden Temperaturen unter schlimmem Wassermangel leiden. Und all dies mit einem vorbildlich geringen ökologischen Fußabdruck.

Wir haben schon lange die Grenze dessen überschritten, was uns zusteht. Solange wir diesem Umstand nicht Rechnung tragen und zur Grundlage aller Überlegungen machen, wie wir auf die physischen, geografischen Grenzübertritte anderer reagieren, werden wir keine rationale Haltung zur Migration finden können. Man kann nicht oft genug unterstreichen, dass es hier um Ratio geht, um das Anerkennen von Fakten und um die Konsequenzen aus dieser Anerkennung.

Und es ist ja kein Zufall, dass radikale Rechte den Klimawandel ebenso leugnen wie die Notwendigkeit einer zukunftstauglichen Migrationspolitik. Sie versichern ihrer Klientel, es gäbe so etwas wie ein weißes Recht auf Nicht-Zurkenntnisnahme des Offensichtlichen. Keine Bäuerin in der Sahelzone käme auf die Idee, den Klimawandel für eine Erfindung zu halten; das Recht auf Nichtwissen gerät gar nicht erst in ihre Reichweite.

Wie wenig wir als eine nördliche oder westliche, jedenfalls wohlhabende Gesellschaft auf der Höhe der globalen Herausforderung sind, beweist die emotionale Erhitzung auf Nebenschauplätzen. Alltagsrassismus könnte man auch so beschreiben: Einem Teil der Bewohner unserer sich erwärmenden Hemisphäre wird Respekt verweigert, weil sie keine Ureinwohner aus kälteren Vorzeiten sind. Aber es gilt auch dies: Wer hierzulande als *Person of Color* gegen Rassismus kämpft, mag leicht vergessen, dass er oder sie aufgrund der Beteiligung an der hiesigen Wirtschafts- und Lebensweise zugleich Teil einer globalen weißen Täterschaft ist. Politik reinweg aus individueller Betroffenheit abzuleiten, ist eben ein zu begrenzter Ansatz.

Wir brauchen eine Vision von Respekt und von Teilen im globalen Maßstab; es muss die Vision eines machbaren

Teilens sein, das prinzipiell akzeptabel ist auch für jene, die unter uns die sozial Benachteiligten sind. Das ist nicht leicht. Jahrzehnte einer antisozialen Politik in den Metropolen haben es erschwert, Menschen für ein globales Teilen zu gewinnen, die sich selbst gewissermaßen als der Süden im Norden fühlen.

Aber nur durch ein solches Teilen finden wir Antworten auf die Angst, die in jenem langen, heißen Sommer ihre Hand auf unsere Schulter gelegt hat.

6

Über Kolonialismus und Weltgedächtnis

Ein Jahrhundert ist seit dem Verlust der deutschen Kolonialgebiete vergangen, und nun erst rückt so richtig ins Bewusstsein, dass es überhaupt einen deutschen Kolonialismus gegeben hat. Das ist ein erstaunlicher Vorgang; er wirft ein Licht darauf, wie seltsam Erinnerung und Gedächtnis beschaffen sind.

Zögerlich zwar, doch mit schleppender Unaufhaltsamkeit kommt eine Ahnung auf: Damals sind Dinge geschehen, die uns heute angehen, denen wir uns stellen müssen. Ethnologische Sammlungen, eben noch stolz präsentiert, stehen nun im Ruf, problembeladen zu sein. Und was vorgestern unmöglich schien, nämlich die Herkunft Tausender außereuropäischer Kunstobjekte zu erforschen, geschieht nun allenthalben.

Ein neues Zeitalter ist angebrochen, und die Ursache dafür findet sich im Inneren wie im Äußeren, in einer veränderten Gesellschaft vor der Haustür und in weltweiten Umbrüchen. Wer sich gegen heutigen Rassismus wendet, kann den historischen Rassismus der Kolonialepoche kaum übersehen. Und wie ein Wind, der um den Globus fegt, werden nun Forderungen ehemals Kolonisierter laut:

nach Anerkennung von Schuld, nach Rückgabe von Geraubtem, nach Entschädigung für Erlittenes. Es geht also nicht allein um diese oder jene Skulptur, sondern wie der Historiker Bernhard Gißibl formuliert, »um Rechenschaftsfähigkeit in einer globalisierten Welt und einer kulturell vielfältigen Gesellschaft«.

Noch weiß niemand, wohin die Aufarbeitung führen wird und was *shared history,* eine gemeinschaftliche Geschichtsbetrachtung von Täter- und Opferseite, wirklich bedeutet. Die Welt, in der sich Europäer zwischen 1500 und 1960 bewegten, war überwiegend kolonial strukturiert. Legt das auf alles nun einen Schatten? Emil Nolde malte 1913 in einer pazifischen Kolonie nach eigenem Bekunden mit einem entsicherten Revolver an seiner Seite.

#Weiße und schwarze Erinnerung

In der Berliner Wilhelmstraße 92, wo sich seinerzeit das Palais des Reichskanzlers befand, wurde Afrika aufgeteilt.

Auf Einladung des deutschen Kaisers kamen im November 1884 die Vertreter von zwölf europäischen Staaten sowie der USA und des Osmanischen Reichs zusammen. Die wachsende Konkurrenz der Europäer um die afrikanische Erde musste eingedämmt und in geordnete Bahnen gelenkt werden, und als die Konferenz im folgenden Februar endete, war der Kontinent in der Tat fast lückenlos portioniert. Die Grenzen, wo sich die wechselseitigen Machtansprüche berührten, würden im Einzelnen später fixiert werden; niemand am Berliner Konferenztisch hatte eine blasse Ahnung, wie die Landschaften, die Sprachen und die Kochstellen beschaffen waren, die von den neuen Linien durchquert wurden. Im Großen und Ganzen sind es dieselben Grenzen, die heute über die Karte Afrikas ein fast geometrisch wirkendes Muster legen.

Kein Afrikaner war an diesem Vorgang beteiligt.

Ein Ereignis so monströs wie grotesk. Es gibt davon eine Urkunde; neben jeder einzelnen Unterschrift, links oben steil und schnörkellos die von Bismarck, wurde glänzender Siegellack in fetten roten Flecken aufgetragen, so üppig, als könne damit die Echtheit und Authentizität eines eigentlich unvorstellbaren Akts der Anmaßung bewiesen werden.

Unvorstellbar – für wen? Einem gebildeten Afrikaner ist die Berlin-Konferenz ein Begriff, viele gebildete Deutsche haben nie von ihr gehört. Für die Nachfahren der Kolonisatoren ist das Datum 1884 hinter Gebirgen von Zeit versunken. Die Nachfahren der Kolonisierten empfinden sich hingegen als in einer Welt lebend, die ganz unübersehbar von den damals eingravierten Konturen gezeichnet ist.

So sind zwei Arten von kollektivem Gedächtnis entstanden, wir wollen sie das weiße und das schwarze Gedächtnis nennen, wobei das schwarze näher an dem ist, was man als Weltgedächtnis bezeichnen kann: die Summe kollektiver Erinnerungen vieler Völker. Der Kolonialismus ist darin lebendig mit einem weiten Spektrum an Erfahrungen, natürlich nicht nur afrikanischen. Unser schlechtes Erinnerungsvermögen ist eine Abweichung, eine partikulare Angelegenheit, und die Europaer sind dieser Tage gezwungen, sich diesbezüglich auf das Niveau der übrigen Welt hinauf zu bemühen.

Woher rührt die partielle Amnesie? Bei näherer Betrachtung ist sie vor allem ein westdeutsches Phänomen: Die DDR verstand sich als antikolonialer Staat, ihre Geschichtswissenschaft war kritischer in der Betrachtung des Kolonialismus. Der profilierteste Forscher, der Rostocker Historiker Horst Drechsler, sprach 1966 in seiner Habilitationsschrift als erster Deutscher in Bezug auf Namibia von einem Genozid. Das Werk wurde von den Vereinten Nationen in mehreren Sprachen veröffentlicht – Wissen war also verfügbar.

Die Mehrzahl der Deutschen hatte indes bereits in den Tagen der Weimarer Republik das koloniale Abenteuer in einen Schleier der Nostalgie gehüllt; dahinter verblasste es allmählich zu einer beiläufigen Episode, bis irgendwann alles kaum mehr als ein Spleen gewesen zu sein schien. Danach war es leicht, sich rückblickend aus dem Gesamtschema des europäischen Kolonialismus auszuklinken. Wir waren die Harmlosen.

Tatsächlich hat Deutschland imperiale Bestrebungen später als Frankreich und Großbritannien verfolgt und seine Gebiete bereits mit dem Ende des Ersten Weltkriegs verloren. So klein war der Kolonialbesitz indes nicht, die Gebiete in West-, Ost- und Südafrika sowie in China und Ozeanien summierten sich immerhin zur sechsfachen Größe des Kaiserreichs. Entscheidend ist aber das Unheil, das in der kurzen Spanne von weniger als vier Jahrzehnten angerichtet wurde. Die Schrecken des 20. Jahrhunderts begannen nicht auf den Schlachtfeldern von Verdun, sondern in den Wüsten- und Buschregionen des deutsch besetzten Afrika.

Der Völkermord an den Herero und Nama in Deutsch-Südwest war nie ein verschwiegenes Verbrechen, er vollzog sich in der Öffentlichkeit des Kaiserreichs. Feldpostkarten mit den Fotos ausgemergelter Gefangener wurden nach Hause geschickt, und bunte Sammelbildchen mit Illustrationen vom Aufstand lagen als kommerzielle Werbung in den Packungen von Kakao, Kaffee und Schokolade. Lothar von Trotha, Kommandeur der Schutztruppe, war überzeugt, einen »Rassekrieg« zu führen, und er intonierte seinen berüchtigten Schießbefehl vom 2. Oktober 1904 so theatralisch, als sei er für die Geschichtsbücher gedacht: »Ich der große General der Deutschen Soldaten sende diesen Brief an das Volk der Herero ...«

Weithin unbekannt ist der fast zeitgleich geführte Maji-Maji-Krieg in Ostafrika. Auch hier wurde eine Aufstandsbewegung niedergeschlagen, mit überschießender Gewalt. In welchem Maße Afrikaner Widerstand leisteten, das ist aus dem europäischen Gedächtnis, nicht nur dem deutschen, fast gänzlich getilgt, zugunsten eines Bildes vom afrikanischen Menschen, der phlegmatisch erduldet und keine Initiative ergreift. Nimmt man den sinnlosen und überaus blutigen Feldzug zur Verteidigung der ostafrikanischen Kolonie im Ersten Weltkrieg hinzu, dann haben die Deutschen in Afrika schätzungsweise eine Million Tote hinterlassen. Für keines der drei Großverbrechen wurde ein Verantwortlicher zur Rechenschaft gezogen. (Die Straflosigkeit für Befehlshaber moderner Invasionen, wie im Irak, nehmen sich darauf wie ein fernes Echo aus.)

Die exzessive Gewalt wirft Fragen auf, die sich nicht mehr hinter die Gebirge von Zeit zurückstoßen lassen. »In den Kolonien zeigte sich die Wahrheit nackt«, schrieb Frantz Fanon in den 1950er-Jahren. Zu diesem Zeitpunkt waren die meisten Deutschen noch nicht bereit, sich der Wahrheit des Holocaust zu stellen. Und was die Gewalt beider Epochen möglicherweise verbindet, bereitete auch später kaum jemandem schlaflose Nächte. 1967 erschien ›Die Unfähigkeit zu trauern‹ von Margarete und Alexander Mitscherlich; waren die kolonialen Opfer da mitgemeint?

Ich erinnere mich an einen Abend irgendwann in den 1970er-Jahren, der größte Hörsaal der Universität Göttingen war heillos überfüllt. Es sprachen Vertreter (vermutlich nur Männer) von Befreiungsbewegungen im südlichen Afrika über die letzten Kolonien, die Apartheid, wir applaudierten und sangen und reckten die Fäuste, ein Audimax voller junger Weißer identifizierte sich mit dem schwarzen Widerstand, mit der antikolonialen Seite.

War das nur eine andere Art, sich dem eigenen Erbe der Gewalt nicht zu stellen?

#Maji-Maji und die Liebe zum Tier

Es gleicht einer Belästigung, auf ein historisches Verbrechen hinzuweisen, das weithin unbekannt ist. Zumal wenn es dafür keinen anerkannten Rahmen im offiziellen Gedächtnis gibt, so wie es bei allem der Fall ist, was den Holocaust betrifft. Die meisten Deutschen wissen nicht die

Namen aller NS-Vernichtungslager, doch würden nur die wenigsten darauf beharren, dass ihre Unkenntnis völlig berechtigt sei.

Beim Kolonialismus besteht hingegen ein weithin akzeptiertes weißes Recht auf Nichtwissen, und wenn das apostrophierte Verbrechen dann noch unter dem Namen »Maji-Maji« daherkommt, trifft es auf ein unbeteiligtes Lächeln.

Ein großer Kolonialkrieg, der im Nationalbewusstsein Tansanias eine bedeutende Rolle spielt, gleicht bei uns einer Leerstelle. Aus Gründen, die ich selbst kaum in Worte zu fassen vermag, beschäftigt mich die Beziehung zwischen dieser Leere, diesem gedanklichen Nichts und der physischen Ausdehnung des Kriegsgebiets: zweihundertfünfzigtausend Quadratkilometer, was etwa zwei Dritteln der Fläche Deutschlands entspricht. Auf diesem Gebiet wurde von 1905 bis 1907 der Maji-Maji-Krieg ausgetragen; es handelte sich um Afrikas ersten, noch vergeblichen Kampf um Befreiung.

Maji bedeutet in Swahili Wasser; die Aufständischen glaubten, durch eine Medizin dieses Namens unverwundbar zu sein, und hatten deswegen anfänglich keine Furcht vor deutschen Maschinengewehren. Das klingt archaisch, doch dehnte sich die Bewegung de facto durch ihre modernen Elemente aus. Als Reaktion auf Repression, Kopfsteuer, Zwangsarbeit und Landraub begann sie mit Sabotage auf einer kolonialen Baumwollplantage und vermochte dann mithilfe einer Endzeitideologie zahlreiche Ethnien und Volksgruppen zu einen. Je nach Region griffen die Kämpfer einheimische Gebräuche und Bedürfnisse auf, bezogen auch islamische Riten ein, um Muslime als Kombattanten zu gewinnen.

Zur Eindämmung des Aufstands bedienten sich die Deutschen eines probaten Mittels jedweden imperialen Krieges: verbrannte Erde. Dörfer wurden dem Erdboden gleichgemacht, Vorräte vernichtet, Brunnen vergiftet, auf Feldern blieb nur Asche. Nach zwei Jahren Krieg lagen ganze Landschaften stumm und brach. Historiker schätzen die Zahl der einheimischen Opfer des Krieges auf bis zu zweihundertfünfzigtausend, die meisten verhungerten. Die deutsche Seite verzeichnete kaum mehr als ein Dutzend Tote.

Die weitgehend entvölkerten, menschenleeren Räume wurden von der Kolonialregierung unter Schutz gestellt – Schutz für Wildtiere. Ein Jagdverbot für die Einheimischen war zuvor schon einer der Auslöser der Rebellion gewesen; nun machte die Vernichtung der Bevölkerung den Weg frei für weiteren Naturschutz.

Die afrikanischen Nationalparks gehen auf koloniale Unterwerfung zurück; der Biologe Michael Stiller, Leiter der Abteilung Naturkunde am Bremer Übersee-Museum, machte mich als Erster auf diesen Zusammenhang aufmerksam, den er, ein eher unpolitischer Experte, als schwer erträglich beschrieb. Die Liebe zum afrikanischen Tier hat ihre Kehrseite in der Verachtung des afrikanischen Menschen, das ist heute kaum anders. Der Slogan »Faszination Afrika« wird stets mit Aufnahmen von Elefanten, Löwen, Landschaften illustriert. Ein Naturraum ohne Technik, ohne Mensch, ohne ein Zeugnis von Wissenschaft ist unser liebstes Afrika, und oft schwingt mit, dass wir auf dieses Afrika besser aufpassen als die Afrikaner. Serengeti darf nicht sterben.

Ein Künstlerevent in Berlin wurde von seinem Initiator »Ngorongoro« getauft, nach einer weiten Kraterlandschaft im nördlichen Tansania. Weil dort seltene und vom Aussterben bedrohte Tierarten leben, gefiel es den Großstadtkünstlern, sich bei ihrem *artist weekend* derart als bedrohte Spezies zu inszenieren. Auch für sie war selbstverständlich, nichts wissen zu müssen, wenn es um Afrika geht. Der Ngorongoro-Krater wurde mit Gewalt durch die deutsche Kolonialregierung entvölkert, die Massai, die dort ihre Weidegebiete hatten, wurden 1907 in ein Reservat vertrieben.

Zur *shared history* ist noch ein weiter Weg. In Tansania hört jedes Schulkind vom Maji-Maji-Krieg als dem Beginn des nationalen Ringens um Unabhängigkeit; ein Memorial Museum gedenkt der Kämpfenden und der Opfer. Dorthin wird nun zurückgegeben, was Deutsche im Krieg erbeuteten, Speere und andere Waffen, sie lagen seit über einem Jahrhundert als sogenannte Ethnografica in Berlins Sammlungen. In Tansania werden sie *objects of resistance* genannt. Entkolonisierung bedeutet, den Dingen wieder ihre richtigen Namen zu geben.

#Protokoll eines Kirchgangs

Französische Kirche, am Gendarmenmarkt, Berlin.

Ein Schädel unter Glas, auf der Stirn eine Nummer: S 4539. Davor ein Bukett mit weißen Lilien.

Als ich die zwanzig Schritte bis zum Glaskasten ging,

hatte ich mich innerlich gewappnet, einem Schädel gegenüberzutreten, der mich anders berühren würde als Schädel, die ich in Kambodscha gesehen hatte. Dort hatten sie sich zu Hunderten auf groben Holzregalen gedrängt, die im Freien standen: ein rudimentäres kaltes Mahnmal für den Völkermord durch die Khmer Rouge.

Ich hatte mich also gewappnet, und doch traf mich die Nummer ungeschützt. Assoziationen, die meinem Verstand längst bekannt waren, fluteten mein Gefühl. Ich war an den Glaskasten getreten, um den Toten Respekt zu erweisen, ein Impuls aus der puren Verlegenheit heraus, irgendetwas verrichten zu wollen in einer Kirche, in die ich sonst nicht gehe. Nun aber war es gut, diese zwanzig Schritte getan zu haben. Die Nummer auf dem Schädel, dieses Zeichen extremer Entpersonalisierung, machte mir den Genozid in Namibia persönlich, verband ihn mit etwas, was mir näher war.

Alle Provenienzforschung, die nun so fleißig betrieben wird, hatte keinen Namen mehr hervorbringen können, denn der Mensch, der mich aus dem Glaskasten ansah, wurde schon des Namens beraubt, als man an Ort und Stelle sein Gesicht zerstörte, das Fleisch vom Knochen schabte. Dass womöglich eine Verwandte des Toten zu dieser Arbeit gezwungen wurde, wie Dokumente nahelegen, vermochte ich nicht zu Ende zu denken.

Neben der Glasvitrine standen Kisten mit weiteren Gebeinen, von der Flagge Namibias bedeckt wie von einem Sargtuch. Hinter mir begannen namibische Frauen, ein Kirchenlied zu summen.

Dies war der Auftakt zur dritten sogenannten Repatriierung von Gebeinen, die dritte im Laufe eines Jahrzehnts, nach entgleisten Zeremonien, nach Schreckensmomenten wie jenem, als einer Nachfahrin der Opfer auf dem Flur eines Instituts eine Stofftasche voll Knochen mit den Worten in die Hand gedrückt wurde: Das sind Ihre *remains,* wenn Sie mal schauen wollen ...

Alles war jetzt schön, würdig und durchdacht. Die 74-köpfige Delegation aus Namibia im Mittelblock der Kirche, eine afroamerikanische Jazzsängerin mit Tressenfrisur, gemeinsam ausgewählte Gebete, alles zweisprachig orchestriert, und ein Nachkomme der Opfer, ein Nama, am Bechstein-Flügel. So viel Fortschritt hatten wir gemacht!

Inklusive einer Szene vorher im Hinterhof der Kirche, als für die Totenwache ein Reinigungsritual abgehalten wurde, bei dem ein Namibier, aus einer Karaffe jeweils eine Mundfüllung Wasser nehmend, die Anwesenden bespuckte. Vielleicht dachte er genauso wie ich daran, dass ein Schwarzer dafür umgehend niedergeschossen worden wäre, zu jener Zeit, von der die Schädel zeugten, und auch noch lange danach.

Dieser neue Anlauf, Versöhnung zu zelebrieren, machte sich das kirchliche, das religiöse Dach zunutze: Vor Gott sind sich die Nachkommen der Opfer und der Täter gleichsam näher, als wenn sie einander ohne Bezug auf eine höhere Instanz betrachten. Aber lagen in diesem Arrangement nicht auch Lüge, Verdrängung, Camouflage, vielleicht sogar Missbrauch des Religiösen? Denn wer war hier anwesend, handverlesen? Diplomaten, Journalisten, Afrika-Beauftragte und jede Menge Kirchenleute. Wo waren

Politiker, Abgeordnete, wo waren jene, die endlich eine offizielle Entschuldigung aussprechen müssten?

Es fiel mir schwer, in ein Lied einzustimmen, das an diesem Vormittag gleich mehrmals gesungen wurde, die Melodie von trauriger Schönheit. »Senzenina? What have we done?« Wie der Text weitergeht, stand nicht im offiziellen Heft der Zeremonie: »Our sin is that we are black? Our sin is the truth. They are killing us. Let Africa return.« Im Original in Zulu, ein antikoloniales Befreiungslied, seit 1950 gesungen im Kampf gegen Apartheid, auf Beerdigungen und Demonstrationen. Ein Lied, das Schwarze auch in anderen Teilen der Welt zu Tränen rührt.

Durften wir das singen? Sollten wir es singen? In diesem Moment, an diesem Ort, während wir uns als Gesellschaft noch nicht selbst die Frage gestellt haben: Was haben wir getan und warum? Als in Deutsch-Südwest der Vernichtungsbefehl erging, wurde in Berlin der große Dom eingeweiht, in Anwesenheit des Kaisers.

Ein emeritierter Kirchenrat, langjähriger Afrika-Mann der Evangelischen Kirche, richtete nun diese Worte an die Namibier: »Bitte erzählt uns eure Geschichte so, dass wir sagen können: Ja, das ist auch unsere Geschichte.« Ein Satz, der später mehrfach zitiert wurde, wie rundgeschliffene rhetorische Wendungen stets wiederholt werden, ohne sie einen Moment auf ihren Gehalt zu überprüfen. Denn warum sollten die Nachkommen der Opfer diesen seltsamen Vorschlag befolgen? Müssten nicht erst einmal die Deutschen so vom Genozid erzählen, dass sich Herero und Nama darin wiederfinden? Und haben wir eine so anmaßende Forderung je an die Opfer der Shoah gestellt?

Andererseits: die kleinen Fortschritte schätzen! Die Momente, die vor einigen Jahren noch nicht möglich gewesen wären. Ein schwarzer Bischof stand nun auf einer deutschen Kanzel, gefilmt von deutschen Fernsehkameras sprach er über »barbarische Akte«, forderte Entschädigung, und von den Deutschen rannte niemand hinaus, wie früher in ähnlichen Situationen.

Am nächsten Tag traten die Schädel und Gebeine ihre Heimreise an, begleitet von einer jungen deutschen Staatsministerin, die in der Ich-Form um Vergebung bat, grammatisch und politisch nicht zu verwechseln mit einer offiziellen Entschuldigung, die – wie es in der Amtssprache heißt – entschädigungsrelevant wäre.

#Bürokratie der Gebeine

Aus einer Mitteilung des Auswärtigen Amts.

Vorgesehen ist die Rückführung von 27 menschlichen Überresten bestätigter namibischer Provenienz aus folgenden Beständen:

- Charité Berlin: 11 Schädel, 5 Skelette, 1 Schulterblatt;
- Universität Greifswald: 3 Schädel;
- Gerhard Ziegenfuß, Ennigerloh: 1 Schädel (in Privatbesitz);
- Deutsches Institut für tropische und subtropische Landwirtschaft Witzenhausen: 1 Schädel;
- Phyletisches Museum bzw. Universität Jena: 1 Stück Kopfhaut (+ 3 mikroskopische Hautpräparate, die nicht gesondert gezählt werden);

- Landesmuseum Hannover: 2 Schädel, 1 Unterkiefer;
- Universitätsklinikum Hamburg-Eppendorf: 1 Schädel.

#Der Kopf von Mangi Meli

Isaria Anael Meli sucht seit einem halben Jahrhundert
nach dem Kopf seines Großvaters. Jüngst wurde er um Geduld gebeten, das deutet eine Wendung zum Besseren an.

Isaria ist bereits 88 Jahre alt, sein Haar ist weiß, doch
wirkt der Mann rüstig, und er war tatkräftig genug, in
Tansania ein Flugzeug zu besteigen, um in Deutschland
zu prüfen, ob sich die Zeiten wirklich geändert haben. Der
einstige Geschäftsmann ist der älteste Enkel von Chief
Mangi Meli, der am 1. März 1900 von den Deutschen zum
Tode verurteilt und öffentlich hingerichtet wurde. Die
Akazie, an der man ihn aufhängte, steht noch heute am
Schauplatz des Geschehens, im historischen Zentrum der
Stadt Moshi am Kilimandscharo.

Der Chief hatte den Deutschen Widerstand geleistet,
sie zeitweise sogar aus Moshi vertrieben. Ein Foto zeigt
einen Mann mittleren Alters in aufrechter, gesammelter
Haltung, bekleidet mit einem knöchellangen Tuch, weitere
Tücher sind dekorativ um Brust und Kopf geschlungen. Er
trägt Armreifen und an den schmalen Händen mehrere
Ringe.

Nach der Hinrichtung, so ist es in Moshi überliefert,
wurde Mangi Melis Kopf abgetrennt und nach Deutschland verschifft. Schädel waren gefragt in Berlin. Aufgrund
der Abwesenheit des Kopfes wurden in Moshi die Bestat-

tungsriten nie ordnungsgemäß vollzogen. Für eine hochstehende Persönlichkeit sahen sie vor, den Schädel ein Jahr nach dem Ableben zu exhumieren und an einem heiligen Ort in einem Bananenhain zur Ruhe zu betten.

Stattdessen, so war zu vermuten, lag er unbehaust auf einem deutschen Kellerregal, eine verstörende Vorstellung, nun schon für mehrere Generationen.

Lange waren deutsche Behörden taub für Isarias Anfragen. Nun ist es anders, der Wind hat sich gedreht, und ein Tansanier, der in Deutschland umherläuft und den Kopf seines Großvaters sucht, ist eine peinliche Angelegenheit. Isaria wird also vom Chef der Stiftung Preußischer Kulturbesitz empfangen, um Geduld gebeten, und es wird von ihm eine DNA-Probe genommen, um zu sehen, ob sich im Schädelfundus der Stiftung etwas Passendes findet. Und weil sich nun auch die Diplomatie auf Respekt besinnen muss, wird eine Erlaubnis beim tansanischen Botschafter eingeholt, bevor von Schädeln, die dem Gebiet seines Staates entstammen, Gewebeproben abgeschabt werden.

Die Schädel der anderen sind kein Ding; das weiß man nun.

Auf Fotos aus der Stadt Moshi von 1900 ist ein deutscher Friedhof zu sehen. Die eigenen Toten, gefallen im Kampf gegen Meli, wurden ehrwürdig bestattet, wie könnte man daran zweifeln? Einige Grabsteine existieren noch heute; sie wurden nicht zerstört nach dem Abzug der Kolonialherren. Nicht weit vom Friedhof befindet sich das Grundstück der Familie Meli.

Nach der Hinrichtung des Chiefs wurden die Hinterbliebenen gezwungen, einen Tennisplatz anzulegen für die deutsche Militärstation.

Die Suche nach dem Kopf von Mangi Meli gleicht der Suche nach einer Muschel in einem Meer von Unrecht. Dieser Schädel hat einen Namen, er trägt eine Biografie und eine Geschichte, aber niemand weiß, ob er je gefunden wird in der Untergrundwelt der Namenlosen, die eine Nummer und ein »S.« auf der Stirn tragen.

Der Buchstabe markiert die Schädelsammlung von Felix von Luschan, jenem Mediziner und Anthropologen, der die Hautfarben-Glaswürfel erfand, das Bestimmungsset für den reisenden Rasseforscher. Luschan, ein gebürtiger Österreicher, vormaliger Militärarzt und umtriebiger Professor, war eine emblematische Gestalt im wilhelminischen Wissenschaftsbetrieb. Als Direktor der Afrika- und Ozeanien-Abteilungen des Königlichen Völkerkundemuseums beschaffte er Schädel aus aller Welt, zuletzt waren es sechstausenddreihundert Exemplare; Grabstätten wurden für ihn geplündert, ob in Alaska oder auf einer Insel im Viktoriasee. Das derart Erbeutete wurde mit dem Fundort und dem Namen des beteiligten Forschers beschriftet; nur er war Individuum, der Schädel war Material.

Nach dem Tode Luschans im Jahr 1924 tritt seine Sammlung eine Reise durch diverse pathologische und anthropologische Institute an. Die Schädel überdauern den Zweiten Weltkrieg, werden wiederentdeckt im Marstall des Berliner Stadtschlosses, ziehen später, nun in der DDR, ins Medizinhistorische Museum der Charité um, dort erreicht sie die deutsche Einheit, und als Jahre später aufgrund der Anfragen von Nachfahren endlich eine

Sensibilisierung einsetzt, werden die Schädel der Stiftung Preußischer Kulturbesitz übergeben, dort gesäubert und hergerichtet. So harren sie jetzt in artigen zartgrauen Schachteln der Dinge.

Sich ihrer eilends zu entledigen, ist es nun zu spät. Schädel und andere Gebeine müssen würdig rückerstattet werden, so verlangt es der neue Geist der Zeit; das erfordert Forschung, sie wird noch Jahre währen. Als hätten die Schädel nun uns in der Gewalt. Und niemand weiß, wo überall noch Gebeine in den Arsenalen liegen. Künftig soll darüber ein digitales Register Auskunft geben, als Hilfestellung für die Nachfahren von Opfern in aller Welt, die nach Gebeinen suchen.

Human remains als unser globales Schaufenster; man möchte sich abwenden.

Isaria Anael Meli hatte vor der Abreise nach Deutschland zu Hause Alkohol auf den Boden geschüttet, eine Geste für die Ahnen, damit sie eine schützende Hand über ihn halten während der Reise. Ein Ritus, der begreiflich macht, dass Isarias Mission von mehr handelt als von den Nachforschungen nach einem individuellen Schädel.

Der Suchende knüpft durch seine Tätigkeit an einem Band mit der Vergangenheit, einer zerrissenen Verbindung. Das ist eine heilende Geste, selbst wenn die Suche am Ende ohne ein materielles Ergebnis bleibt.

Kennen wir solche Gesten, können wir sie?

#Postkoloniale Globalisierung

In dem amerikanischen Actionfilm ›Black Panther‹ stürmt ein Kommando von Afrikanern in ein Museum, das dem British Museum in London verdächtig ähnlich sieht, die Angreifer zerschlagen das Glas einer Vitrine und bergen die Kunstobjekte ihrer Vorfahren. Eine Weile später erscheint eine Abordnung von Bewohnern der Osterinsel im echten British Museum, um eine zweieinhalb Meter hohe Basaltstatue zurückzufordern, ein dominierendes Exponat der Eingangshalle. Für die Indigenen der Osterinsel, die mit richtigem Namen Rapa Nui heißt, gehört die Statue zur Familie; eine Ahnenfigur, die sich missbräuchlich seit 1869 in England aufhält.

In welchem Zusammenhang stehen diese beiden Szenen? Hat das Fiktive das Reale ermuntert? Oder hat der Film nur dramaturgisch zugespitzt, was auf andere Weise längst geschieht? Jedenfalls handelt es sich um zwei verbundene Ereignisse, um zwei Knotenpunkte in einem unsichtbaren und von niemandem beherrschten Netzwerk, das über große Entfernungen immer mehr Beteiligte an den verschiedensten Orten der Welt in Beziehung setzt; Einzelne, Communitys, gelegentlich sogar Regierungen des globalen Südens.

Manche nennen dies eine postkoloniale Globalisierung. Womöglich ist der Begriff verfrüht, aber das schadet nicht, denn er benennt den Beginn von etwas Neuem, einem transkulturellen Prozess, kennzeichnend für das aufkommende nach-westliche Zeitalter.

Einige Jahre bevor die Abordnung von der Osterinsel im British Museum auftauchte, gelang es Indigenen aus Bolivien, eine zweitausend Jahre alte kleine Steinfigur von einem Museum in Bern zurückzubekommen. Ein Schweizer Forscher hatte diese Darstellung einer Gottheit früher angeblich für ein Glas Cognac erhandelt. Ihre Heimkehr wurde in Bolivien mit einer Parade begangen. Man erkennt hier ein Muster, das gleichfalls bei anderen Rückerstattungen sichtbar wird: Die geraubten oder unfair erhandelten Objekte haben für ihre Herkunftsgesellschaften eine ganz andere Bedeutung als für ihre zeitweiligen Wärter auf fremder Erde. Und es findet sich genau hier eine erste Antwort auf die Frage: Warum jetzt? Warum werden erst jetzt all diese Forderungen nach Rückerstattung von Entwendetem und nach Entschädigung für Erlittenes erhoben? Und warum mit so viel Zorn?

Weil sich die Bewertung geändert hat. Genauer gesagt: Weil Wertigkeiten wieder in ihr Recht gesetzt werden, moralische, spirituelle, materielle. Und weil sich immer mehr Communitys einer Unerträglichkeit bewusst werden, wie lange sie nämlich ihre Gottheiten, Schädel, Ahnenfiguren, ihr Kulturerbe und ebenso ihre Erinnerung an große Schmerzen in der Kälte gelassen haben, der Kälte falscher Orte, falscher Namen, der Kälte der Missachtung. Objekte heimzuholen ist Teil eines umfangreichen Prozesses von Selbstheilung und Selbstermächtigung, der je nach Kontext intellektuelle, identitäre oder politische Züge tragen kann.

Die Signale des neuen postkolonialen Erwachens verstärken einander gegenseitig – nicht nur weil sich alle im Echoraum des globalen Kommunikationsnetzes hören können, sondern weil sie sich parallel und zeitgleich auf verschiedenste Domänen beziehen: Kunstraub, Gebeine, koloniale Menschenrechtsvergehen, Sklaverei. Und noch eine andere Grenze ist durchbrochen worden: Das Kriterium, wie lange ein Unrecht zurückliegt, hat in jenem Moment seine einschüchternde Relevanz verloren, da sich das moralische Prinzip durchsetzt, dass kein Unrecht je vergangen ist, solange es nicht von seinen Verursachern anerkannt wird.

Dies alles zusammen macht den Wind aus, der um den Globus geht, eine neue Zeit, in der sich das Kräfteverhältnis politisch und moralisch zu Ungunsten der ehemaligen Kolonialmächte verschiebt, vor allem der europäischen Staaten und Gesellschaften. Wer sich unter diesen Umständen weigert, für die Vergangenheit Verantwortung zu übernehmen, spielt gegen die Zeit. Der Leiter einer Kommission, in der sich die fünfzehn karibischen Staaten zusammengetan haben, prophezeit: Die globale Bewegung für Reparationen werde die größte Gerechtigkeitsbewegung des 21. Jahrhunderts.

Und so geschehen nun seltsame Dinge. Britische Universitäten entdecken, dass sie in früheren Jahrhunderten von Sklavenhändlern mit großen Summen gefördert wurden, und legen als Wiedergutmachung Fonds für migrantische Studierende auf. Die Regierung in Kopenhagen bemerkt gleichfalls mit gehöriger Verspätung Dänemarks dunkle Rolle im Handel mit Versklavten und entschuldigt sich vorsichtshalber bei den Menschen in Ghana. Sind das nur Bemühungen, billig davonzukommen?

Solider wirken Brücken von Solidarität, die junge Europäer aus eigenem Antrieb zu den einst Kolonisierten schlagen. Etwa wenn sich Dozenten des Internationalen Rechts zu Fragen von Entschädigung vernetzen, um die Abwehrstrategien der betroffenen Regierungen mit juristischem Gegenwissen zu unterlaufen.

Nachholende, späte Gerechtigkeit zu verlangen, bleibt auch heute eine mühevolle Anstrengung, zumal wenn es um die großen Verbrechen geht, die noch bis zur Mitte des 20. Jahrhunderts geschahen. Die Weigerung des offiziellen Italiens, die Gräueltaten der Mussolini-Ära in der Kolonie Abessinien, nun Äthiopien, anzuerkennen, machte Francesca Melandri zum Gegenstand ihres Romans ›Alle, außer mir‹. Schonungslos bohrt sie sich in die Vergangenheit; Melandri erspart sich selbst und ihren Lesern nichts, nicht die sexuelle Gewalt, die alles durchzieht, nicht das Giftgas gegen abessinische Bäuerinnen.

Auch das offizielle Belgien kann einen klaren Blick auf die Millionen von Toten im Freistaat Kongo (1885–1908) noch nicht ertragen und verschanzt sich hinter einem aufwändig umdekorierten Kolonialmuseum mit sagenhaften hundertachtzigtausend Objekten, deren Transfer nach Kinshasa die Kongolesen bereits am ersten Tag der Unabhängigkeit verlangt hatten.

So lässt sich die postkoloniale Globalisierung auch als ein Nebeneinander vieler Bühnen beschreiben, auf denen im Ringen um die Zeitgeschichte die unterschiedlichsten Stücke aufgeführt werden. In der Londoner Downing Street sangen betagte Männer und Frauen aus Kenia Freiheitslieder aus den 1950er-Jahren. Es waren Veteranen der Mau-Mau-Bewegung, deren Widerstand die Briten grausamst niederschlugen, als das Ende der Kolonialzeit bereits am Horizont dämmerte. Die alten Leute, manche gingen am Stock, hatten nun Klage auf Entschädigung eingereicht: wegen Folter, Kastrationen und der Vergewaltigung von Frauen mit Behältern voll kochendem Wasser.

Solche Details zu nennen, ist furchtbar, vielleicht sollte ich darauf verzichten und mir selbst den Schmerz beim Schreiben ersparen. Aber wie die Autorin Melandri bin ich der Ansicht, junge Europäer von heute sollten wissen, wozu unser Kulturkreis fähig war – dort, wo die Wahrheit nackt ging.

Was die betagten Männer und Frauen betrifft, die in der Downing Street sangen: Die Verbrechen an ihnen waren aus Sicht des High Courts nicht verjährt. Um eine weitere Behandlung der Klage abzuwenden, lenkte die Regierung ein und gewährte fünftausend Mau-Mau-Veteranen eine bescheidene Entschädigung.

Was wäre, wenn nun alles auf den Tisch käme, alle offenen Rechnungen der kolonialen Epoche? Ein Gericht in Den Haag verurteilte den niederländischen Staat, weil seine Soldaten 1947 im indonesischen Unabhängigkeitskrieg einen großen Teil der männlichen Bevölkerung eines Dorfes exekutiert hatten. Dieses Massaker von Ragawedeh lässt sich nach Umständen und Opferzahl vergleichen mit dem Massaker von Oradour, vier Jahre vorher, 1943, auf französischem Boden durch die deutsche Waffen-SS begangen.

Wie setzen wir beides in Beziehung? Haben europäische und außereuropäische Tote dauerhaft einen unterschiedlichen Wert?

#Museum und Selbstbild

Ich genieße das unverdiente Glück, in der Nähe großer Museen zu wohnen, und obwohl ich mich mehr an ihnen vorbeibewege, als sie zu betreten, vermittelt ihr bloßes Da-Sein ein Behagen. Museen gehören zu unserer geistigen und seelischen Landschaft, zum bildungsbürgerlichen Selbstwertgefühl, wir spiegeln uns in ihnen, in ihrem Vorhandensein. Im Fall eines Krieges sollten sie verschont werden, zumindest evakuiert.

Museum bedeutet Zivilität. Ist es so?

Geraubt haben Menschen in allen Kriegen quer durch Kulturen und Epochen, und die Europäer haben auch mit dem, was sie untereinander raubten, ihre Schatzkammern gefüllt. Manches Gemälde trägt Spuren der Gewalt, nicht nur aus nationalsozialistischer Zeit.

Aber in keiner anderen historischen Konstellation wurden so massenhaft und systematisch Kunstwerke, rituelle Objekte und Statussymbole fremder Völker zusammengerafft wie in den Jahrhunderten europäischer Kolonialherrschaft – aus einem Beschaffungsgebiet, das von China bis Neuguinea reichte, vom Himalaya bis nach Java. Der afrikanische Kontinent südlich der Sahara ist am heftigsten betroffen, ein großer Teil seines materiellen Kulturerbes befindet sich in europäischen und amerikanischen Museen sowie bei privaten Sammlern reicher Länder.

Der Raub von Kulturgut sei kein marginaler Aspekt des Kolonialismus, sondern in seinem Herzen angesiedelt, schrieb die Kunsthistorikerin Bénédicte Savoy in einem

Bericht für den französischen Präsidenten. »Zerstörung und Sammeln sind zwei Seiten einer Medaille.«

Die Museen als Orte zu betrachten, wo die enge Verbindung von Kunst und Ethnologie mit Gewalt und Verbrechen deutlich wird, berührt einen Kern unseres Selbstbildes. Es stellt so vieles von dem infrage, was wir als aufgeklärtes, wissenschaftliches, gar humanistisches Interesse empfunden haben.

Von dieser Erschütterung handelt die geistige Krise, in die das Projekt Humboldt Forum geraten ist, als es mit außereuropäischen Exponaten deutsche Weltoffenheit bezeugen wollte.

Sammeln ist eine universelle Betätigung. Das Sammeln zur wissenschaftlichen Produktion von Wissen wurde hingegen spezifisch für die europäische Moderne. Wissen über andere zu haben und dem Anderen Namen zu geben – Orten, Landschaften, Insekten, Völkern –, ist ein integraler Bestandteil europäischen, weißen Lebensgefühls. Nicht zufällig finden sich die Worte »entdecken« und »erkunden« noch heute auf zahllosen Buchdeckeln und Reisekatalogen, und sei es, um den ausgetretensten Pfaden des Denkens und Reisens einen falschen Glanz zu verleihen.

Sammeln, auswerten, präsentieren war eine bevorzugte Kulturtechnik im Umgang mit den Kolonisierten. Deren Lebensäußerungen zu beschriften und in Kästen und Vitrinen zu stecken, zeugte vom europäischen Bedürfnis nach möglichst großer Distanz. Zugleich galt es nachgerade als Ausweis von Wissenschaftlichkeit, das Gegenüber nicht an der Erforschung seiner selbst zu beteiligen – so wie Insekten nicht an Insektenforschung beteiligt sind.

Der Vergleich ist nicht übermäßig polemisch, denn tatsächlich gingen die Methoden der Naturwissenschaft, wo Pflanzen, Tiere, Mineralien klassifiziert wurden, nun in die Untersuchung des Lebens fremder Völker ein, verliehen dieser neuartigen Disziplin gar erst wissenschaftliche Respektabilität. Und Massen von klassifizierbarem Material zu beschaffen, war durch die europäische Expansion ein Leichtes.

So etablierten sich die Völkerkundemuseen in der zweiten Hälfte des 19. Jahrhunderts an der Seite des Kolonialismus; das Berliner Museum wurde 1873 gegründet, kurz bevor Deutschland formell zur Kolonialmacht aufstieg. Und die Verantwortlichen der Museen schickten ihre Experten im Gefolge der Kolonialarmeen auf Feldzüge, die manchmal der Akquisition von Objekten mindestens ebenso dienten wie militärischen Absichten. 1897 notierte der Sammlungsleiter und Schädelsammler Felix von Luschan über eine bevorstehende Strafexpedition, die von einem seiner Studenten begleitet wurde: »Wir können großartige Dinge erwarten.«

Um der Sammelwut zu genügen, wurden neben den eigentlichen Forschern die verschiedensten Berufsgruppen einbezogen: Soldaten, Landvermesser, Händler, Siedler, Missionare, private Reisende. Für eine Ausstellung in Rom wies der Vatikan Priester an, sich möglichst vieler Objekte zu bemächtigen.

Der Ethnologe Claude Lévi-Strauss hat seine Zunft einmal »die Tochter einer Ära der Gewalt« genannt.

Am Beginn der europäischen Museen stand also schwerlich Zivilität. So wie in die Gründung britischer Universitäten Einkünfte aus der Sklaverei flossen, half das Unglück auf den Zuckerplantagen der Karibik, Kunstgenuss und Feinsinn im fernen England zu kultivieren. Wer sich auf das Studium dieser Zusammenhänge einlässt, sieht plötzlich abstoßende Züge der schönsten Institutionen.

Als Ethnien haben Weiße nie sich selbst betrachtet; Ethnien waren die anderen, vorzugsweise im globalen Süden, das hat sich bis heute im Sprachgebrauch gehalten, obwohl wir im Zeitalter der Genanalysen wissen, dass es Ethnien eigentlich so wenig gibt wie Rassen. Es sind Worte, um uns über wahrgenommene Unterschiede zu verständigen, und ihnen haftet immer noch ein fataler Hauch von Biologie an.

Die koloniale Ethnologie richtete ihr Interesse vor allem auf sogenannte Naturvölker: darunter wurden Bevölkerungen verstanden, die schriftlos und ohne staatliche Struktur in einer Art Urzustand lebten. An ihnen sollten die Gesetzmäßigkeiten der menschlichen Entwicklung studiert werden, denn die Naturvölker verkörperten nach damaliger Vorstellung jene niedere Stufe des Daseins, auf der sich in grauer Vorzeit gleichfalls die europäischen Kulturvölker befunden hatten.

Dieser Ansatz verwickelte die koloniale Ethnologie allerdings in ein seltsames Paradox. Die Objekte des Forschungsinteresses mussten wie in einer isolierten Kapsel der Zeitlosigkeit verharren – was sie natürlich nicht taten. Sie hatten es vorher nicht getan, und erst recht nicht angesichts der Umwälzungen durch die kolonialen Eindringlinge.

Unter dem Einfluss »des weißen Mannes«, klagte Felix von Luschan 1904, würden sich die Verhältnisse »fast vom

222

einen Tag zum anderen« verändern. »Da heißt es rasch zugreifen, ehe es hierzu für immer zu spät sein wird.«

Es galt also, der Wirkung des eigenen Tuns zuvorzukommen und eine Authentizität einzufangen, die an Ort und Stelle bereits im Vergehen war. Außerdem musste die Vorstellung von Ursprünglichkeit alle älteren nichteuropäischen Einflüsse ausblenden, in Ostafrika waren das von der Küste her Jahrhunderte der Begegnung mit der islamischen Zivilisation.

Derart in das vermeintlich Archaische, Unberührte vernarrt zu sein, wird als »Rettungsparadigma« der damaligen Ethnologie bezeichnet. Die erbeuteten Objekte aus dem Maji-Maji-Krieg sind dafür ein Beispiel. Überwiegend sind es traditionelle Waffen, und obwohl die Aufständischen außer mit Speeren auch mit Gewehren kämpften, kam nur ein hölzernes Spielzeuggewehr in die Sammlung. Inmitten eines brutal geführten Krieges musste die Fiktion vom Gegner als Naturkind gewahrt werden. Eine erbeutete Schale, die in arabischer Schrift eingravierte Koranverse zeigt, beschrifteten die Forscher mit der Erklärung »Zauberformeln«.

Während die Europäer glaubten, fremde magische Welten zu betrachten, waren sie in ihren eigenen Magien befangen.

Welcher Wissenskanon auf diese Weise produziert wurde, interessiert Forscher schon länger, doch erst heute dämmert auf, dass sich die Allgemeinheit diese Frage stellen muss. Wenn die Provenienz des kolonial Beschafften untersucht wird, also die Biografie von Kunstwerken und Ethnografica, dann richtet sich der Blick unweigerlich in den Spiegel. Wie steht es um die Provenienz und die Qualität europäischen Weltwissens?

Und auch wenn die Gegenseitigkeit der kolonialen Beziehungen für das hierarchische Denken der Zeit ein Tabu war: die Objekte erzählen davon. Sie erzählen beispielsweise vom Bedürfnis, sich der Statussymbole von Besiegten zu bemächtigen, ein Akt der Demütigung, der voraussetzt, das Gegenüber vorher als Gegner anerkannt zu haben. Der Säbel von Hadj Omar Tall wurde ein Jahrhundert lang im Pariser Armeemuseum präsentiert: Der Sufi-Führer gründete das letzte vorkoloniale Reich Westafrikas, später verlor er das militärische Kräftemessen mit den französischen Eroberern.

Seit Jahrzehnten forderten Omar Talls Nachfahren und Verehrer den Säbel zurück; erst heute können die Franzosen auf ihn verzichten.

#Chinoiserien

Es ist gewiss kein Zufall, dass ein französischer Präsident in der Debatte um Restitution vorgeprescht ist, ohne Rücksicht auf den Widerstand der Museen im eigenen Land und im übrigen Europa: Frankreich hat große wirtschaftliche und politische Interessen in Afrika, und sie geraten durch Chinas Vordringen ins Hintertreffen. Also wurde die neue Linie in einer Form verkündet, die dem afrikanischen Selbstbewusstsein schmeichelte, vor jungem Publikum an der Universität von Ouagadougou, der Hauptstadt Burkina Fasos.

Die Restitution berührt mithin nicht nur psychologische Verstrickungen, sondern die fortgesetzte Asymmetrie von Macht- und Wirtschaftsbeziehungen verleiht der Frage überhaupt erst ihre Bedeutung. Und ein prononcierter Schlussstrich unter die koloniale Vergangenheit auf kulturellem Gebiet mag durchaus neokolonialen Absichten auf anderen Feldern dienen.

Aber wie in der Geschichte von Hase und Igel ist China immer schon da, hat nun in Afrika bereits Museen gebaut, etwa in Dakar – das Geschenk eines großen leeren Museums, wohinein die Senegalesen außer ihrer modernen Kunst jene Objekte stellen werden, die sie von Frankreich in großer Zahl zurückerhalten möchten.

#Gewinn durch Verlust

Was können wir durch Abgeben gewinnen?

Was sagt es über uns, wenn es uns gelänge, tatsächlich alle Kunstwerke zurückzugeben, von denen Afrikaner und Afrikanerinnen mit gutem Grund annehmen, sie seien unrechtmäßig nach Europa gelangt?

Die Frage auf diese Weise zu stellen, führt auf die Gebiete des Rechts, der Kunstauffassung und der Psychologie, und jedes Mal treffen wir auf gedankliche Hierarchien, aus denen wir uns zum eigenen Nutzen befreien könnten.

Zunächst: Können rechtliche Prinzipien, die anderswo erdacht werden, für das Verhalten von Europäern bindend sein? Die Antwort der Kolonialzeit war ein klares Nein: Nicht-westliche Rechtsvorstellungen wurden der Mythologie oder dem Religiösen zugeordnet. Und noch heute wird in der Diskussion, ob ein Erwerb damals legal gewesen sei, oft ausschließlich unsere Vorstellung von Eigentum herangezogen.

Ob in den 1930er-Jahren einem bedrängten jüdischen Sammler Gemälde genommen wurden oder zur gleichen Zeit einem bedrängten kolonisierten Dorf seine Skulpturen: Unterschiedliche Formen des Besitzens machen eine Tat nicht weniger schändlich. 1907 gab der Reichstag eine Erhebung in Auftrag, die einheimisches Recht in den Kolonien zum Thema hatte. Europäer ahnten sehr wohl, dass es Unrecht war, wenn sie als unverkäuflich betrachtete sakrale Objekte von einem Einheimischen erwarben. Sie nahmen die Hehlerware gern, ähnlich wie es heute eine stille Komplizenschaft gibt, wenn korrupte Regierungen Rohstoffe zu Niedrigstpreisen feilbieten.

Der Starke lässt sich nicht auf Grundlage der Moral von Schwächeren verurteilen. Dieses Prinzip hat sich in den afrikanischen Objekten gewissermaßen verdinglicht und blickt uns aus ihren toten Augen an.

Guido Gryseels, der Leiter des belgischen Afrika-Museums, war so ehrlich einzuräumen, es wäre bis vor Kurzem für ihn unvorstellbar gewesen, »dass nicht die Afrikaner die Legitimität ihrer Forderungen beweisen sollen, sondern wir die Legitimität unserer Erwerbungen«. Obwohl die von ihm gehüteten Objekte dem Unrechtsuniversum des Kongo entstammen, wo selbst Kindern Hände abgehackt wurden, wenn sie nicht genug Kautschuk ablieferten.

Rechtsvorstellungen hatten auch die Indigenen, deren

Gebeine entwendet wurden, etwa australische Aborigines. Und wenn Objekte aus Holz oder Lehm nach rituellem Gebrauch dem Verfall überantwortet wurden, war es dann rechtens (oder gar eine gute Tat), sie zu »retten« und in eine europäische Vitrine zu stellen, wo sie nun ein öffentliches Leben führten, das ihre Erschaffer niemals bezweckt hatten?

Der Begriff von Eigentum, wie er sich aus römischen und später europäisch-nationalstaatlichen Rechtsordnungen entwickelt hat, ist nicht so universell, wie wir meinen. »Dinge sind nicht überall entweder das Eigentum eines Individuums oder eines Kollektivs«, schreibt die Ethnologin Larissa Förster. In einem Objekt können sich unterschiedlichste Ansprüche auf Miteigentümerschaft bündeln: Rechte an Mustern und Motiven, Rechte des Aufbewahrens, des Zeigens, ein Recht der Nachahmung, des Vererbens, des Veräußerns, gar des Zerstörens. Dimensionen, die mit einem kapitalistischen Eigentumsbegriff nicht zu fassen sind.

Vernetzte Ansprüche – klingt das nicht womöglich auch nach Zukunft?

Könnte aus einem großen europäischen Akt der Rückgabe ein neues Verständnis von Kulturerbe als universellem Gemeingut hervorgehen, mit vielen verschiedenen Zugängen? Gewiss – doch bevor Modelle von *sharing* und Zirkulation entwickelt werden, müssen die Werke zurückerstattet, ihre Rückgabe zumindest angeboten werden. Auf die Idee, *cultural heritage* für die gesamte Menschheit zu bewahren, kann man sich leicht einigen. Aber nicht alle verstehen darunter eine globalisierte Rotations-Kunst, die heute hier, morgen dort den Augen einer anonymen Masse präsentiert wird.

Lange Zeit waren Museen Orte, an denen gelernt wurde, dass es hohe und niedere Kulturen gibt: Europäische Kunst kam in die Kunstsammlung, außereuropäische ins Völkerkundemuseum. Manche sprechen heute von »Weltkunst«, analog zur Weltmusik, beides große Behältnisse für alles Nicht-Westliche. Wie bei den vermeintlich segregierten Stadtteilen, wo mehr Migranten leben als Langheimisch-Deutsche, hat das, wo wir nicht dabei sind, immer eine unsichtbare Gemeinsamkeit – das Nicht-Wir.

Ich hatte erwähnt, dass die koloniale Ethnologie ein Bild von Gesellschaften festgeschrieben hat, das schon zum damaligen Zeitpunkt veraltet war. Man kann dies als Verweigerung der Gleichzeitigkeit bezeichnen: Sie und wir lebten nicht im selben Zeitalter. Diese Annahme fand aus den Vitrinen den Weg in die Köpfe der Betrachter und prägt bis in die Gegenwart unsere Haltung zumindest gegenüber dem afrikanischen Menschen. In den Foyers heutiger Museen stehen nicht mehr die sogenannten Schaugruppen, in denen sich kaum bekleidete lebensgroße schwarze Figuren harmonisch zu Tier und Pflanze fügten. Aber etwas scheint im weißen Menschen zu rumoren und immer wieder ein Bedürfnis nach nackter schwarzer Haut zu wecken. Ob es der wohlgestaltete dunkle Oberkörper eines Tänzers auf einem Werbeplakat ist oder die hinfällige Gestalt einer Hungernden, die in einem angesehenen Magazin so abgebildet wird, dass der Blick als Erstes auf ihre Brustwarzen fällt.

Der Kolonialismus, schreibt Achille Mbembe, habe seine

überschießende Energie aus seiner Verbindung zu allen möglichen Triebregungen gezogen, »zu mehr oder weniger eingestandenen Wünschen und Begierden, die meist außerhalb des bewussten Ich der Beteiligten blieben«.

Die Vitrinen zu öffnen, könnte ein Signal an diese Begierden sein: Wir sehen euch, ihr seid nicht mehr unerkannt. Dies aber ist das Schwerste überhaupt: das eigene Begehren zu durchschauen. Die Rückgabe von Artefakten durch Staat oder Museen bliebe ein leerer bürokratischer Akt, wenn er nicht von der individuellen Beschau des Eigenen begleitet wird.

Ich erinnere mich, was ich einmal beim Betrachten malischer Dogon-Skulpturen empfand; sie drückten eine so starke Weiblichkeit und Mütterlichkeit aus, dass mich geradezu Schwäche überkam. Afrikanische Plastiken, die so kühn und derb, sinnlich und hintergründig sein können, zeigen uns vor allem, was wir nicht sind. Und was wir vielleicht durch die Kontrolle über die Objekte glaubten, als konkurrierende und verführerische Haltung zum Leben bannen zu können.

Wenn afrikanische Werke der kolonialen Epoche Europäer darstellen, sind es keine mächtigen Eroberer, sondern dünne, steife, kalkweiße Männlein.

Es war eine Zeit der geistigen Krise und des Selbstzweifels, als im frühen 20. Jahrhundert afrikanische Skulpturen in Europa erstmals als Kunst wahrgenommen wurden. Und es ist vielleicht kein Zufall, wenn nun, da sich Europa erneut in krisenhaften Zeiten fühlt, diese stummen Zeugen unserer Entwicklung die Heimreise antreten.

Ab etwa 1905 war eine Avantgarde von Künstlern und

Künstlerinnen offen für Inspirationen durch die sogenannte primitive Kunst. Pablo Picasso nannte die afrikanischen Skulpturen in seinem Atelier »eher Zeugen als Modelle«, was unterstreichen sollte: Die Plastiken hatten die
Entstehung des Kubismus begleitet, und nichts mehr!

Ohne Umschweife von afrikanischer Kunst zu sprechen
und sie als der europäischen gleichwertig zu behandeln,
das bedurfte der intellektuellen Radikalität des jüdischen
Literaten und Kunsttheoretikers Carl Einstein. Seine
Schrift ›Negerplastik‹ von 1915 machte die Skulpturen
zum Gegenstand eines künstlerischen Manifests statt
einer ethnologischen Betrachtung. Einstein, heute kaum
mehr bekannt, war ein ekstatischer und ruheloser Frei-
geist; er stellte sich in Berlin an die Seite von Rosa Luxemburg, kämpfte im Spanischen Bürgerkrieg mit den Anar-
chosyndikalisten gegen den Faschismus.

Manches, was erst heute in Diskursen über Rassismus
zum Allgemeingut wird, nahm Einstein vorweg. Seine
›Ethnologie du Blanc‹ zu schreiben, eine ethnologische
Betrachtung des Weißseins, vermochte er nicht mehr. 1940
nahm er sich auf der Flucht vor der Wehrmacht in den
Pyrenäen das Leben.

Wenn man die Kurve betrachtet, die (in der Sprache
seiner Zeit) von der ›Negerplastik‹ in die Pyrenäen führt,
wie setzt sie sich fort? Wo wird heute radikal Neues gedacht, ohne Kotau vor dem Zeitgeist und ohne kulturellen
Hochmut?

Die Kunstwerke abzugeben, könnte vielleicht eine Bar-
riere beseitigen. Befreiung also. Aber es ist eine Befreiung,
darüber muss man sich klar sein, die uns nicht einen defi-

nierten neuen Status beschert, sondern sie entlässt uns ins Ungewisse.

#Verknüpfungen

Als ich zum ersten Mal die Formulierung »der andere deutsche Genozid« las, es war in einer amerikanischen Zeitung, stockte mir der Atem.

So richtig es ist, den Versuch der Ausrottung von Herero und Nama als Völkermord zu bezeichnen: Wenn das getan ist, trifft einen die emotionale Wucht dieser Aussage. Zwei deutsche Genozide, das kann man nicht einfach so dahinsagen. Zwei solche Exzesse im Abstand von kaum mehr als drei Jahrzehnten, das reißt den Abgrund wieder auf, über den sich im Hinblick auf den Judenmord die besänftigende Routine der Erinnerungspolitik gelegt hat. Ein Abstand von nur dreißig Jahren verweist auch darauf, wie relativ die Taktung der Erinnerung ist: die Kolonialverbrechen hinter dem Gebirge an Zeit vergangen, das Gedenken an die Shoah offiziell wachgehalten.

Beide Geschehnisse zueinander in Beziehung zu setzen, das verleiht der Frage, welchen Ort wir dem Kolonialismus im Gedächtnis geben wollen, eine besondere Schärfe. Unter Historikern bestehen dazu zwei Sichtweisen. Manche sehen eine Kontinuität völkisch motivierter Gewalt: Die Shoah sei die extrem radikalisierte Variante eines Verhaltens, das bereits im kolonialen Kontext praktiziert wurde. Kritiker halten dem entgegen: Beim Judenmord habe die Absicht der Vernichtung von vorneherein bestanden, während der koloniale Krieg zunächst auf Unterwerfung zielte und sich erst später zur Vernichtungsabsicht gesteigert habe.

Auch ohne eine Kontinuität, gar einen historischen Automatismus zu unterstellen, gibt es zweifelsohne Verknüpfungen.

Seit der Vernichtung der europäischen Juden gilt das Lager als Ort extremster Entmenschlichung. Konzentrationslager, unter diesem Namen, richtete bereits die koloniale Herrschaft ein, zunächst die britische, dann die deutsche. In den KZs für Hereros wurde erstmals Zwangsarbeit eingeführt, obwohl es keine Vernichtungslager waren. Mit jedweden Lagern ist verbunden, dass ihre Insassen als schädliche oder überflüssige Wesen betrachtet werden, und das Beispiel der Herero mag lehren, wie leicht die Grenze zur Ausmerzung überschritten werden kann, werden Menschen erst einmal derart definiert.

Wenn man die Phase vom Ersten Weltkrieg zum aufsteigenden Nationalsozialismus betrachtet, fällt der blanke Rassismus auf, der sich durch bürgerliche und sogar sozialdemokratische Milieus bis zu den extrem Völkischen zog.

Max Weber notierte im September 1917, an der Westfront stünden afrikanische und asiatische Wilde, ein Haufen Diebe und Lumpen; damit meinte der Soziologe die nicht-europäischen Soldaten bei den britischen und französischen Streitkräften. Nach Kriegsende folgte der Aufruhr gegen die »schwarze Schande«, die afrikanischen Einheiten bei den französischen Regimentern im besetzten Rheinland. Reichspräsident Friedrich Ebert nannte »die

Verwendung farbiger Truppen niederster Kultur als Aufseher über eine Bevölkerung von der hohen geistigen und wirtschaftlichen Bedeutung der Rheinländer eine herausfordernde Verletzung der Gesetze europäischer Zivilisation«. Adolf Hitler spitzte diese Stimmung dann antisemitisch zu: Die Stationierung von Schwarzen werde von Juden betrieben, um die weiße Rasse zu zersetzen.

Gemeinsam ist diesen politischen Milieus der Glaube an die absolute Überlegenheit der eigenen Zivilisation, die wahlweise als Kultur oder als Rasse verstanden wird. In Gestalt des Kolonialpioniers Carl Peters, Pastorensohn, Doktor der Philosophie und Schopenhauer-Fan, zeigte sich bereits im späten 19. Jahrhundert, wie verschwistert der Judenhass mit der Verachtung von Schwarzen war. Peters sei ein »grimmiger Arier, der alle Juden vertilgen will und in Ermangelung von Juden drüben in Afrika Neger totschießt wie Spatzen«, polemisierte 1899 der ›Vorwärts‹. Hannah Arendt stellte später heraus, wie koloniale Ereignisse im südlichen Afrika die Entstehung eines »modernen Rassenantisemitismus« förderten; den Buren sei jeder Jude wie ein »weißer Neger« erschienen.

Kolonialoffiziere mit Rasse-Ideologie gehörten nicht zufällig zum Rückgrat des rechten Widerstands gegen die Weimarer Republik. General Paul von Lettow-Vorbeck, dessen vierjähriger egomanischer Krieg um die Kolonie Ostafrika vermutlich siebenhunderttausend Zivilisten das Leben kostete, marschierte im März 1919 mit dem Rest seiner Schutztruppe umjubelt durch das Brandenburger Tor; ein Jahr später beteiligte er sich am Kapp-Putsch gegen die junge Republik. Das Lettow-Hemd der Schutztruppenuniform avancierte farblich abgedunkelt zum Braunhemd der SA.

›Heia Safari‹ nannte der apostrophierte Löwe von Afrika seine Kolonialkriegserinnerungen für die Jugend; die Nazis stellten das Buch in jede Schulbücherei. Heute kann man khakifarbige T-Shirts mit original Heia-Safari-Illustration im Netz bestellen.

Die erschreckende Heiterkeit, die den Namen dieses völkischen Offiziers so lange umwehte, ist vielleicht die banalste Antwort auf die Frage, ob die Unfähigkeit zu trauern bereits 1918/19 zu beobachten war. Den späten, nachholenden deutschen Kolonialismus hatte eine unheilvolle Kombination von Schwäche und Gewalttätigkeit charakterisiert. Als die Kolonien verloren waren, wurden sie für die durchschnittlichen Deutschen von damals fast wichtiger als zuvor, ein Sehnsuchtsort, auf den eine vermeintlich verratene Nation ihre Größe und ihr Heldentum projizierte.

Die Weigerung, die eigenen Verbrechen anzusehen und deren Opfern das Menschsein zuzugestehen, ebnete den Weg zu vielem, was folgte.

7

Shoah, Einwanderung und neue Ethik

Wie blickt ein Deutschland, das immer vielfältiger wird, auf die Shoah – auf ein Geschehen, das sich als Vernichtung jeglicher Vielfalt beschreiben lässt?

Wer sich dieser Frage nähert, dem ergeht es wie beim Öffnen einer dieser Matrjoschkas, russischer Holzfiguren, aus denen sich weitere Figuren herausschälen, die vorher nicht zu sehen waren. Wenn wir den Begriff Nation nicht völkisch definieren, können sich historische Verpflichtungen nicht auf ein ethnisches Deutschsein beschränken. Aber wird eine Einwanderin zur Deutschen, wenn sie Auschwitz besucht? Ist sie womöglich erst dann richtig deutsch, wenn sie sich schämt, eine Deutsche zu sein? Worin liegt für jemanden, dessen Vorfahren nicht die deutsche (Täter-)Geschichte teilen, die Attraktivität eines Bekenntnisses zu Israel? Und wie passt zu all dem, dass durch Zuwanderer eine neue Art von Jüdischsein entstanden ist?

Sicher ist nur eines: Wir befinden uns gegenwärtig an einem historischen Wendepunkt. Eine lautstarke Minderheit von alteingesessenen Deutschen will aus der Shoah nichts mehr ableiten, weder Scham noch Verantwortung. Auf der anderen Seite veranlasst der gesellschaftliche

Druck von rechts Menschen mit Migrationshintergrund, sich neu zum Holocaust zu positionieren, auch aus dem Gefühl eigener Gefährdung heraus.

Und dadurch geschieht etwas Erstaunliches: Migranten verändern unser aller Sicht auf die Vergangenheit, sie machen uns mit nicht-weißen Perspektiven vertraut und zwingen uns zu neuem Nachdenken. Wie deutsch war die Shoah, wie universell ist ihre Lehre?

#Neue Jüdischkeit

Kein anderes Milieu in Deutschland hat sich durch Einwanderung so sehr verändert wie das Judentum.

Mehr als neunzig Prozent der zweihunderttausend deutschen Juden und Jüdinnen sind Migranten der ersten oder zweiten Generation. Und nur noch die Hälfte ist Mitglied einer Gemeinde. Jede und jeder Zweite ist also gar nicht mehr beheimatet in einer Struktur, die mit dem Zentralrat der Juden an der Spitze das gewohnte Gegenüber von Politik und Mehrheitsgesellschaft darstellt.

Die Zugewanderten, vor allem aus der ehemaligen Sowjetunion, doch auch von anderswo, haben nicht nur die Zahl der Juden verzehnfacht, sondern sie haben durch ihre mittlerweile erwachsenen Kinder jüdisches Leben in einer Vielfalt etabliert, wie es sie nach der Shoah nicht mehr gegeben hatte. Um zu verstehen, welche politischen Folgen damit einhergehen, muss man noch einmal auf die Zeit nach 1945 zurückblicken.

Als ich die künstliche Homogenität der Nachkriegsgesellschaft schilderte, habe ich die kleine Zahl von Jüdinnen und Juden unerwähnt gelassen, die sich nach der Shoah entschlossen, in Deutschland zu bleiben; es waren Überlebende und *displaced persons*, vor allem aus Osteuropa. Dass sie sich im Land der Täter einrichteten, wurde von den internationalen jüdischen Organisationen keineswegs gutgeheißen. So entstand eine isolierte Gemeinde, die zu den Entwicklungen im Judentum anderswo lange wenig Kontakt hatte.

Was die DDR betrifft, so kehrten schon früh Juden in die damalige Sowjetische Besatzungszone zurück, in der Hoffnung, dort werde sich ein anderes Deutschland verwirklichen lassen. Manche streiften ihr Jüdischsein später ab wie eine für den Sozialismus allzu bürgerliche Haut; andere flohen in den Westen. Dort stellten die Alliierten ab 1949 mit dem aufkommenden Kalten Krieg ihre Entnazifizierungspolitik ein; die Juden verloren dadurch ihren wichtigsten Verbündeten. Sie blieben quasi mit der Bundesregierung allein – traumatisiert, abgekapselt, von der Gesellschaft gemieden oder gehasst.

Richard C. Schneider, der 1957 in München als Sohn ungarischer Shoah-Überlebender geboren wurde und später viele Jahre für das deutsche Fernsehen aus Israel berichtete, erinnert sich, wie es Juden noch in den späten 1960er-Jahren erging: »Wenn wir aus der Synagoge kamen, wurden wir angestarrt wie exotische Tiere.«

Den Sprechern der Gemeinden, meist Juden deutscher Herkunft, oblag die Aufgabe, mit der Mehrheitsgesellschaft zu kommunizieren. Und während die meisten NS-Täter straffrei davonkamen, wurden die jüdischen Gemeinden allein aufgrund ihrer leibhaftigen Existenz allmählich zum Beweis deutscher Läuterung. Über die Jahre entstand eine Art Rollenspiel; die kleine Zahl an Juden wurde so herausgestellt, als seien sie symbolischer Ersatz für die Ausgelöschten; im Gegenzug genießen die jüdischen Repräsentanten einen Status im öffentlichen Leben und eine Medienresonanz, wie sie anderen Minderheiten, obwohl größer, nicht zukommt. Es entstand jene ritualisierte Erinnerungskultur mit zeremoniellen Begegnungen und vorhersehbaren Reden, für die der Soziologe Y. Michal Bodemann den Begriff Gedächtnistheater prägte.

Die Ankunft von zweihundertzwanzigtausend meist russischsprachigen Juden in den 1990er-Jahren stellte vieles auf den Kopf. Als ich damals ein Porträt der Berliner Gemeinde schreiben wollte, fand ich mich in einem Tumult wieder, der Züge eines Machtkampfes trug, denn tatsächlich verloren die eingesessenen bürgerlich-deutschen Juden ihre Monopolstellung. Viele empfanden die Ankömmlinge als Zumutung: In der früheren Sowjetunion waren sie Juden gewesen, nun wurden sie »Russen«, zumal wenn sie keine jüdische Mutter vorweisen konnten (was aus orthodoxer Sicht zum Judesein nötig ist) und obendrein mit religiösen Gebräuchen wenig vertraut waren.

Etwas Entscheidendes entging mir damals allerdings: Die Ankömmlinge passten nicht in das Bild, das sich der deutsche Blick vom Juden zu machen pflegt, nämlich Opfer zu sein respektive Nachfahre von Opfern. Die russischsprachigen Juden sahen sich vielmehr als Nachkommen derer, die gegen den Faschismus gekämpft hatten. Wir haben Auschwitz befreit, sagten sie zueinander, wir wurden nicht befreit. Wenn ein Kind der »Kontis«, der Kontingentflüchtlinge, in der Schule beim Thema Nationalsozialismus erwähnte, der Opa sei General der Roten Armee gewesen, schwieg die Lehrerin irritiert.

Tatsächlich hat eine halbe Million jüdischer Soldaten gegen die Wehrmacht gekämpft, und entsetzlich viele von ihnen ließen dabei ihr Leben. Das Ausmaß jüdischer Beteiligung wurde mir sinnlich erst bei einem Besuch in Usbekistan bewusst, als zentralasiatische Sowjetrepublik im Zweiten Weltkrieg Heimat Zehntausender jüdischer Rotarmisten. In Buchara, wo sich Juden bereits in vorchristlicher Zeit angesiedelt hatten, stand ich am Eingang des jüdischen Friedhofs vor hohen Tafeln, auf denen die Namen der Gefallenen verzeichnet waren.

Erst heute, da die Kinder der Einwanderer aus den 1990er-Jahren erwachsen sind, werden die Umwälzungen vollends sichtbar, die das deutsche Judentum durch Migration erfahren hat. Die neue Vielfalt entspringt verschiedensten Herkünften. Frustriert von der Politik im eigenen Land zogen zwanzigtausend junge Israelis nach Berlin; sie brachten eine stabile jüdische Identität mit und gehen der überalterten Gemeinde eher aus dem Weg. Arabische und äthiopische Juden melden sich mit nicht-eurozentrischen Sichtweisen zu Wort; Nachkommen von DDR-Juden rufen links-jüdische Traditionen in Erinnerung; Studenten sorgen für internationale Impulse und machten ein Studienwerk zum Denklabor, wo neue Selbstdefinitionen erprobt werden. Die junge Generation »hat sich selbst empowert, sucht nach positiver jüdischer Identität und strotzt vor Selbstbewusstsein«, meint Benjamin Fischer, der als Sohn einer tunesischstämmigen Israelin und eines deutschen Konvertiten ein Beispiel für das neue Mosaik der Herkünfte ist.

Und manche Migranten haben Familienangehörige, die deutschen Boden nicht betreten wollen; eine Erinnerung an den jüdischen Hass auf Deutschland, den die Deutschen lieber verdrängten.

Die Shoah tragen auch die Jüngeren wie einen Hall in ihren Körpern. Aber sie wollen sich von der Vergangenheit nicht eine Rolle aufzwingen lassen, wollen keine Symbolfiguren sein, in denen sich die Bedürfnisse der deutschen Öffentlichkeit spiegeln, sondern reklamieren radikale Individualität, in ihren Ansichten, Lebensentwürfen, sexuellen Orientierungen.

Die Sorge der eingesessenen jüdischen Institutionen, keinen Dissens an die Öffentlichkeit dringen zu lassen und die Wagenburg geschlossen zu halten, wirkt da wie aus einer anderen Zeit. Das sei eine »Dominanzkultur«, kritisiert die Philosophin Hannah Peaceman, sie verhindere Demokratie und Vielfalt. Peaceman, die sich als jüdische Atheistin bezeichnet, nimmt die USA zum Vorbild, wo es eine jüdische Zivilgesellschaft gibt, die für feministische und antirassistische Anliegen Partei ergreift. Juden sollten für ein »neues Wir« eintreten, das alle von Ausgrenzung bedrohten Minderheiten umfasst sowie deren Verbündete. Sich dem Schmerz der anderen öffnen, nennt Peaceman das; empathische Solidarität.

Als der Präsident des Zentralrats eine Obergrenze für die Aufnahme von Flüchtlingen forderte, war der Augenblick gekommen, da Peaceman und andere ein Forum für Widerspruch brauchten. Sie nannten die Zeitschrift ›Jalta‹ nach einer talmudischen Frauengestalt, das weibliche Element ist stark vertreten bei der Suche nach dem, was die Herausgeberinnen »Positionen zur jüdischen Gegenwart« nennen. Für die Gegenwart und im Plural sprechen, das ist eine Zäsur, quasi das Ende einer jüdischen Nachkriegsordnung. Denn es wird nun eine seit 1945 bestehende Zweiteilung beendet: hier der verborgene innerjüdische Diskurs, dort die strategische Ansprache der Mehrheitsgesellschaft. Stattdessen: Dissens sichtbar machen und ohne Angst verschieden sein.

Offen auch darüber sprechen, dass es Rassismus unter Juden gebe und Homophobie in Gemeinden. Und nicht aus Angst vor Antisemitismus schweigen, als einem jüdischen Idol, dem Holocaust-Überlebenden und Friedensnobelpreisträger Elie Wiesel, sexuelle Übergriffe vorgeworfen wurden.

Ist die deutsche Gesellschaft reif genug für ein solches Judentum?

#Desintegration

Einwanderung hat Wirkungen, die vorher nicht absehbar sind und sich staatlicher Planbarkeit entziehen. Denn es kommen eben keine Ströme, sondern viele Einzelne, sie treffen Entscheidungen über ihr Leben und verändern dadurch in der Summe ihre Umwelt, auf eine unbeabsichtigte und schwer zu prognostizierende Weise. Die jüdische Einwanderung ist davon keine Ausnahme.

241

Als sich die Regierung des eben erst geeinten Deutschlands entschloss, den Juden der vormaligen Sowjetunion Einreise und Einbürgerung anzubieten, spielten natürlich politische Erwägungen eine Rolle. Das neue größere Deutschland, das sich nun wieder Nation nannte, erschien manchen Nachbarn bedrohlich; ihnen signalisierte die privilegierte Aufnahme von Juden, dass die Deutschen sich ihrer Geschichte weiter bewusst seien. Zwei, drei Jahrzehnte später hat sich die Szenerie verändert: Eine lautstarke Minderheit von Deutschen will aus dem Holocaust nichts mehr ableiten; zugleich bringt die neue jüdische Vielfalt radikale Kritiker hervor, die für eine historische Entlastung nicht mehr zur Verfügung stehen wollen.

»Juden spielen eine immense Rolle, um das Selbstbild der geläuterten Deutschen zu ermöglichen. Sie sollten von diesem Tisch aufstehen und sagen: Wir machen nicht mehr mit«, schreibt der Politikwissenschaftler und Lyriker Max Czollek. Die junge Generation sei nicht mehr angewiesen auf die Anerkennung durch eine deutsche Dominanzkultur. »Juden und Jüdinnen bilden keine Gemeinschaft, weder religiös noch ethnisch. Und sie sind vielfältiger, als es ihre öffentliche Brauchbarkeit zulässt.«

Das ist eine Kampfansage, nicht nur an die ritualisierte Erinnerungspolitik, sondern auch an ein jüdisches Establishment, das in diesem Arrangement seinen Platz gefunden hat und keinen Einspruch erhebt, wenn wieder einmal die christlich-jüdische Tradition des Abendlands beschworen wird.

Dabei ist diese Tradition eine Erfindung, eine Konstruktion aus der Zeit nach 1945, und dem Bedürfnis geschuldet, den Holocaust als einen Unfall betrachten zu können, einen gigantischen Fehltritt, und nicht als furchtbares Scheitern aller jüdischen Bemühungen um Assimilation. Almút Shulamit Bruckstein Coruh, Professorin für jüdische Philosophie, nennt die erfundene Tradition spöttisch »ein Lieblingskind der traumatisierten Deutschen«.

Die jüdisch-christliche Geschichte war über weite Strecken von Ausgrenzung und Antisemitismus gekennzeichnet, und wenn sie heute als eine Kulturverwandtschaft gegen den Islam in Stellung gebracht wird, tut dies den historischen Tatsachen Gewalt an. Eine Leidenszeit von der Art, wie sie die Juden des Abendlands allein vom späten 11. bis zum Ende des 15. Jahrhunderts durchmachen mussten, suche man im islamischen Raum vergebens, schreibt der jüdische Historiker Micha Brumlik.

Im 19. Jahrhundert hatten sich Juden in Deutschland ganz ähnlicher Vorwürfe zu erwehren wie heute Muslime: die Halacha, das jüdische Recht, sei unvereinbar mit den Werten der Mehrheitsgesellschaft und verhindere Integration. Lange wurden deutsche Juden auch mit dem Orient assoziiert, sie galten als »südländische« Bevölkerungsgruppe. An den Universitäten wurden jüdische Religion und Kultur sowie Hebräisch meist als Bestandteil von Orientalistik und Semitistik gelehrt; erst nach 1945 etablierten sich Judaistik-Institute eigenständig an philosophischen Fakultäten, auch der jüdisch-christliche Dialog begann erst nach der Shoah.

Heutige Kulturkämpfe werfen über die Vergangenheit ein Muster damals unbekannter Abgrenzungen. Die Europäer des 18. und 19. Jahrhunderts waren beispielweise mit orientalisierenden Bauformen und Dekorationen viel vertrauter als gegenwärtige Zeitgenossen. Auch Synagogen wurden zuweilen in einem neoislamischen Stil errichtet, daran erinnert die vergoldete Kuppel der Neuen Synagoge in Berlin, 1866 eingeweiht; ein Element zeitgenössischer Mode, aber auch ein Zeichen von Selbstbewusstsein, wurde doch damit die orientalische Herkunft des Judentums betont. Später verzichtete man auf derart exotische Attribute aus Angst, weiterer Ausgrenzung Vorschub zu leisten.

Wenn sich junge Juden heute als eine Minderheit im Kreis anderer Minderheiten betrachten, ziehen sie damit eine Schlussfolgerung aus der früheren jüdischen Erfahrung in Deutschland. Das Projekt deutsch-jüdische Symbiose wird für beendet erklärt. »Desintegriert euch!«, ruft der Autor Max Czollek: Das sei der jüdische Beitrag zu einer radikalen Diversität der Gesellschaft, und die sei der beste Schutz vor neovölkischen Versuchungen. Nicht-Assimilation als Antifaschismus.

#Der Anwalt

Auf Onur Özata wurde ich aufmerksam durch ein Foto, das mich berührte. Das Bild war in Israel aufgenommen worden, in einer Wohnung in Haifa, und es zeigte den türkischstämmigen Anwalt neben zwei sehr alten Menschen, einem jüdischen Ehepaar, beide über neunzig; sie waren Überlebende des Konzentrationslagers Stutthof. Die kleine alte Dame schien sich leicht an den Mann aus

Deutschland zu lehnen, er strahlte Stärke und Lebensfreude aus und etwas Beschützendes.

Özata, 1983 in Westberlin geboren, vertrat das betagte
israelische Paar als Nebenkläger im Prozess gegen zwei
einstige SS-Wachmänner, die in Stutthof Dienst getan hatten. Der Anwalt war auch in anderen NS-Verfahren als Bei-
stand von Überlebenden der Lager tätig. In einem seiner
Plädoyers las ich den Satz: »Wir, die nachfolgenden Generationen, dürfen und werden nicht vergessen ...« Es erschien mir bemerkenswert, dass sich ein Sohn türkischer
Einwanderer derart in die deutsche Geschichte stellt, in
eine freiwillig gewählte Nachkommenschaft. Wir trafen
uns in seiner Kanzlei.

Die Formulierung sei keine Rhetorik, erklärte Özata.
»Ich bin Teil von dem, was hier ist. Und ich will den Holocaust nicht abwehren, so habe ich schon während meiner
Schulzeit empfunden. Wir haben damals zwei Konzentrationslager besucht.« Kann man eine solche Haltung von
allen Migranten erwarten? Özata zögerte. »Für mich gehört es zu meiner Identität, aber das lässt sich nicht einfor-
dern.«

Eine Jugend im bürgerlichen Berlin-Wilmersdorf, beide
Elternteile hatten studiert, waren nominell Muslime, nicht
praktizierend. Für Özata ist Religion Privatsache, kein
Thema für unser Gespräch. Der Vater, Slawist, kam das
erste Mal Anfang der 1960er-Jahre in die Bundesrepublik,
zur Promotion. Er fühlte sich gut behandelt, noch gab es
das Stigma Gastarbeiter nicht. Als er 1980 wiederkehrte,
fliehend vor der wachsenden Intoleranz, die den damaligen Militärputsch begleitete, war alles anders. Özata zeigte

mir Gedichte, die sein Vater schrieb, es waren zornige Schreie von einem, der sich nie zugehörig fühlte.

Sein Sohn unterrichtet nun angehende Polizeibeamte in Menschenrechten – das ist ein großer Sprung, aber es wird daraus keine glatte Erzählung. Auch Özata kennt die Nadelstiche von Alltagsrassismus, und er reagiert sensibel, wenn wieder einmal Ressentiments in der Öffentlichkeit hochschießen und sein Gefühl, dass hier doch »Heimat« sei, zu zersetzen drohen. Da ist ein Unbehagen, das immer mitschwingt, leise im Hintergrund. »Ich spiegele meine Situation manchmal im Schicksal der Juden. Morgen kann jemand kommen und sagen: Du gehörst nicht zu uns.«

Der Satz könnte überzogen wirken, wenn man nicht einbezieht, dass Özata auch Opferanwalt im Prozess gegen den NSU war, den Nationalsozialistischen Untergrund. Über Jahre blickte er in den Abgrund an Gleichgültigkeit gegenüber den vorwiegend türkischen Mordopfern. Und er weiß, wie wenig wirklich aufgeklärt wurde von den rechtsextremen Netzwerken, weil der Verfassungsschutz verstrickt war und Akten vernichtet wurden. Gibt es da nicht vielleicht einen Bogen von der früheren Strafvereitelung der deutschen Justiz gegenüber NS-Tätern zur hintertriebenen Aufklärung im Fall der heutigen Nazis?

Irgendwann versteht man, dass es doch ein schmaler Grat ist, auf dem sich der Anwalt bewegt.

Von Deutschen, die nichts mehr vom Holocaust wissen wollen, hört er: Der Türke macht Deutschland schlecht. Seine jüdischen Mandanten haben keine Vorbehalte. Und sie verstehen, warum der Anwalt, der in einem Plädoyer einmal Thomas Manns Diktum von »der kranken Lust« zitierte, die so viele aus der gebildeten Elite zu Tätern machte, auch über die Gegenwart spricht, über die neue Gefahr von Nationalismus, Antisemitismus, Rassenhass – und ja, auch von Islamfeindlichkeit, sie gehört dazu.

Es gibt noch einen weiteren Kreuzungspunkt zwischen Vergangenheit und Gegenwart. Özata hat als Opferbeistand in einem Auschwitz-Prozess an einer Wende der Rechtsgeschichte mitgewirkt. Lange hatte das Prinzip gegolten, KZ-Wärtern müssten konkrete Einzeltaten nachgewiesen werden, um sie verurteilen zu können. Vom Landgericht Lüneburg wurde diese Praxis beendet; ein SS-Wachmann aus Auschwitz wurde wegen Beihilfe zum Mord in mehr als dreihunderttausend Fällen verurteilt. Der Bundesgerichtshof bestätigte später den Grundsatz: Wer in Auschwitz mittat, war schuldig.

Hat sich die veränderte Haltung jetzt durchgesetzt, weil die allermeisten Täter verstorben sind und es die Gesellschaft nichts mehr kostet? Oder weil wir heute mit größerer Sensibilität auf die Taten blicken? Ich möchte gern daran glauben, dass es keine zufällige Koinzidenz ist, wenn diese späten Lernprozesse zu einem Zeitpunkt stattfinden, da Menschen wie Özata Verantwortung für eine Geschichte übernehmen, die streng genommen nicht die ihre ist, aber die sie vor einem weiteren Horizont als ihre eigene verstehen.

Bevor ich die Kanzlei verließ, schrieb mir der Anwalt eine Widmung in ein Buch, das den Lüneburger Prozess dokumentiert. Er vertrat dabei einen Ungarn, der als Kind nach Auschwitz deportiert wurde. Der Überlebende wagte es nicht, seinen vollen Namen öffentlich zu machen, aus Angst vor dem heutigen Antisemitismus in Ungarn.

#Der weiße Sieg

In Dakar, der Hauptstadt des Senegal, erinnert an prominenter Stelle auf dem Platz der Unabhängigkeit eine Inschrift an die Gefallenen des Zweiten Weltkriegs. »Unseren Toten die Anerkennung des Vaterlandes.« Das ist die Handschrift von Léopold Sédar Senghor, dem ersten Präsidenten des Landes; er war Europa zugetan – und er verbrachte zwanzig Monate in deutscher Kriegsgefangenschaft.

Ein solcher Hinweis wirkt irritierend, denn wir haben uns angewöhnt, den Zweiten Weltkrieg eurozentrisch verengt zu betrachten. Doch war der Krieg im Wortsinn ein globales Ereignis, er riss vom Maghreb bis nach Polynesien ganze Bevölkerungen in sein Geschehen hinein, als leidende Zivilisten ebenso wie als militärisch Rekrutierte. Auf britischer Seite stammte jeder zweite Soldat aus den Kolonien, sechs Millionen Menschen, viele davon Inder. Unter französischem Kommando stand eine Million Afrikaner.

Dennoch sehen wir auf den Bildern vom Krieg in der Regel nur Weiße: Russen, Briten, Franzosen, hellhäutige Amerikaner. Als hätten wir nur ihnen die Befreiung vom Nationalsozialismus zu verdanken.

Japan und Deutschland würden in der Geschichtsschreibung trotz ihrer Niederlage zu den Siegern gehören, schreibt der kamerunische Politologe Kum'a Ndumbe, weil sie »als Menschen gleichen Ranges« wahrgenommen werden. Die eigentlichen Verlierer seien jene, deren Taten spurenlos aus der Geschichte herausfielen, als hätten sie als Kriegsbeteiligte nie existiert.

Frantz Fanon, der später als postkolonialer Denker bekannt wurde, meldete sich mit siebzehn Jahren auf Martinique (damals französische Kolonie) sogar freiwillig; er schiffte sich 1942 ein, um mit dem Freien Frankreich gegen den Faschismus zu kämpfen. Schon in Marokko erlebte er, wie der Rassismus die Kombattanten des Fortschritts unterteilte. Schwarze Soldaten aus Afrika mussten in Zelten schlafen und trugen statt der Feldmütze ein Fez-ähnliches rotes Käppi. Hellhäutigere Soldaten von den Antillen wie Fanon durften ins Quartier der Franzosen.

Später, aus dem Elsass, schrieb er seiner Mutter zutiefst desillusioniert: »Ich habe mich geirrt.« Er sei einem Ideal von Freiheit gefolgt, aber nichts rechtfertige, sich zum Verteidiger der Interessen des Kolonialherrn zu machen. Wenn er fallen würde, beschwor er die Mutter, »sag niemals: Er ist für die gute Sache gestorben«.

Das war die Gegenposition zu Senghor, dem Europafreund, der die Toten so prominent ehrte.

Als die Alliierten im August 1944 an der südfranzösischen Küste landeten – das Pendant zur Invasion in der Normandie –, waren auf französischer Seite hundertzwanzigtausend afrikanische Soldaten beteiligt. Ein Großteil der Truppen des Freien Frankreichs von General Charles de Gaulle stammte aus den Kolonien, Muslime aus Mali und dem Senegal, aus Algerien, Tunesien, Marokko. Es war diese »Armée d'Afrique«, die den Franzosen später das historische Gefühl vermittelte, sich im Zweiten Weltkrieg selbst befreit zu haben. Doch eine »Armee universeller Menschenrechte«, wie Frankreich sie beim Gedenken an die Landung gern beschwört, hat nie existiert.

Vier Monate nachdem die sogenannten Helden der Provence das Ansehen Frankreichs gerettet hatten, geschah etwas, das bis heute aus afrikanischer Sicht den großen Betrug symbolisiert: das Massaker von Thiaroye.

In ein Lager dieses Namens nahe Dakar wurden im Dezember 1944 mehr als tausend afrikanische Kriegsheimkehrer eingewiesen, um auf ausstehenden Sold und versprochene Tapferkeitsprämien zu warten. Lange hingehalten von französischen Offizieren griffen sie schließlich zum Mittel der Rebellion, erzwangen Verhandlungen, feierten schon den Erfolg. In derselben Nacht umstellten französische Panzer das Lager, richteten ein Blutbad mit Hunderten von Toten an.

Thiaroye ist heute eine gesichtslose Vorstadt am Meer, nahezu eingeholt von der wuchernden Metropole Dakar. Ein Ort, wo junge Männer und manchmal Frauen in schüttere Pirogen steigen, in der Hoffnung, Europas Küsten zu erreichen. Gibt es eine schmerzlichere Vorstellung als diese: dass die Enkel der vergessenen Befreier nicht einmal aus Seenot gerettet werden, wenn ihre Boote kentern?

Ich habe noch nicht erwähnt, warum Frankreich die afrikanischen Soldaten Ende 1944 bereits zurück in die Kolonien befördert hatte. Schwarze sollten nicht im befreiten Paris einmarschieren. Das Wetter dort sei für sie nicht bekömmlich, sagte de Gaulle.

Der Sieg war weiß, auch für die USA. Mehr als eine Million Afroamerikaner kämpften in den US-Truppen. Auf den Fotos von der Befreiung der Konzentrationslager Buchenwald und Dachau sind schwarze Soldaten nicht zu sehen, obwohl sie dabei waren. Der GI, der in der Besatzungszeit Rudi Richardson zeugte, das *brown baby*, durfte sein Bier nicht in derselben Bar trinken wie ein weißer GI, und er musste mitansehen, wie Amerikaner deutsche Kriegsgefangene würdevoller behandelten als Menschen wie ihn.

Der afroamerikanische Schriftsteller Ralph Ellison, der bei der Handelsmarine seinen Wehrdienst leistete, machte aus der schwarzen Kriegserfahrung Literatur. Ellison wurde berühmt durch sein späteres Hauptwerk ›Invisible Man‹, in dem er die Unsichtbarkeit zu einer bis heute gültigen Chiffre für das Nicht-Gesehen-Werden rassistisch Diskriminierter machte. »Die Unsichtbarkeit, die ich meine, ist die Folge einer eigenartigen Anlage der Augen derer, mit denen ich in Berührung komme, des Baus ihrer inneren Augen ...«

Gleich nach dem Krieg schrieb Ellison eine Erzählung über einen schwarzen US-Piloten, der in deutsche Gefangenschaft gerät. Nach Kriegsrecht ist er als ranghöchster Offizier der designierte Sprecher seiner amerikanischen Mithäftlinge, und die sind ausschließlich weiß. Es entwickelt sich ein dramatischer Konflikt, der für den Piloten umso schwerer wiegt, da er weiß, »dass, sobald der Friede unterzeichnet wäre, der deutsche Lagerleiter in die Vereinigten Staaten auswandern und sogleich in den Genuss von Freiheiten kommen konnte, die selbst den heroischsten schwarzen Soldaten verweigert wurden«.

Als sie heimkehrten, gab es für sie keine Medaillen, sondern rassisch segregierte Busse und Parkbänke.

»Die Nationen, die gegen den Nationalsozialismus gekämpft hatten, waren noch viele Jahre nach Kriegsende von der rassischen Minderwertigkeit der Schwarzen überzeugt«, schreibt der jüdisch-amerikanische Historiker George L. Mosse, »und sie schienen nicht zu erkennen, dass jeglicher Rassismus – ob er nun auf Schwarze oder auf Juden zielte – aus demselben Stoff war.«

#Übersehene Verflechtungen

Die deutsche Öffentlichkeit neigt dazu, den Antisemitismus in einem leeren Raum anzusiedeln, wo er strahlt wie ein dunkler Solitär des Bösen. Nichts ist ihm nahe, nichts darf ihm nahekommen, als hätte er keine ideologische Verwandtschaft.

Vergleichbar ächtend ist allenfalls der Vorwurf der Kinderschändung, und in beiden Fällen verweist die Radikalität der Ausgrenzung auf das verdrängte Eigene, auf einen schmuddeligen Untergrund der guten Gesellschaft.

Tatsächlich ist gegen Antisemitismus ebenso wie gegen Rassismus niemand gefeit – wie könnte es anders sein? Für die Älteren waren antisemitische Elemente noch Bestandteil ihrer Erziehung, und Jüngeren unterlaufen zum Beispiel beim Thema Finanzkapitalismus verschwörungstheoretische Sprachbilder, deren judenfeindlichen Hintergrund sie nicht erkennen, sofern sie ihn nicht gar billigen.

Seitdem sich jedoch jegliche Kritik an Israels Besetzung der palästinensischen Gebiete dem Vorwurf des Antisemitismus ausgesetzt sieht, ist es noch leichter geworden, vom

Eigenen abzulenken. Muslime, nicht nur palästinensische, stehen unter Generalverdacht. Und da Rassismus und Antisemitismus nicht als wesensähnlich begriffen werden, empfinden sich die Vertreter des weißen Mainstreams, also die Nachfahren der Tätergenerationen, als beste Verteidiger der Juden.

Ich hatte am Beispiel des Kolonialpioniers Carl Peters erwähnt, wie verschwistert in der Vergangenheit der Judenhass mit der Verachtung von Schwarzen war. Herausragende Vertreter von rassisch Diskriminierten oder kolonial Unterdrückten haben sich wiederum durchaus mit dem Schicksal von Juden identifiziert. Frantz Fanon schrieb 1952: »Der Antisemitismus trifft mich mitten ins Fleisch (...), ich kann mich von dem Schicksal nicht lossagen, das meinem Bruder bereitet wird.« Er zitierte einen Rat seines Philosophieprofessors, wie Fanon selbst von den Antillen stammend: »Wenn Sie hören, dass man schlecht über die Juden redet, dann spitzen Sie die Ohren, man spricht von Ihnen.«

Der Historiker George L. Mosse bezeichnete die Shoah denn auch als »Höhepunkt des Rassismus«.

Geschichtlich waren Antisemitismus und Rassismus zunächst getrennte Phänomene, doch weist die christliche Judenfeindlichkeit schon früh Anzeichen dessen auf, was sich später ideologisch verschlingen wird. Im Mittelalter und der frühen Neuzeit traf die Juden eine Art religiöse Farbmarkierung; sie wurden als schwarz und als rot bezeichnet, Synonyme für Sündhaftigkeit und Hinterhältigkeit. Zur Zeit der Reconquista, der christlichen Wiedereroberung der Iberischen Halbinsel im 15. Jahrhundert, entstand bereits die Vorstellung einer *limpieza de sangre*, einer Reinheit des Bluts; sie wurde von sogenannten Altchristen beansprucht, zur Abgrenzung von Christen mit jüdischen oder muslimischen Vorfahren.

Welche Bedeutung Antisemitismus für andere Rassismen hat, ist heute erneut zu einer brennenden Frage der Antisemitismusforschung geworden. Und dazu gehört, inwiefern Juden als weiß betrachtet wurden und werden.

Die Entwicklungen in den USA sind dafür besonders interessant, weil hier zwei große Minderheiten betroffen sind: einerseits die Afroamerikaner als klassisch Diskriminierte, andererseits sechs Millionen Juden, annähernd so viele, wie in Israel leben.

Eine Allianz von Schwarzen und Juden begann zu Beginn des 20. Jahrhunderts, als beide Gruppen derselben Brutalität von New Yorker Polizisten ausgesetzt waren – oft irische Einwanderer, die darum kämpfen mussten, als weiß zu gelten, und sich später durch wahlloses Erschießen von Schwarzen hervortaten. Nun waren sie zusätzlich hinter Menschen her, die ihrer Ansicht nach jüdisch aussahen.

Eine gemeinsame Bedrohung war gleichfalls der Ku-Klux-Klan. Er entstand im 19. Jahrhundert in den Südstaaten als Terrorgruppe gegen Schwarze und erlebte 1915 eine Wiedergeburt als nationale Massenorganisation gegen alle, die nicht zur Idee einer weißen Vorherrschaft passten; dazu zählten für den Klan, dessen Mitgliedschaft in die Millionen ging, nun explizit auch jüdische Einwanderer.

Vor diesem Hintergrund erklärt sich, dass die aufkommende schwarze Bürgerrechtsbewegung lange ein Bündnis mit Juden pflegte und eine progressive jüdische Elite eine Rolle im Kampf der Afroamerikaner spielte. Manche Schwarze identifizierten sich sogar nach der Shoah mit jüdischem Schicksal. Martin Luther King begrüßte deshalb die Gründung des Staates Israel, und James Baldwin schrieb 1963: »Weiße waren und sind überrascht vom Holocaust. Sie haben nicht gewusst, dass sie zu so was imstande sind. Aber ich bezweifle stark, dass Schwarze überrascht waren – zumindest auf dieselbe Weise. (...) Mir wurde natürlich hoch und heilig versichert, was mit den Juden in Deutschland passiert sei, könne mit den Schwarzen in Amerika nicht passieren, doch resigniert dachte ich mir, dass die deutschen Juden vermutlich ähnlichen Ratgebern geglaubt hatten ...«

1967, als Israel die palästinensische Westbank besetzte, kam es zum Bruch; afroamerikanische Aktivisten fühlten sich nun den bedrängten Palästinensern näher.

Zu diesem Zeitpunkt waren Juden von der Mehrheit der Amerikaner als weiß akzeptiert worden. Herbert Hill, ein afroamerikanischer Gewerkschaftsaktivist, schrieb rückblickend: »Sie hatten sich so erfolgreich in einer Gesellschaft assimiliert, die scharf durch den Rassegedanken geteilt war, dass sie sich selbst als weiß ansahen ...«

Die Erinnerung an die einstige Verbundenheit schien dann auch lange wie ausgelöscht. Für viele Schwarze seien Juden keine Minderheit, notierte der Autor Ta-Nehisi Coates. »Wir sehen sie als Weiße, und als solche sind sie mit der Macht und dem sozialen Kapital ausgestattet, das mit Weißsein eben einhergeht.« Die Notiz stammt von

2012, und seither hat sich das Blatt erneut gewendet. Wiederum entstehen Allianzen, wenngleich fragile: gegen einen erstarkenden weißen Rechtsextremismus, so antisemitisch wie rassistisch, ein Ku-Klux-Klan des 21. Jahrhunderts.

Vielleicht wird man im Nachhinein den Anschlag auf die Lebensbaum-Synagoge in Pittsburgh als Wendepunkt begreifen. Der Attentäter, der an einem Sabbatmorgen elf Betende erschoss, hatte das Mordmotiv in den sozialen Medien zuvor klar benannt: seine Wut auf die jüdische Flüchtlingsorganisation HIAS.

Das Kürzel bedeutet Hebrew Immigrant Aid Society; 1881 gegründet, stand HIAS zunächst den frühen jüdischen Einwanderern bei, dann den Holocaust-Flüchtlingen und heute Asylsuchenden jeglicher Religion und Herkunft. »Wir helfen Flüchtlingen nicht mehr, weil sie Juden sind, sondern wir helfen, weil wir Juden sind«, sagt der Vorsitzende Mark Hetfield. Es dürfe nicht in Vergessenheit geraten, dass die gesamte internationale Flüchtlingshilfe »aus der Asche des Holocausts« entstanden sei. Deshalb hätten Juden eine besondere Verpflichtung, dieses System zu beschützen und Flüchtende willkommen zu heißen.

Auf diese Haltung zielte der Attentäter.

Nach den Pittsburgh-Morden appellierten eine Vertreterin der liberalen Jewish Voice for Peace und ein bekannter schwarzer protestantischer Prediger gemeinsam an ihre Communitys: Steht zusammen – gegen *White Supremacy*, Rassismus und Antisemitismus! Ich fand den Appell bemerkenswert, weil er sich Worten bediente, die Martin Luther King ein halbes Jahrhundert früher geäußert hatte, als in einer Kirche in Birmingham vier junge Mädchen durch die Bombe eines Rassisten starben. »Wir dürfen nicht nur an den denken, der den Mord beging, sondern an das System, den Lebensstil, die Philosophie, die den Mörder hervorbrachte.« Die Ideologie der *White Supremacy* reicht bis in höchste Kreise, so war es damals, so ist es heute, wenngleich anders als damals.

Gruppen wie Jewish Voice for Peace repräsentieren nicht die Mehrheit amerikanischer Juden. Aber ich nahm von einer Begegnung in New York den Eindruck mit, hier gebe es einen Grundakkord, der auch Deutschland guttäte. Thema des Abends war Islamfeindlichkeit, auf dem Podium saßen Jüdinnen und Musliminnen, im Publikum noch ein paar mehr Religionen sowie Einwanderer vieler Herkünfte. Die jüdischen Vertreter schienen aus dem Geist zu handeln, dass sie die gesellschaftlich Stärkeren sind und anderen deshalb die Hand reichen können; zugleich empfanden sie ihre Stärke als anfechtbar genug, um Gemeinsamkeiten mit verletzlicheren Minderheiten spüren zu können.

Später las ich einen Text mit dem Titel »Glauben amerikanische Juden immer noch, sie seien weiß?«. Der Autor war Ishmael Reed, Jahrgang 1938, afroamerikanischer Schriftsteller, Satiriker und ein Veteran in allem, was schwarz-jüdische Beziehungen betrifft. Er mokierte sich darüber, dass Juden überrascht seien, wenn Rassisten auf sie schießen. Dann ließ er den Spott beiseite: Es sei Zeit für eine neue Allianz von Schwarzen und Juden. Er schrieb das im jüdischen Online-Magazin ›Tablet‹. Und er fügte hinzu: Die USA waren nie eine weiße Nation und sie werden es niemals sein.

War das ein Rat, sich auf die richtige Seite zu stellen?

257

#Komplizenschaft

Ein Vergleich ist keine Gleichsetzung. Es bedeutet nicht, das Gewicht der Shoah zu minimieren, wenn man Bezüge zu kolonialen Verbrechen herstellt, insbesondere was Mitwisserschaft und Mitverantwortung betrifft. Jean-Paul Sartre zog einen solchen Vergleich 1956, zwei Jahre nach Beginn des Algerienkrieges, in dem Frankreich mit äußerster Brutalität das algerische Streben nach Unabhängigkeit aufzuhalten suchte. Sartre erinnerte daran, wie die französische Öffentlichkeit zuvor den Umgang mit den nationalsozialistischen Verbrechen verurteilt hatte.

»1945 haben wir all die falschen Naivitäten, die Ausflüchte und Unaufrichtigkeiten, das Schweigen und die Komplizenschaft als Kollektivverantwortung angesehen. Wir haben den Deutschen das Recht abgesprochen, zu behaupten, dass sie nichts von den Lagern gewusst hätten. ›Ach was!‹, sagten wir. ›Sie wussten alles!‹ Und wir hatten Recht: Sie wussten alles. Erst heute können wir etwas verstehen: Denn auch wir wissen alles.«

#Die Traumata der anderen

Potočari ist ein Dorf im Osten von Bosnien-Herzegowina, wenige Kilometer von der Stadt Srebrenica entfernt. Auf sommerlich grünem Grund stehen schlanke weiße Grabsteine aus Marmor in endlos wirkenden Reihen. Es war gleichfalls Sommer, ein heißer Juli im Jahr 1995, als hier innerhalb von drei Tagen mehr als achttausend muslimische Männer und Jungen exekutiert wurden. Das Massaker von Srebrenica; internationale Gerichte klassifizierten die bosnische Tragödie als Völkermord.

Armin Begić war ein Jahr alt, als er mit seiner Mutter nach Deutschland kam; sie waren Hals über Kopf geflohen, nachdem ein serbischer Nachbar sie vor einem bevorstehenden Pogrom gewarnt hatte – ein Serbe, also einer von der feindlichen Seite; das würde den Jungen später beschäftigen. Früh interessiert er sich für Verbrechen und ethnische Säuberungen in verschiedenen Teilen der Welt, sieht als 13-Jähriger den Film ›Hotel Ruanda‹ und denkt an Bosnien. Er sieht und fühlt Zusammenhänge.

Aber als in der Schule der Holocaust durchgenommen wird, fragt niemand nach den Traumata der bosnischen Schüler im Klassenzimmer. Er spricht den Lehrer darauf an und erhält die Auskunft, dafür sei im Lehrplan keine Zeit. Rückblickend meint er, vermutlich hätten sich die Lehrer selbst zu unsicher gefühlt, um neben dem Judenmord über einen anderen Genozid sprechen zu können.

Begić hat Islamische Theologie studiert; ein selbstbewusster junger Mann, der oft zwischen den Stühlen sitzt, weil er zugleich fromm und liberal ist. Bei konservativen Muslimen eckt er mit seiner Haltung zu Genderfragen an, zugleich ist sein Gespür für religiöse Diskriminierung stets hellwach. Und es steht für ihn außer Zweifel, dass der Mangel an Interesse und Empathie für die Tragödie von Srebrenica seine tiefere Ursache darin hat, dass die Opfer Muslime waren.

Wir sprechen darüber, was Schulen besser machen

könnten. Wenn verschiedenste Großverbrechen im Unterricht zusammen betrachtet würden, käme dann nicht die Darstellung der Ursachen zu kurz, etwa die Geschichte des Antisemitismus? Begić entgegnet: »Es sind immer Menschen verantwortlich, nicht Ideologien oder Religionen.« Dann berichtet er mir von seinen Gesprächen mit jesidischen Frauen im Irak; sie hatten Schlimmstes durch die Schergen des Islamischen Staates erlitten und versicherten dem Besucher dennoch, nicht der Islam sei schuld.

Begić hält mittlerweile selbst Vorträge an Schulen, in einem Programm zur Prävention von Gewalt und Extremismus. Dafür werden beispielsweise Klassen ausgewählt, wo muslimische Schüler Hass auf Juden äußerten. Begić zeigt dann zum Einstieg das filmische Porträt eines jungen Bosniers, der durch eine Vergewaltigung auf die Welt kam, und wie er als Heranwachsender versuchte, damit seinen Frieden zu machen. Durch die Identifikation mit einem solchen Opfer falle es muslimischen Jugendlichen leichter, darüber nachzudenken, woher der Hass auf Gruppen von Menschen rührt und wie man ihm begegnet, bei sich selbst und bei anderen.

Zu der Fallgeschichte von Armin Begić ließen sich viele weitere hinzufügen, Geschichten mit konstruktiven und weniger konstruktiven Verläufen. Die Traumata der anderen sind unter uns, sie sitzen auf Schulbänken und in Hörsälen. Wir könnten sie als nicht-weiße Traumata bezeichnen, was nichts mit der Hautfarbe der Betroffenen zu tun hat. Sie befinden sich nur außerhalb jenes Rahmens von Exklusivität, den wir um die Opfer der Shoah gezogen haben.

Die Kinder syrischer Flüchtlinge haben das Schreckliche, was sie erlebten, tief in ihren Herzen vergraben; sie tun es darin ihren Eltern gleich, die ebenfalls häufig nicht sprechen können. Das Schweigen von Opfern und das Schweigen von Tätern hat verschiedene Ursachen, aber manchmal ähnliche Wirkungen auf die Nachkommen. Bei den Überlebenden des Holocaust hat die Unfähigkeit, über das Erlittene zu sprechen, den Kindern und Enkeln in vielen Fällen »den Eindruck eines furchtbaren, unheimlichen und angsteinflößenden Tabus« vermittelt, schreibt der Historiker Micha Brumlik.

Das Schuldgefühl, überlebt zu haben, kann es nicht auch den syrischen Jungen quälen, der sah, wie seine kleine Schwester vor Lesbos im Meer versank?

#Das Eigene

Gleis 17 im Bahnhof Berlin-Grunewald ist ein stiller Ort. Fünfzigtausend Juden deportierte die Deutsche Reichsbahn von hier; fünfunddreißig Züge fuhren nach Auschwitz. Die Zahlen nehmen mich nicht mehr so gefangen wie früher. Aber das Haus da – ein Wohnhaus nah am Gleis, Fachwerkstruktur, das stand damals schon. Was tat man in einem Haus, neben dem Tag für Tag Menschen in Güterwaggons abtransportiert wurden? Zog man die Gardinen zu?

Die erste Gedenkfeier, die hier in den 1950er-Jahren stattfand, wurde von der Westberliner Polizei gestört, weil die Veranstalter, Verfolgte des Nazi-Regimes, als Kommu-

nisten galten. Derartiges ist heute nicht mehr vorstellbar –
aber da kommen wir her. Die alteingesessenen Deutschen
haben Jahrzehnte gebraucht, um allein diesem Ort eine
würdige Gestalt zu geben, einem Ort, der von einem Verbrechen der Nähe spricht.

#Israel revisited

Es war in den frühen 1990er-Jahren, als ich mit einer kleinen Gruppe von Deutschen nach Jerusalem eingeladen
wurde. Zum ersten Mal hielt die Gedenkstätte Yad Vashem
ein Seminar über die Shoah in deutscher Sprache ab, das
war eine Zäsur, und ich empfand es als Auszeichnung,
dabei sein zu dürfen. In diesen ersten Jahren nach der
Deutschen Einheit hatte ich berührende Begegnungen mit
osteuropäischen Überlebenden gehabt, sogenannten vergessenen Opfern, die auf der falschen Seite des Eisernen
Vorhangs gelebt hatten und nun alt und mittellos darum
rangen, von Deutschland eine kleine Rente als späte Entschädigung zu erhalten. Sie empfingen mich mit bestür-
zender Freundlichkeit.

Dies war nun mein erster Aufenthalt in Israel, und ich
sah keinen Grund, mit dem Land zu hadern. Viele hofften
zu der Zeit auf eine Friedenslösung mit den Palästinensern, die Vereinbarung von Oslo stand vor der Tür.

Ein Vierteljahrhundert später reise ich wie durch ein an-
deres Land. Oder sehe ich nun anders? In der besetzten
Westbank erweckt das ausgefeilte System von Siedlungen,
Sicherheitszonen, Checkpoints und militärischen Sperrge-

bieten den Eindruck, die Aneignung habe sich verewigt. Und so soll es wohl sein; junge Israelis wissen kaum, wo aus Sicht der übrigen Welt die legitimen Grenzen des Landes verlaufen.

In einem Dorf deutet ein palästinensischer Bauer auf eine Brachlandschaft, die sein Olivenhain war, alter Familienbesitz, dreihundert Bäume, von der Besatzungsmacht unter einem Vorwand mit der Motorsäge niedergemäht. Ein Unrecht, das sich nicht durch ein historisches Framing kleiner machen lässt.

Wie würde ich Israel sehen, wenn ich Palästinenserin wäre? Diese Frage habe ich mir vor einem Vierteljahrhundert nicht gestellt. Würde ich die Israelis hassen? Einige, alle? Und würde es mir gelingen, zwischen Israelis und Juden zu unterscheiden?

Wir urteilen in Deutschland gerne über den Hass anderer, ohne selbst gelitten zu haben. Und wir schneiden uns ein Passepartout der israelischen Staatsgründung zurecht, in dem nur die Shoah Platz hat. Die Vertreibung der Palästinenser ist ein historischer Kollateralschaden, außerhalb unserer Zuständigkeit, jenseits unseres Mitgefühls. Warum fällt es uns so schwer zu dulden, dass Menschen, die nicht unsere Tätergeschichte teilen, anders auf Israel blicken? Das betrifft keineswegs nur die Palästinenser. Aus Sicht des globalen Südens weist das israelische Besatzungsregime Gemeinsamkeiten mit früheren Formen von Siedlerkolonialismus auf, etwa im südlichen Afrika.

Die Ansicht, wegen der Shoah könne sich Israel über Konventionen des Völkerrechts hinwegsetzen, empfinde ich als bedrückendes Missverständnis. Aus Auschwitz gar eine Verbundenheit mit israelischer Regierungspolitik abzuleiten, ist vollends problematisch geworden in einer Zeit, da es Israel an die Seite rechtsautoritärer europäischer Führungen zieht. Die Soziologin Eva Illouz fürchtet, ihr Land werde zum Vorbild von Nationen, die Zuwanderung ablehnen, die Überlegenheit einer ethnischen Gruppe behaupten, aber dennoch das Etikett Demokratie beanspruchen.

In Jerusalem treffe ich einen ehemaligen Diplomaten, ein betagter Mann, Nachkomme deutscher Holocaust-Flüchtlinge. Er spricht von der Trauer seiner Generation angesichts dessen, was aus Israel geworden sei. »Meine Regierung manipuliert die Angst vor Antisemitismus«, sagt er. »Das Gewicht der kollektiven Erinnerung an den Holocaust verliert sich, auch in Israel. Wir haben die Zeit verschwendet, die uns gegeben war.« Er erbittet sich für solche Sätze den Schutz der Anonymität.

Die verschwendete Zeit hat auch dieses Gesicht: Zwischen Mittelmeer und Jordan leben heute etwa gleich viele Juden und Nicht-Juden unter israelischer Kontrolle (je etwa sechseinhalb Millionen). Ohne eine Zwei-Staaten-Lösung wird Israel absehbar zu einem Staat mit jüdischer Minderheit oder gar zu einer jüdischen Diktatur. Aus dem Holocaust folgt, dass es eine sichere Heimstatt für Juden geben muss. Doch wie der israelische Schriftsteller David Grossman sagt: »Solange die Palästinenser kein Zuhause haben, werden auch die Israelis keines haben.«

Wir müssen lernen, von all dem zu sprechen. Nicht allein weil wir eine Einwanderungsgesellschaft sind, aber auch deshalb. Wir müssen sprechen von der einzigartigen

Beziehung, die wir als Herkunftsdeutsche zu Israel haben, weil der Holocaust einzigartig war, aber auch davon, dass diese Bindung etwas Tragisches hat und es so lange behalten wird, wie Israel Völkerrecht flagrant verletzt.

Die Zeit, da hier Gastarbeiter lebten, die sich um deutsche Geschichtspolitik nicht weiter sorgten, ist lange vorbei. Es entsteht eine multikulturelle Intelligenz, Einwanderer werden Lehrer, Professoren, Journalisten, sie schreiben Bücher, auch Geschichtsbücher. Und wer ernsthaft Zugang zur historischen Identität Deutschlands sucht, wird sich kaum in jenes abgetragene, floskelhafte Bekenntnis zu Israel integrieren mögen, das den offiziellen Diskurs beherrscht. Warum auch?

Als Einwanderungsland ist Deutschland in dieser Hinsicht besonders schwierig, und zwar keineswegs nur für Zuwanderer aus Ländern, die Israel als Feind betrachten. Auch für eine Inderin ist Deutschland nicht wie Kanada. Denn es gibt da ein Dickicht aus psychisch Ererbtem, Abgewehrtem und Überkompensiertem, das für uns selbst schwer durchschaubar ist und wofür Israel vielleicht nur eine Chiffre ist.

Nicht wegen arabischer Zuwanderer wäre es also an der Zeit, die palästinensische Erzählung über Israel ohne Vorurteil anzuhören. Sondern damit wir aufhören, uns durch ein unreflektiertes Bekenntnis zu Israel Entlastung zu verschaffen. Immer mehr Deutsche meinen, es habe in der eigenen Familie keine Täter gegeben. Die Schuld hat sich abstrahiert, in eine luftige Höhe ohne Namen, und für dieses Abstrakte gibt es die Beziehung zu Israel.

Für die Sensibleren unter denen, die neu zu uns kommen, ist das sehr durchschaubar. Sie spüren das diffuse Unbehagen, das Unverdaute und zuweilen eine seltsame Kälte gegenüber den einstigen Opfern. Und wenn Kinder mit und ohne Migrationshintergrund auf dem Schulhof heute »Jude« als Schimpfwort benutzen, ist das möglicherweise ein Reflex darauf, dass viele Deutsche das Wort Jude noch immer nicht ohne Verkrampfung sprechen können.

In meiner Generation haben wir das Schweigen unserer Eltern attackiert, aber in den allermeisten Fällen nicht aufbrechen können. Wir haben Mutmaßungen über sie angestellt, aber sie nicht verstanden, weil sie uns nichts zum Verstehen an die Hand gaben. Wir haben die Eltern auf dem Sterbebett gesehen, während sie immer noch geschwiegen haben, und über die Zeit hatten sie sogar den Umstand ihres Schweigens vergessen. Sie hatten sich gegenüber der Vergangenheit »fremd gestellt«, wie Christa Wolf es einmal nannte.

Da wartet immer noch etwas. Da gibt es ein großes Nichtgetanes, und das lässt sich nicht Israel aufbürden.

#Wie weiß ist Israel?

In den 1970er-Jahren entstand in Israel eine Bewegung, die sich Black Panthers nannte. Jüdische Einwanderer aus arabischen Ländern fühlten sich damals so benachteiligt, dass sie sich mit Afroamerikanern verglichen. Auf ihren Demonstrationen schwenkten sie schwarze Fahnen, es gab heftige Zusammenstöße mit der Polizei, Verhaftungen und Hungerstreiks. Der Aufstand richtete sich gegen die privilegierte Stellung der europäischen, der aschkenasischen Israelis – und gegen ihren Rassismus.

Unser Bild von Israel ist bis heute reichlich weiß. Aus deutscher Perspektive ist Israel der Zufluchtsort von Menschen, welche die Gräuel der Shoah in Europa erlebt haben. Tatsächlich haben europäische Juden die Geschicke Israels seit seiner Gründung bestimmt, doch die Mehrheit der Israelis ist längst anderer Herkunft. Einwanderer aus Asien und Afrika und ihre Kinder machen mehr als die Hälfte der jüdischen Bevölkerung aus. Hinzu kommen die alteingesessenen palästinensischen Staatsbürger, sie stellen etwa ein Fünftel der Israelis.

Für Europa ein Bollwerk sein und dessen Kultur gegen die Barbaren verteidigen, mit diesen Worten warb Theodor Herzl 1896 für die Idee des Judenstaats. Das war der Geist der Zeit, der kolonialen Ära. Doch auch ein halbes Jahrhundert später brachten die Staatsgründer noch Europas Dünkel in die neue Heimat. Der erste Premierminister David Ben-Gurion, aus Polen stammend, beschrieb die Struktur des frühen Israel so: Die europäischen aschkenasischen Juden stünden als eine hohe Rasse an der Spitze des Volkes, daneben gebe es eine niedere Rasse der orientalischen Juden. Später bereute er diese Äußerungen, schreibt sein Biograf Tom Segev.

Auf die Juden Osteuropas hatte eine kleine jüdische Elite in Berlin und Wien früher eher herabgesehen, doch durch die Staatsgründung änderten sich die Rollen. Nun waren sie alle Europäer – und die Ostler, hebräisch Mizrachim, waren die arabischen Juden. Sie galten als ungebildet und zur Handarbeit berufen; man siedelte sie in der Negev-Wüste an, die es zu begrünen galt. Der Kulturwissen-schaftler Sami Shalom Chetrit, 1960 in Marokko geboren, Verfasser eines Buches mit dem Titel ›Intra-Jewish Conflict in Israel: White Jews, Black Jews‹, wies einmal spöttisch darauf hin, sein Vater sei Französisch-Professor in Casa-blanca gewesen, während Ben Gurions Vater in Polen ge-brauchte Klamotten verkauft habe.

Die soziale Kluft entlang ethnischer Linien ist heut-zutage unter den jüdischen Israelis wesentlich geringer geworden. Die arabischstämmigen Mizrachim sind eine große, wichtige Wählergruppe, erfolgreich von der politi-schen Rechten umworben, ähnlich wie die Einwanderer aus der ehemaligen Sowjetunion, die immerhin fünfzehn Prozent der jüdischen Staatsbürger ausmachen.

Die politische Linke hätte auch deshalb an Boden ver-loren, weil sie es versäumte, sich um die innerjüdisch Dis-kriminierten zu kümmern, schreibt die Politikwissenschaft-lerin Efrat Yerday, eine Tochter äthiopischer Einwanderer, die über Rassismus forscht. Israel habe sich immer »um ein weißes Gesicht bemüht« und sich schwergetan, schwarze Juden zu akzeptieren. Unter Armut litten heute nicht zufällig vor allem *People of Color*.

Wir assoziieren Israel mit der Shoah, aber mehr als die Hälfte aller Israelis hat damit in der Familiengeschichte keine Verknüpfung. Diese Feststellung soll keinesfalls mindern, dass sie als Juden natürlich einen besonderen Be-zug zum Holocaust haben, was aber ebenso für amerikani-sche Juden gilt.

Und dass Israel als einziges Land im Nahen Osten »eu-ropäische Werte lebt«, wie es in einer Entschließung des

Bundestags heißt, ist eine Zuschreibung, die nur das hiesige Bedürfnis nach einem uns irgendwie verwandten Israel erfüllt – westlich, obwohl mehrheitlich von Orientalen bewohnt. Von den Israelis meinte bei einer Umfrage nur jeder Vierte, Israel solle sich Europa zugehörig fühlen.

Vielleicht ist es so: Verantwortung aus der Shoah abzuleiten, muss heute nicht zwangsläufig bedeuten, Israel in den Mittelpunkt zu stellen.

#Multiperspektive und Aneignung

An einem kalten Februarmorgen stehen ein paar Hundert Menschen in der Berliner Wilhelmstraße an jenem Ort, wo die Kolonialmächte einst die Aufteilung des afrikanischen Kontinents ins Werk setzten. Der Aufmarsch an diesem Morgen, es ist ein Jahrestag, dient der Forderung nach einem Gedenkort für die Opfer des Kolonialismus. Warum es einen solchen Ort nicht gibt? Die Antwort findet sich, wenn man betrachtet, wer in der Wilhelmstraße im eisigen Wind versammelt ist: Die meisten haben afrikanische Vorfahren. Als ob ihr Anliegen alle übrigen Deutschen nichts anginge. Sind die Opfer der Kolonialverbrechen nicht unser aller Tote?

Gedächtnis und Erinnerung sind von Macht durchdrungene Räume. Das spüren jene am ehesten, deren Blick nicht der Mitte der Gesellschaft entspringt. Aus Sicht von Afrodeutschen, die ihre Vorfahren und deren Leid nicht gewürdigt finden, ist es ein weißes Privileg, ausschließlich des Holocausts zu gedenken. Solche Worte rühren an ein

Tabu, denn sie stellen gewohnte Hierarchisierungen infrage.

Wenn die nationalsozialistische Rassepolitik eine extreme Vernichtung von Vielfalt bedeutete, dann ist eine heutige Gesellschaft erneuerter Vielfalt eigentlich bestens positioniert, Lehren aus der Shoah zu begreifen. So aber wollen es viele Alteingesessene nicht sehen. Zugewanderten, die nicht aus Europa kommen, wird gern unterstellt, ihnen sei die Vernichtung der Juden gleichgültig, jedenfalls solange sie nicht mustergültig integriert sind. Wie deutsch muss jemand also sein, um sich vom schlimmsten Verbrechen der Deutschen berühren zu lassen?

Die Migrationsforscherin Naika Foroutan, Tochter eines Iraners und einer Deutschen, hat darauf einmal geantwortet, sich der Shoah verbunden zu fühlen, sei keine Frage von Herkunft oder Nationalität, sondern von Empathie und Anstand. »Der Holocaust ist keine rein deutsche Geschichte. Er ist eine Geschichte, die an der Menschlichkeit zweifeln lässt und daher ebenso universal ist wie die von Kain und Abel.«

Tatsächlich ist gegenwärtig etwas im Gang, das man eine beginnende Entdeutschung des Gedenkens nennen könnte oder eine Entnationalisierung von Erinnerung. Die Einwanderungsgesellschaft sucht sich andere Zugänge zum Verständnis dieses epochalen Verlusts an Humanität. Das ist ein tastender Prozess; seine Stichworte heißen Multiperspektive und neue Aneignung.

Als multiperspektivisch wird eine Geschichtsdidaktik bezeichnet, die der Heterogenität der Adressaten Rechnung trägt: Abschied von einer Zentralperspektive und einem vorformulierten Erkenntnisziel, stattdessen eine Vielzahl von Blickwinkeln zulassen.

In einer Runde von Flüchtlingen, Männern und Frauen aus Syrien, Afghanistan und dem Irak, werden historische Fotos analysiert: Sie zeigen griechische Juden, die in der syrischen Stadt Aleppo Zuflucht gefunden hatten – demselben Aleppo, aus dem einige der Geflüchteten stammen. Ihre Heimat spielte also eine Rolle im großen Geflecht des Holocausts; Juden flohen gleichfalls in die Türkei und nach Iran. Sich der Shoah derart von außereuropäischen Schauplätzen zu nähern, ist in diesem Fall der Beginn eines Pilotprojekts: Die Flüchtlinge werden zu Trainern ausgebildet; sie werden künftig in Willkommensklassen anderen Ankömmlingen vermitteln, warum Auschwitz zur deutschen Identität gehört. Und sie werden es auf ihre Weise tun, die sich von der eines deutschen Studienrats unterscheidet. Manche haben Folter erlitten. Und nur wer mit seinem eigenen Leid wahrgenommen wird und sich sichtbar fühlt, öffnet sich für das Leid anderer.

Das ist die Philosophie der »Kreuzberger Initiative gegen Antisemitismus«; die abgetretenen Dielen eines Berliner Altbaus erinnern an die bescheidenen Anfänge des Vereins, vor anderthalb Jahrzehnten von einem in der Türkei geborenen Sozialarbeiter gegründet; ein Projekt von Migranten für Migranten. Mittlerweile ist daraus ein Zentrum geworden, das grenzüberschreitend Akteure von »Holocaust Education« vernetzt.

Multiperspektivisch arbeiten bedeutet, Konflikte und konkurrierende Deutungen zulassen. Die Perspektive anderer sichtbar zu machen, ist ja nur ein erster Schritt – verschiedene Perspektiven ins Verhältnis zu setzen, ist viel schwerer. Es mag unmöglich sein, den palästinensischen Blick auf die Staatsgründung Israels mit dem deutschen Holocaust-zentrierten Blick in Einklang zu bringen, doch darf der palästinensischen Erzählung deswegen nicht das Rederecht verwehrt werden.

Zu den Hierarchien im Gedenken zählt die unterschiedliche Wertigkeit von Toten. Im Hinblick auf die jüdischen Opfer wird gern von einem nicht wiedergutzumachenden Kulturverlust gesprochen, und damit meint man die deutsch-jüdischen Schriftsteller und Wissenschaftler. Ganz anders die Tonlage für den *Porajmos* – ja, wir kennen nicht einmal das Wort für den Völkermord an Roma und Sinti, dem eine halbe Million Menschen zum Opfer fiel. Damals als fremdrassig und asozial doppelt markiert, scheinen sie keine Leerstelle hinterlassen zu haben, sind vielmehr im heutigen Europa erneut die schlechtest beleumundete Minderheit. Bis vor Kurzem wusste ich nicht, dass es im Dritten Reich eine Sinti-Mittelklasse gab, manche dienten in der Wehrmacht und kamen in Uniform im Vernichtungslager an.

Je ferner uns eine Kultur ist, desto eher wird ein Genozid zur bloßen Zahl: Kambodscha, Ruanda. Es gibt gute Gründe, die Shoah als einzigartig zu betrachten, wegen des Ausmaßes und des Charakters der Vernichtung. Aber sollten unter dem Gesichtspunkt des Respekts und der Erziehung zur Empathie künftig vielleicht Nachfahren von Überlebenden der Shoah und des namibischen Genozids gemeinsam in deutschen Schulklassen sitzen?

Es gibt Einwanderer, die ein ähnliches Anliegen in ihren

Biografien tragen. Etwa der Schriftsteller Doğan Akhanli; er floh aus der Türkei wegen seiner Arbeit zum Völkermord an den Armeniern und lebt seit vielen Jahren in Deutschland. Die armenische Tragödie, der Judenmord und der Genozid an Herero und Nama sind für Akhanli Quellen einer »transnationalen Gedenkkultur«, an deren Entwicklung er sich beteiligt.

Die Shoah wird weniger deutsch, ohne dass dies die Deutschen entlastet. Von Schuldabwehr wurde schon gesprochen, aber da ist noch etwas anderes. Die Tiefe des Entsetzens lebenslang spüren zu können, über die Zeit jugendlicher Entflammbarkeit hinaus, und das Berührt-Werden immer wieder zuzulassen, das ist vielleicht nur den Dünnhäutigeren gegeben. Den anderen kann man daraus keinen Vorwurf machen. Aber an ihre Stelle treten nun Menschen mit anderen, frischen Motiven und einer anderen Definition von Verantwortung, weil sie wie der Anwalt Onur Özata die Geschichte vor einem weiteren Horizont als ihre eigene verstehen.

Wenn sich Migranten und Minderheiten im Kampf gegen Ausgrenzung auf die Shoah beziehen, ist das kein Missbrauch größeren Unglücks, sondern vielmehr ein Zeichen, dass etwas Entscheidendes begriffen wurde. Im Deutschland der Weimarer Republik machten Juden weniger als ein Prozent der Bevölkerung aus. Wer sich fragt, wie auf so wenig Menschen so viel Hass entstehen konnte, muss alarmiert sein, wenn heute der Anteil der Muslime regelmäßig grotesk überschätzt wird. Individuen und Sprecher der muslimischen Community haben begonnen, sich dezidierter als zuvor und explizit als Deutsche gegen

Geschichtsrelativierungen von rechts zu stellen. Sie reklamieren damit auch das Recht, erinnern zu dürfen im Namen eines neuen deutschen Wir.

Manche wollen den Einwanderern dieses Recht absprechen. Die Angst vor weißem Machtverlust erstreckt sich, welch seltsame Pirouette, sogar auf das Gedenken.

#Neuer Humanismus

Trotz des doppelten Erbes von Gewalt in unserer Geschichte leben wir auf der Sonnenseite der globalen Verhältnisse. Auf den Kolonialismus bezogen könnte man vereinfachend sogar sagen: wegen der Gewalt. Und was die Shoah betrifft: Die Überlegung von 1945, Deutschland mit internationaler Isolation zu strafen und auf einen Agrarstaat herabzustufen, wurde aus geopolitischen Gründen verworfen.

Wir haben wenig bezahlt.

Viele mögen das spüren, wenn sie heutzutage die Armutsmigration und die Verzweiflung von Flüchtlingen sehen. Andere wehren solche Gedanken vehement ab. Und von ihnen verschreiben sich manche dem, was der Philosoph Achille Mbembe die Politik der Feindschaft nennt. Sie ist ein globales Phänomen und äußert sich in einem Hass, der von Land zu Land verschiedene Schattierungen annimmt, doch seine Richtung ist stets gleich. Hass auf Einwanderer, auf Nicht-Weiße, Nicht-Christen.

Es handelt sich um einen Defensiv-Rassismus, denn er dient nicht mehr imperialen Eroberungen, sondern er verteidigt – so banal und anachronistisch das klingt – den Alleinanspruch weißer Herrschaft. Dieser Defensiv-Rassismus tendiert zu hochaggressiven Methoden, denn wer ihm anhängt, sieht sich in einem Überlebenskampf. In seiner milderen Ausprägung tritt er der bürgerlichen Mitte als Sorge vor der Islamisierung des Abendlands in Erscheinung. Die extreme Variante ist der rechte Terror; er halluziniert einen Genozid an Weißen, »The Great Replacement«, den großen Bevölkerungsaustausch, so wie der Attentäter im neuseeländischen Christchurch, der die Tötung von fünfzig Muslimen in einer Moschee als Botschaft an Europa verstand.

White supremacy ist kein Spuk aus alten Südstaatenfilmen, sondern eine sich ausbreitende Endzeitideologie im Jahrhundert der Migration. Die Feindseligkeit gegenüber Muslimen ist heute zwischen politischen Milieus ähnlich verbindend wie im aufkommenden Nationalsozialismus die Feindseligkeit gegenüber Juden. (Letztere wissen, dass sie immer mitgemeint sind.) Und die globale Front weißer Rechtsextremisten bezieht sich auf Symbole des Dritten Reichs nicht nur wegen dessen extremer Rassepolitik, sondern weil sie aus der Mitte der Gesellschaft heraus gebilligt wurde.

Auch das Ringen zwischen einer Politik der Feindschaft und einem Humanismus der Vielfalt und der Inklusion wird heute in der Mitte der Gesellschaft ausgetragen. (Manche haben diese Mitte schon aufgegeben, was ich für gefährlich und kurzsichtig halte, zumal wenn man sich dann nicht mehr um eine Sprache bemüht, die in der Mitte verstanden wird.) Und ich sehe mit Hoffnung, wie aus einer veränderten Betrachtung von Shoah und Kolonialverbrechen eine neue Ethik des Respekts entsteht.

Wer sich jenen entgegenstellt, die Brandsätze auf Unterkünfte von Flüchtlingen werfen, setzt Lehren aus der Shoah in die Tat um. Denn was ist es, das gelernt werden muss, aus diesem und aus anderen epochalen Verlusten an Humanität? Dass direkt neben uns, in der engsten Nachbarschaft, Leben als unwert erachtet werden kann. Und dass es immer ein Im-Stich-Lassen gibt, ein Sich-Abwenden vom Menschsein des anderen; es unterscheidet sich in Ausmaß und Begründung, nicht im Wesen.

Und deshalb ist jeder, der sich für Mitmenschlichkeit einsetzt – gerade dann, wenn sie nicht für opportun gehalten und sogar ins Lächerliche gezogen wird –, so unendlich wichtig.

Ausblicke

Gemachte Horizonte, ich mag diese Formulierung. (Vergessen, von wem sie stammt.) So oft halten wir für eine natürliche Grenze, was uns als künstlicher Horizont aufgehalst wird – und es wird daraus dann ohne Not eine Grenze des Denkbaren, Sagbaren, Machbaren. Gerade heute, in diesen verzagten, utopiefeindlichen Zeiten, wo alle Aufmerksamkeit nur der Abwehr von Schlimmerem zu gelten scheint. Um den Aufbruch in eine Welt hinter den gemachten Horizonten aber sollte es gehen. Nichts anderes ist letztlich der Abschied von der weißen Dominanz. Eine Welt, in der Bürgerschaft und Solidarität neu bestimmt würden, unter Zuhilfenahme von allem, was es an Wissen und Werten jenseits der alten Metropolen gibt.

Europa, sagt der Senegalese Felwine Sarr, habe in den vergangenen fünfhundert Jahren viel gesprochen; nun müsse es das Zuhören lernen. Damit ist nicht Passivität gemeint, sondern ein tätiges Hinhören und Zurkenntnisnehmen. Bisher bleibt im Westen selbst das kritischste Denken meist auf einen westlich-weißen Bildungskanon beschränkt, als gäbe es keine anderen Bibliotheken der Menschheit, keine afrikanische, indische, islamische Philosophie, keine außereuropäischen Inspirationen für eine lebenswerte Zukunft.

Zu den gemachten Horizonten, die uns den Blick verstellen, tragen jene Mythen bei, die wir uns selbst und anderen über die kolonialen Vergangenheiten erzählen. Sie zu durchbrechen zugunsten realistischer Erzählungen wird den Weg dafür freimachen, dass einander Gleichgestellte miteinander kooperieren können. Sprechen wir also lieber von weißem Realismus als von weißer Schuld.

Manche Menschen empfinden sich als Weltbürger, wenn sie in den kulturell nivellierten Landschaften der globalen Ökonomie unterwegs sind, wo ihnen jede Ecke vertraut erscheint. Weltbürgerschaft wäre indes etwas völlig anderes, nämlich der Gegenentwurf zu einer Globalisierung unter dem Primat des Profits. Weltbürgerschaft würde bedeuten, sich bei allen sonstigen Widersprüchlichkeiten auf ein Gemeinsames zu besinnen: Gute Lösungen werden erst möglich, wenn sich Gesellschaften nicht mehr der Ökonomie unterwerfen.

Solidarität kann heute nicht mehr allein innerhalb der weißen Welt formuliert werden, innerhalb der Enklaven relativer Privilegien. Und auch hier ist wohl ein Plural angebracht: Solidaritäten; sie werden künftig quer zu hergebrachten Bündnissen und Prioritäten verlaufen müssen. Und könnte der Rückbau, zu dem unsere Lebensweise gezwungen ist, seitdem andere unseren Müll – im physischen wie im übertragenen Sinne – nicht mehr annehmen wollen, sich vielleicht auf verschlungene Weise mit einer afrikanischen Entwicklung treffen, wo das Industriezeitalter übersprungen wird? Wenn es um Weltverschonung geht, ist weniger entscheidend, woher wir kommen, als wohin wir wollen.

Eine soziale Moderne, die Utopie eines *Buen Vivir* für alle, kann nur ein Projekt jenseits der weißen Dominanz sein.

Anhang

Ausgewählte Quellen und Literatur

Mehrfach zitierte Quellen werden nur bei der ersten Nennung angeführt.

Kapitel 1

Zahlen zur Migration: Mikrozensus von 2017, Statistisches Bundesamt 2018, Nationaler Bildungsbericht 2018, Bundeszentrale für politische Bildung, Deutschlandstiftung Integration

Zitat »Zwei kleine Negerlein ...« nach: Lemke Muniz de Faria, Yara-Colette: Zwischen Fürsorge und Ausgrenzung. Afrodeutsche »Besatzungskinder« im Nachkriegsdeutschland. Berlin 2002

El-Mafaalani, Aladin: Das Integrationsparadox. Warum gelungene Integration zu mehr Konflikten führt. Köln 2018

Kapitel 2

Blanchard, Pascal/Bancel, Nicolas/Boëtsch, Gilles/Derro, Eric/Lemaire, Sandrine: Menschenzoos. Schaufenster der Unmenschlichkeit. Hamburg 2012

Choudhury, Shakil: Deep Diversity. Die Grenze zwischen »uns« und den »Anderen« überwinden. Münster 2017

Morrison, Toni: Im Dunkeln spielen. Weiße Kultur und literarische Imagination. Reinbek b. Hamburg 1994

DiAngelo, Robin: White Fragility. Why it's so hard for white people to talk about racism. Boston 2018

Mosse, George L: Die Geschichte des Rassismus in Europa. Frankfurt/M. 1990

Allen, Th. W: Die Erfindung der weißen Rasse. Bd 1. Berlin 1998

Hund, Wulf D.: Wie die Deutschen weiß wurden. Kleine (Heimat) Geschichte des Rassismus. Stuttgart 2017

Fanon, Frantz: Schwarze Haut, weiße Masken. Frankfurt/M. 1980 (Orginal: Peau noire, masques blancs. Paris 1952)

Glissant, Édouard: Kultur und Identität. Ansätze zu einer Poetik der Vielheit. Heidelberg 2005

Kapitel 3

Lessing, Doris: Afrikanische Tragödie. Gütersloh 1953. (Original: The Grass is Singing. London 1950)

Sirri, Lana: Einführung in islam. Feminismen. Berlin 2017

Ayim, May: Grenzenlos und unverschämt. Berlin 1997 (*posthum veröffentliche Textsammlung*)

Oguntoye, Katharina/Opitz, May/Schultz, Dagmar (Hg.): Farbe bekennen. Afrodeutsche Frauen auf den Spuren ihrer Geschichte. Berlin 1986 (*May Opitz nahm erst später den ghanaischen Vatersnamen Ayim an*)

Kapitel 4

Cassee, Andreas: Globale Bewegungsfreiheit: Ein philosophisches Plädoyer für offene Grenzen. Berlin 2016

Mbembe, Achille: Ausgang aus der langen Nacht. Versuch über ein entkolonisiertes Afrika. Berlin 2016

Ders.: Politik der Feindschaft. Berlin 2017

Sarr, Felwine: Afrotopia. Berlin 2019

Kapitel 5

Valéry, Paul: Die Krise des Geistes. Drei Essays. Wiesbaden 1956 (Original: La crise de l'esprit. Paris 1919)

zu China in Afrika: China Radio International online; FAZ, Journal of Southern African Studies

Chinas Aufstieg. Edition Le Monde Diplomatique No 23 (2018)

French, Howard W.: China's Second Continent. How a Million Migrants Are Building a New Empire in Africa. New York 2015

Chakrabarty, Dipesh: Europa als Provinz. Perspektiven postkolonialer Geschichtsschreibung. Frankfurt/M. 2010

Mishra, Pankaj: Aus den Ruinen des Empires. Die Revolte gegen den Westen und der Wiederaufstieg Asiens. Frankfurt/M. 2013 (Original: From the Ruins of Empire. The Revolt against the West and the Remaking of Asia. London 2012)

Bonnet, Alastair: The Idea of the West. Culture, Politics and History. Basingstoke 2004

Ders.: Whiteness in Crisis, in: History Today, Dezember 2000

Miyawa, Maxwel: Intellektueller Kampf um Menschenrechte, in: Südlink, Nummer 184, Berlin 2018

Kapitel 6

Deutsches Historisches Museum (Hg.): Deutscher Kolonialismus – Fragmente seiner Geschichte und Gegenwart. Berlin 2016

Melandri, Francesca: Alle, außer mir. Berlin 2018

Sarr, Felwine/Savoy, Bénédicte: The Restitution of African Cultural Heritage. Toward a New Relational Ethics. Paris 2018

Einstein, Carl: Negerplastik. Stuttgart 2012 (Original 1915)

Zitat von Reichspräsident Friedrich Ebert nach: Herbert, Ulrich: Best. Biographische Studien über Radikalismus, Weltanschauung und Vernunft. München 2016

Kapitel 7

Czollek, Max: Desintegriert euch! München 2018

Homolka, Walter/Fegert, Jonas/Frank, Jo (Hg.): »Weil ich hier leben will ...« Jüdische Stimmen zur Zukunft Deutschlands in Europa. Freiburg i. Brsg. 2018

Fremdgemacht & reorientiert. Jüdisch-muslimische Verpflechtungen. Hg von Ozan Zakariya Keskinkilic und Armin Langer. Berlin 2018 (*u. a. mit Beträgen von Micha Brumlik und Y. Michal Bodemann*)

Recherche International e. V. (Hg.): »Unsere Opfer zählen nicht«. Die Dritte Welt im Zweiten Weltkrieg. Berlin/Hamburg 2005

Ellison, Ralph: Unsichtbar. Reinbek b. Hamburg 1987 (Original: Invisible Man. New York 1947)

Baldwin, James: Vor dem Kreuz. Brief aus einer Landschaft meines Geistes. In: Nach der Flut das Feuer. München 2019 (Original: Down at the Cross. New York 1962)

Sartre, Jean-Paul: Wir sind alle Mörder. Der Kolonialismus als System. Artikel, Reden, Interviews 1947–1967. Reinbek b. Hamburg 1988

Rosa-Luxemburg-Stiftung: Israel – ein Blick von innen heraus. Bd. 2. Tel Aviv 2019

Die Autorin

Charlotte Wiedemann ist Journalistin und Autorin. Als Auslandsreporterin in Ländern Asiens und Afrikas, vor allem der islamischen Welt, hat sie sich seit Jahren mit der Thematik »Wir und die anderen« auseinandergesetzt. Publikationen in ›Geo‹, ›Die Zeit‹, ›Le Monde Diplomatique‹ u. a.; Kolumnistin der ›taz‹. 2017 hat Charlotte Wiedemann den Spezial-Preis der Otto-Brenner-Stiftung für ihr Lebenswerk bekommen. Zuletzt ist von ihr erschienen: ›Der neue Iran. Eine Gesellschaft tritt aus dem Schatten.‹